全国“十五”工商管理培训系列教材

企业战略管理

（修订版）

国家经贸委培训司　组编

徐二明　著

中国经济出版社

图书在版编目（CIP）数据

企业战略管理/徐二明著．

－北京：中国经济出版社，2002.6（2020.9重印）

ISBN 7－5017－5539－6

Ⅰ.企… Ⅱ.徐… Ⅲ.企业管理 Ⅳ.F270

中国版本图馆 CIP 数据核字（2002）第 006828 号

全国“十五”工商管理培训系列教材

企业战略管理

国家经贸委培训司 组编

徐二明 著

出版发行：中国经济出版社

社　　址：北京市东城区安定门外大街58号　邮政编码：100011

本版图书如存在印装质量问题，请与本社销售中心联系调换（联系电话：010－57512564）

经　　销：新华书店

印　　刷：北京力信诚印刷有限公司

印　　次：2002 年 6 月第 1 版　　2020 年 9 月第 28 次印刷

开　　本：A5

印　　张：13.625

字　　数：300 千字

书　　号：ISBN 7－5017－5539－6/F·4447

定　　价：20.00 元

序

蒋黔贵

由国家经贸委培训司组织编写的“十五”工商管理培训教材就要出版了，这是各位专家、教授辛勤工作的成果，是政府培训主管部门、院校（中心）以及出版社通力合作的结晶，也是广大企业经营管理人员期盼已久的事。教材的出版必将有力地推动已在全国广泛开展的工商管理培训，为确保培训质量与成效奠定坚实的基础。

21 世纪是以知识经济为主导的时代，是经济全球化、知识化、信息化空前加快的时代。在这样一个飞速变化的社会经济背景下，企业的发展环境更趋复杂，不确定性大大增加，企业间的竞争条件发生了深刻变化；由于产品寿命周期越来越短，信息、决策、研发、创新等对企业生存与发展具有了至关重要的意义；人力资本作为重要的生产要素，已成为决定经济发展、企业竞胜的稀缺资源。这些变化促使管理实践不断创新，并呈现出许多新的特点：企业组织管理结构一改曾经占主流地位的“金字塔”式层级结构，而呈扁平状态；管理决策更加重视信息的作用，重视计算机、网络在管理中的运用；管理行为由原来的物化管理逐步转变为人性化的管理，尊重人、关心人、激发人、使人的潜能得以充分调动、聪明才智得以充分发挥成为管理的核心。作为工商管理培训的教科书，必须跟踪实践的发展，反映管理的最新变化。

“十五”时期是我国经济和社会发展步入新世纪的第一个五年，也是我国继续进行国民经济结构战略性调整、完善社会主义市场经济体制和进一步扩大对外开放的关键时期。我国顺利加入世界贸易组织（WTO），全面参与国际分工与合作，这既给我国经济发展带来了新的机遇，同时也带来了严峻的挑战。面对机遇和挑战并存的形势，迫切要求我们的企业进一步深化改革，提高经济效益，增强国际竞争能力。企业的竞争，从根本上说是人才的竞争，是人力资源开发质量的竞争。因而，进一步加强企业经营管理人员培训，全面提高企业经营管理人员素质，培养一大批有志向、懂经营、会管理、善决策、能开拓的新型企业管理人员队伍，已成为提高国民经济运行质量和增强企业竞争力的当务之急。

加强管理是企业发展永恒的主题，开展工商管理培训是企业培训中可持续的发展项目。但是，培训的内容、方法和手段必须与时俱进，着力创新，随着管理实践的发展而发展变化。与“九五”期间相比，“十五”期间工商管理培训的深化创新主要表现在：

一、调整课程设置

“十五”时期的工商管理培训课程由“九五”时期的12门调整为10门，将原有的国际贸易与国际金融、现代生产管理、财务报告分析、企业领导方法与艺术分别调整为国际商务、运营管理、会计报表分析和组织行为学。课程围绕着三个主要教学目标而设定：即围绕企业工商管理基础，开设了管理经济学、企业经济法概论；围绕企业经营活动，开设了会计报表分析、公司理财、市场营销、国际商务、运营管理；围绕企业管理活动，开设了企业战略管理、人力资源管理、组织行为学。课程的设置力图囊括在经济全球化背景下，我国企业经营管理人员所应掌握的知识与技能。

二、更新培训内容

教材内容涵盖了企业经营管理人员应掌握的工商管理的主要知识，力求反映当代管理科学的最新发展，揭示管理实践的最新变化，介绍管理艺术的成功经验，注重理论联系实际，把培养能力、提高素质放在极其重要的位置，具有较强的针对性、实用性和一定的超前性。

三、改进培训方法

工商管理培训是一种实践性、操作性很强的培训，在培训理念、内容、方法等诸多方面都具有鲜明的特点，特别是强调案例教学。“九五”之初，由于工商管理培训在我国刚刚起步，教学案例很少，即使部分院校开展案例教学，也大多是直接引用国外案例。进入“十五”，情况发生了较大的变化。一是我们有了一支经验丰富、教学水平较高的师资队伍；二是各院校(中心)在教学中编写、积累了相当的中国企业的案例，使案例教学更能结合中国企业实际，更能吸引学员参与讨论；三是信息技术、多媒体技术的发展为培训方法的改进提供了技术支撑和条件。

四、着力机制建设

“九五”时期的工商管理培训主要是通过行政的办法来推动。随着社会主义市场经济体制的逐步建立，传统的培训机制已不能适应培训发展的需要。“九五”期间的“调训难”、“一把手到训率低”等问题都与此有关。“十五”期间，必须着力培训机制建设，综合运用行政、法律和市场手段，通过试点逐步推行工商管理职业资格证书制度，解决培训的动力机制问题，推动管理培训顺利开展。

这套教材的酝酿、形成大致经过了以下几个阶段：(1) 成立教材开发项目组。依托中国人民大学教材研究与开发中心，组成“十五”全国工商管理培训教材项目开发小组，在培训司领导下，征询有关专家意见，确立项目开发方案。(2) 认真遴选教材主编。教材编写实行主编负责制，主编既要有一定的学术地位和影响，又要有较为丰富的教学经验；既要熟悉管理理论的最新发展，又要了解企业经营管理的实际；其构成既有普通高校教师，也有经济管理干部学院的教师；年龄上做到老、中、青兼顾。在编写队伍的组建过程中，特别强调了作者的责任心和良好的敬业精神。(3) 制定编写体例和编写提纲。为保证教材体例与风格一致并有一定创新，项目开发组的同志翻阅了大量书籍，广泛调研并征询部分主编的意见，形成编写体例。各书主编提出编写提纲，经工商管理培训教学研究组有关教师讨论修改后着手编写。(4) 审定出版。书稿完成后交教材开发小组，经组织相关专业的同行专家审定后，交出版社出版。通过以上各个环节的工作，保证了编写质量。

进入新世纪，知识经济时代悄然而至，终身教育（培训）已成为时代的主流，学习成为每个从业者胜任岗位需求的前提和高质量完成工作的基础。学习、实践、再学习、再实践，这既是形势发展的客观需要，也是广大企业经营管理人员的内在要求，更是着眼于21世纪的国家发展战略。我们希望这套新教材的出版能够满足广大企业经营管理人员的需要，达到学习新知识、树立新观念、把握新机遇、掌握新技能、促进新发展的目的。

2001年12月

前　言

企业战略管理的发展从来就是与一国经济的发展密切相关的。而作为一门管理学科，战略管理的发展也与经济学的发展不可分割。早在1980年，哈佛商学院的波特教授就从产业组织理论的角度出发，探讨了企业竞争战略的问题，提出产业分析的五种竞争力量的框架，使战略管理的研究与实践产生了突变。到了90年代，以哈默和普拉哈拉德为代表的资源学派提出企业的核心能力是企业战略管理的核心问题，成为战略管理发展道路上的里程碑。在21世纪的今天，战略管理学界又在考虑战略与组织问题，特别是战略与组织能力问题，试图从战略管理的角度回答网络经济下企业组织快速、灵活与网络化的问题，解决在大公司里建设小企业精神的问题。他们提出研究企业的外部战略与内部战略的思路。外部战略是研究企业产品市场的问题，而内部战略是研究企业的组织问题。实际上，早在20世纪70年代，加拿大麦吉尔大学明茨博格教授就在战略与组织的问题上做了大量的研究，推进了战略管理的发展。今天，这个问题的重新提出，就如战略管理学界在研究公司治理结构一样，实在是因为他们对企业的变革有着重大的影响。当然，正如明茨博格教授所说的那样，我们今天对战略的研究还只能说是处于盲人摸象的阶段，没有见到问题的全部。这就需要战略管理的理论界与实际工作者不断努力，去探讨更大更新的战略问题。

《企业战略管理》作为一门课程介绍到中国已经有近20年的历史了。在这期间，我国的经济体制从计划经济转变到以计划为主、市场调节为辅，进而到社会主义市场经济的一个巨变过程，而我们的企业改革也经历了从承包租赁到经营机制转型再到现代企业制度建设的一个飞跃。这些重大变革对我国的战略管理研究也起了积极的推动作用，使得我国理论界与实际工作者对战略管理的认识逐渐地从朦胧到清晰。目前，我们的管理院校都在开设《企业战略管理》的必修课，一些大的公司也设立了战略发展部等相应的机构，这些都是对战略管理不断认识的反映。但这还都是形式问题，关键在于如何在中国的经济条件下，特别是在中国的文化背景的条件下，借鉴国外的理论，产生出解决中国企业发展的战略管理理论，真正解决中国企业的实际问题。作者真诚地希望，能够在战略管理研究上抛砖引玉，使我们的战略管理研究与实践形成更好的局面。

本书是在我的《企业战略管理》(1998 年版) 的基础上，根据目前战略管理理论与实践的发展以及教学的实际需求，在章节结构与内容上都做了大幅度的增删，补充进更多更新的知识。

全书共有 11 章：

第 1 章，战略管理过程。本章阐述了企业的远景、使命、目标与战略的概念，以及战略的层次，使读者对战略及战略管理产生全新的认识。

第 2 章，行业与竞争分析。在这一章里，综合描述了企业宏观环境分析，介绍了行业经济特性、成功关键因素、经验曲线、规模经济与范围经济等概念，论述了行业竞争力分析以及行业内战略群体分析，为把握行业分析打下一定的基础。

第 3 章，企业资源与竞争能力分析。在上一章对行业分析的基础上，要求对企业内部的资源有充分的认识，正是所谓“知彼知己”。在这一章里，主要阐述了企业的资源与价值的理论，以及 SWOT 分析法、投资组合分析和企业的价值链的分析方法。

第 4 章，竞争战略。在对外部环境以及内部资源进行分析以后，企业需要考虑在特定行业下的竞争战略问题。为此，本章介绍了波特的一般竞争战略理论，提出要研究动态竞争战略以及互联网条件下的竞争战略问题。

第5章，不同行业的竞争战略。在处于不同寿命周期阶段的行业中，竞争战略会有所不同。本章重点描述了新兴行业中的竞争战略、成熟行业中的竞争战略、衰退行业中的竞争战略以及分散行业中的竞争战略。同时，在这一章里还从投资的角度，阐述了不同阶段的经营单位的投资战略。

第6章，跨国经营战略。企业的竞争战略不仅发生在国内本行业中，而且会发生在国际市场环境中。为此，企业在考虑跨国经营时，要研究国家的竞争优势、国际市场的进入模式与国际化经营的战略类型。

第7章，公司战略。本章强调，作为一个多元化经营的公司，要研究公司战略的形成过程，分析进入战略、企业并购战略、相关多元化经营战略和不相关多元化经营战略。同时，要进一步加强合作战略，增加竞争优势。

第8章，公司战略的评价与选择。本章介绍了战略制定的程序与方法，以及战略评价与战略选择的思路。

第9章，战略的实施与控制。这是战略完成的关键环节。为此，本章论述了战略制定与实施的关系，战略计划与实施模型以及战略控制类型与过程。

第10章，战略与企业组织结构。前面已经提到，战略与组织结构是当前战略管理的热点之一。为此，在修订本章时，特意加上公司治理结构一节，希望读者能够从战略管理的角度来看治理结构的问题，使企业的改革真正到位。此外，本章还论述了组织结构与战略的关系，组织结构的设计以及组织结构的类型等问题。

第11章，战略与企业文化。任何战略的实施，都离不开本土文化，离不开本企业文化。在这一章里，阐述企业文化的概念和企业文化的构成要素，论述了战略与企业文化的关系，并对企业文化的再设计进行了探讨。

全书争取对战略管理的全过程有一个较全面的反映，并在一定程度上介绍国外的相关理论以及企业的实践。但是，由于篇幅的缘故，不可能有更详细的阐述，这就有待于在实际的教学过程中加以重点补充。

在本书的形成过程中，我的学生们作出了巨大的努力，分别撰写了以下各章的初稿：第2章（刘宏）、第3章（陈仁玮）、第4章和第5章（段盛华）、第6章（陈仁玮）、第7章、第8章和第9章（许可）、第10章（陈仁玮）。同时，于瑞卓同学在资料的收集和文献整理上做了大量的工作。为此，我在此向他们表示衷心地感谢。

在本书完稿之际，我真诚地感谢所有帮助我完成此书的朋友们。感谢国家经贸委培训司同志的指导，使本书得以修订完善。感谢首都经贸大学的宋云老师以准确的概念、优美的文字、生动的案例，完成了战略与企业文化一章。感谢学院办公室的张卯、张雅君两位老师在本书撰写过程中所作的大量协调工作。

由于作者本人水平的缘故，书中恐怕有不少不当之处，还望读者指正。

徐二明

2002年春于美国斯克兰顿大学

目　　录

战略管理过程

本章重点

- 掌握企业远景与使命的概念，以及两者的区别，明确使命界定的方式与表述的内容
- 了解如何建立目标体系，明确战略目标与财务目标的区别，特别是一些新的财务指标的概念
- 掌握战略的定义，明确战略的构成要素，以及不同层次的战略的内涵
- 了解战略过程的模式及其内在的五项任务

引 言

企业的战略管理包括五项相互联系的管理任务，即企业的

远景、企业的使命、企业的目标、企业的战略以及战略的实施与控制。这五项任务形成一个循环系统，不断调整，以适应企业发展的需要。

第一节　企业的远景与使命

一、企业的远景

（一）企业远景的概念

企业远景实际上是为企业描述未来的发展方向，回答企业要成为一个什么类型的公司，要占领什么样的市场位置，具有什么样的发展能力等问题。例如，麦当劳公司的远景是占领全球的食品服务业，在全球范围内处于统治地位。微软公司的远景是“要使每个家庭，每张桌子上都有一台电脑；同时，他们使用着微软的软件”。

企业在很长的时间跨度内，提出和制定具有创业精神并且清晰的企业远景，这是一项很艰巨的任务。它要求企业凭借企业家式的直觉和创造力，洞悉出企业现有业务中将要发生的变化以及将要出现的市场机会，客观地对待所要面临的市场环境、竞争环境、技术环境、管理环境以及社会环境，客观地对待自身的资源和能力，理性地分析所需要采取的措施，提出一个可行的并且具有吸引力概念，进而规划企业的行动，激活企业的战略。

（二）企业远景的要素

企业制定远景是必要的，但陈述清晰的远景极为重要。为此，企业在远景中要详细地阐述：

（1）界定企业的当前业务，即回答我们是谁的问题。这个问题看起来简单，但从战略角度看却不那么容易回答。例如，美国AT&T公司的业务是长话业务、电话业务，还是通信业务？可口可乐公司的业务是软饮料业务还是饮料业务？如果是软饮料业务，则公司的战略注意点就应该集中在战胜百事可乐、七喜、加拿大姜汁等软饮料上；如果是饮料业务，公司的战略重点就在如何同其他的水果饮料、即开即喝茶饮料、瓶装水、运动饮料、牛奶和咖啡等方面进行竞争的问题。可口可乐如果不是从软饮料的角度，而是从饮料的角度制定公司的企业远景，就可以更好地寻找一个营销的切入点。这样，就会使人们早晨饮用可口可乐，而不去喝咖啡。

（2）确定企业的发展方向，即要回答我们向何处去的问题。这里要解决目前企业多有业务的发展与领先地位问题，要解决进一步向其他领域扩张的问题，以及在市场范围上进一步扩大的问题等等。

（3）界定实现发展规划的具体步骤，既要考虑我们如何到达那里的问题。为此，企业要考虑如何在目标市场上获得强有力的竞争优势，以实现世界级的效益；考虑如从指领域及价值方面来进一步扩大消费者的偏好；以及如何进一步降低成本的问题。

（4）确定衡量效益的标准，即回答我们如何衡量效益的问题。具体讲，企业的每一项业务都要为实现企业的目标做出自己最大的贡献。例如，人力资源部门要更好地使员工满意，加强培训；生产部门则要提高质量，降低成本。

（5）界定企业远景的特殊性，即不同的公司对远景有不同的表述，不具有普遍性。这样，企业才能指导出具有自己特性的与众不同的战略。即使在同一行业里，企业的远景也会是不同的。例如，IBM公司的主要业务包括大型计算机业务、各种个人计算机业务以及软件和服务业务，康柏的主要业务是个人计算机和服务器。两者貌似相似，但却走的是截然不同的战略发展道路。所以，提出和制定企业远景全部意义是将自己同行业中的其他公司区别开来，使自己有一个独特的形象，有一个独特的业务着重点，有一条独特的发展道路。

当然，企业所面临的环境不会是一成不变的。当企业的环境发生巨大变化时，这些变化往往会影响企业的前景，要求企业对自己的发展方向做出大幅度的修订。英特尔公司的总裁安德鲁·格罗夫把这种情况叫做“战略转折点”。

在 20 世纪 80 年代中期，英特尔公司就经历了这样一个战略转折点。当时，计算机存储芯片是英特尔的主要业务，而日本的制造商也想占领存储芯片市场。因此，日本公司将芯片的价格定在比英特尔以及其他美国芯片生产商的价格低 10% 的位置上。而且，当美国的公司每一次对日本公司的降价做出回应之后，日本公司则将价格再降低 10%。为了对付日本竞争对手的这种挑衅性的定价策略，英特尔公司研究了很多的可选择的战略。例如，英特尔公司可以建立庞大的存储芯片生产工厂，以克服日本生产商的成本优势；投资研究与开发，设计出更加高级的存储芯片；撤退到日本生产商并不感兴趣的小市场上去。经过比较分析，格罗夫认为，所有这些战略选择都不能为公司带来很好的前景，最好的长期解决方案就是放弃目前仍能给英特尔公司带来 70% 收入的存储芯片业务，而将企业全部的资源放在为个人计算机开发出更加强大的微处理器的业务上。为此，英特尔公司在 1986 年注销了 1.73 亿美元的账面价值。

英特尔公司从存储芯片业务撤退，全力以赴进行微处理器业务，给该公司带来了一个新的企业远景，即成为个人计算机行业微处理器最主要的供应商，成为推动个人计算机技术前进的一个无可争辩的领导者。前景的改变使英特尔公司获得了巨大效益。10 年后，在 1996 年，英特尔公司成为美国盈利最大的五家公司之一，营业收入为 208 亿美元，税后利润为 52 亿美元。

从英特尔公司的例子可以看出，对于很多成功的公司来说，在改变自己的发展方向时，他们所选择的目标方向不是仅仅为了存活，而是持续不断地获得成功。优秀的企业家和战略家应该具有一种敏锐的眼光，观察到顾客的需求和想法、新的技术发展态势、进入有吸引力的市场的机会以及业务成长或者衰退的一些重要信息。从行业与市场的各种信号中，他们可以从战略的角度，创造性地思考企业未来的天地。

（三）企业远景的沟通

精心策划、措辞恰当的企业远景对于企业来说具有重要的作用，它可以使：

（1）公司的高层管理者对公司的长期发展方向和未来业务结构有一个清晰的认识；

（2）降低由于缺少企业远景而给公司管理决策上所带来的风险；

（3）低层的管理部门可以依照它来制定部门使命，设置部门的目标体系，制定与公司的发展方向和战略协同一致的部门和职能战略；

（4）激励公司的员工竭尽全力为实现公司的远景作出自己的贡献。

例如，SONY 公司提出“数码梦想”的口号，为 SONY 公司制定了未来新产品的发展方向。在公司的远景中，SONY 公司指出“‘数码梦想’也代表了我们的一个不变的信念：为实现那些被数字技术的魅力深深吸引的人们的梦想而不断创造出独特的、可以带来全新生活享受的新产品。‘Do you dream in Sony?’意味着享受 SONY 产品的人们，会通过 SONY 实现自己美好的梦想。”这可以看出，如果企业远景所使用的的语言清晰动人，能够在员工的头脑中创造出一个活泼生动的形象，便能够激起人们的激情和兴趣。这种表述的方式便具有很大的激励价值。因此，在公司组织内部进行企业远景的沟通是十分必要的。这种沟通是一种双向的沟通，使高层管理与员工们更好地了解公司前进的方向，了解公司所在的市场发展的方向，了解所要发生的变化，激励员工，创造自豪感，建立强大的组织目标感，为公司的发展做出贡献。

二、企业使命

（一）企业使命的概念

企业使命是管理者为企业确定的较长时期的生产经营的总方向、总目的、总特征和总的指导思想。它反映企业管理者的价值观和企业力图为自己树立的形象，揭示本企业与同行业其他企业在目标上的差异，界定企业的主要产品和服务范围，以及企业试图满足的顾客的基本需求。例如，SONY 公司指出，“我们的使命，就是为包括我们的股东、顾客、员工乃至商业伙伴在内的所有人提供创造和实现他们美好梦想的机会。SONY 将继续勇敢地面对未来的挑战，并将永远保持自己求新、创异的企业特色。”

从概念上可以看出，企业的远景与企业的使命有着本质的区别。企业远景考虑的是我们将会成为什么样的企业这一问题，即考虑企业未来的发展道路。而企业的使命则考虑我们的业务是什么的问题，即考虑如何将经营的重点放在企业已有业务与活动上，满足所服务的客户需求上。

（二）企业使命的界定

企业使命的界定是在对自身业务清晰界定的基础上进行的。从战略角度来讲，企业可以从三个方面界定自己的业务：

（1）顾客的需求，即企业需要满足顾客什么方面的需求。

一般来讲，企业产品或服务只有在满足顾客的某种需求和需要的时候，它才具有重要的意义，才真正成为企业的一项业务。

(2) 顾客群，即企业需要满足的对象是谁。企业必须对此做出明确的回答。因为顾客群代表的是一个需要提供服务的购买者的类型，需要覆盖的市场和地理区域。

(3) 满足顾客的需求的方式，即企业采用什么样的技术和活动来满足顾客的需求。这一点的重要性表现在企业如何满足顾客的需求，即企业生产经营活动的重点放在价值链的哪些方面。

这三个方面实际上是要企业回答“什么，谁，以及什么方式”三个基本性的问题。在实践中，企业能够用一个简单明了的句子，阐述企业所服务的需求、目标市场以及所开展活动的方式的确是一个挑战。各个公司的阐述方式是不一样的，他们所要实现的战略也是不同的。例如，波士顿咨询公司则提出，“我们的使命是协助客户创造并保持竞争优势，以提高客户的业绩。要达到这个目标并制定成功的策略，我们需要努力不懈地探讨问题的起因及根源，并对其进行系统化分析，以制定成功的策略。”

麦当劳公司在回答“什么，谁，以及什么方式”是一个更为典型的例子。该公司界定自己的使命时，宣称是“一张有限的菜谱，质量一致的美味快餐食品，快速到位的服务，超值定价，卓越的顾客服务，便利的定位和选址，全球的市场覆盖。”

（三）企业业务界定的范围

企业在界定使命的时候，与界定远景一样，也要界定自己的业务范围。所不同的是，企业远景所要界定的是企业未来的业务范围，而企业使命所要界定的是企业已有的业务。

一般来讲，多元化公司的业务界定就宽些，而单项业务的公司界定就狭窄些。这是根据公司所要创造的价值决定的。例如，前面在企业远景中提到的可口可乐公司在“饮料”与“软饮料”

之间的决策，实际上就是在选择不同的业务范围。同样，“儿童玩具”就是个窄的业务界定，而“儿童产品”就是个宽的业务界定。例如，美国玩具反斗城（Toys-R-Us）公司把它的业务就不局限在玩具上，扩大到系列的儿童服装，开了 Kid-R-Us 连锁店；又开了 Book-R-Us 连锁店，专营儿童儿童书籍和读物。

这个问题从价值链活动的定位上，可以讲是企业要进行全面整合，还是有所重点地进行部分整合。例如，埃克森石油公司和美孚石油公司等大型的跨国石油公司的业务包括租赁采油场，挖油井，实地采油，用自有的油轮和管道将原油输送到自己的炼油厂，通过自己的品牌分销商和服务分店网络销售石油和其他精炼产品。他们的经营活动覆盖了价值链的所有各个阶段。而沃马特等一些连锁公司将自己的经营运作活动集中在价值链的营销活动上，并不生产产品。

（四）企业使命的表述

在具体阐述企业使命时，企业还需要注意以下几个问题：

1. 企业定位

企业要在竞争中根据所拥有的技术、所生产的产品和所服务的市场，客观地评价自己优劣条件，准确地确定自己的位置，制订竞争的基准。

2. 企业理念，或称企业信念

这是企业的基本信念、价值观、抱负和哲理选择，是企业的行为准则。企业可以据此对自己的行为进行自我控制和自我约束。

3. 公众形象

企业管理者应该充分满足公众期望，树立良好的企业形象，尽到对社会应尽的责任。

4. 利益群体

企业管理者还必须充分地重视企业内、外部利益群体和个人合理要求。企业内部利益群体是指企业的董事会、股东、管理人员和职工。企业外部利益群体是指企业的顾客、供应者、竞争者、政府机构和一般公众等。这些利益群体希望企业能够按照他们满意的方式，进行生产经营活动。例如，职工要求在经济收入、社会地位和心理状态上得到满足；股东要求从他们的投资中得到一定的利润；顾客要求购买到物美价廉的货物；供应者希望企业能够长期地使用他们的产品或服务；竞争者要求能够公平竞争；政府机构要求企业遵纪守法；一般公众则希望由于企业在当地的存在，使他们的生活水平能够有所提高。

企业要满足上述各种需求，应做好以下工作：

1. 判定要求者

企业要了解利益群体的人数、规模与重要性，分析其结构和功能，判断他们对企业经营成功的影响力。

2. 了解要求的内容

企业要了解利益群体的各种具体要求，做到心中有数，在可能的条件下，给以有效的满足。

3. 协调各种要求

企业往往会面对利益群体的各种相互矛盾的要求。例如，政府要求企业控制污染，顾客则要求企业尽可能多地提供产品。面对各种矛盾的要求，企业应该根据自己的长期目标、战略和资源配置的情况，并考虑到这些要求的轻重缓急程度，给以适当的解决。

4. 协调企业使命形成要素之间的关系

满足利益群体的要求只是企业使命中一个的内容，企业还必须考虑产品、市场、企业理念以及企业对社会的责任等其他方面的内容。因此，一个企业的使命要完善地、综合地和协调地反映出各个方面的要求和自己的任务，为企业的战略指出一个统一的方向，肯定自己的社会义务，使内、外部利益群体都感到满意，最终达到保证企业的生存、盈利、增长、发展的目的。

最后，需要强调的一点是无论企业的远景还是企业的使命，都不能将企业的利润作为陈述的内容。有些公司从赢利的角度来表述它们的远景或使命，这实际上是对企业远景和使命的误解。企业如果仅仅谈利润，并不能说明自己的业务领域，也不能说明自己的长期发展方向。例如，沃马特公司与本田公司在业务和长期的发展方向截然不同，如果只谈利润，就很难看出两者在战略上的区别。为此，企业要考虑“我们开展什么样的业务，为谁开展这种业务，如何开展这种业务，最后才能赢利?”

第二节 企业的目标

一、企业目标的概念

企业的目标是企业希望实现的产出与绩效，并以此衡量企业的生产经营活动。在管理文献中，目的和目标这两个术语有时是两个不同的概念，有时又几乎是同义词。从战略管理的角度来看，企业的目的是企业希望实现的一种广义的方向，具有最终的、长期的、无限的属性。企业的目标是在企业目的的总框架中，为企业提供具体的发展方向，规定完成时间。

一般来讲，企业的目标由四个部分组成：（1）目的，这是企业期望实现的标志；（2）衡量实现目的的指标；（3）企业应该实现的指标；（4）企业实现指标的时间表。从管理的角度讲，要使目标更为实用，企业应该尽可能周密慎重地选择每个组成部分，并且详尽地加以说明。例如，某企业为了排除通货膨胀的影响，更好地衡量自己的增长速度，则采用不变价格作为衡量的标准，而不用现行价格。

二、企业目标体系

企业建立目标体系是进行战略管理的一个非常重要的步骤。在这一个环节里，企业要将企业的远景和前进方向转化为企业具体的可以衡量的效益指标，即为企业实现远景提供战略标准与财务标准。

企业的目标体系的表现形式是可以计算或者是可以测量的，同时还明确表示最后完成的期限。也就是说，企业在描述目标体系时，要避免如“降低成本”、“提高效率”等一般性的陈述，而是要清楚地说明，它在什么时候，在多大程度上，完成什么样的效益。企业的目标越清晰，所能采取的行动越具体，企业越能获得更好的效益。

（一）战略目标

这是指企业在其战略管理过程中所要实现和改善的长期市场地位和竞争能力，取得满意的战略绩效的目标。其中，包括企业如何在行业中占据领先地位、提高公司的市场份额，如何拥有更短的从设计到市场的周期、比竞争对手更高的产品质量、更低的公司的总成本、更宽或者更有吸引力的产品线、更卓越的顾客服务、更好的企业形象与顾客忠实度、更广的地理覆盖面、更高顾客满意度水平以及是技术和产品革新方面的领导者等。例如，GE公司的战略目标就是从四个方面加以表述的，即“成为世界上最具有竞争力的企业；在我们所从事的各项业务中处于数一数二地位；公司的每项活动都实现全球化；采用互联网，形成全球性的电子商务。”福特汽车公司的战略目标是“我们通过下列方式满足我们的客户：提供高质量的汽车和卡车，减少新产品的问世时间，改善我们所有工厂和工艺过程的效率，建立我们同雇员、工会、特约经销商和供应商的团队合作精神。”

在企业制定战略目标体系时，往往会表明它在某个具体的业务上的战略意图。例如，联想公司就曾提出这样的思路，“我们想做一个长久性的公司，要做百年老字号，不急于一下子很出名，利润很高，然后很快就垮了，这是第一条最重要的目标；第二是我们要做一个有规模的公司，要有国际性的市场地位；第三是要做个高技术的公司，不想什么赚钱做什么。”从这里可以看出，所谓战略意图就是指，企业在将自身的战略行动与能力集中在实现战略目标时所表现出来的长期性的理念。不同的企业，会有不同的战略意图。大公司的战略意图可能是在全国或者全球市场范围内取得领导地位，而小公司可能是将占领一个局部的小市场作为自己的战略意图。这种战略意图可以转换为振奋人心的公司的口号。例如，在复印设备行业中，佳能公司的战略意图是“打倒施乐”；在推土设备中，小松制作公司的战斗口号令是“包围卡特皮勒公司，打倒卡特皮勒公司”。

企业制定战略目标，是为了使企业战略更具体化，将企业总体的努力方向变成为各部门、各层次职工的行动准则。其结果不仅明确了企业的工作重点，而且提供了评价工作绩效标准。

战略目标是选择战略方案的依据。为使战略目标与战略方案有机地结合起来，制定战略目标必须遵循如下程序：

（1）根据环境预测和内部评估，确定战略目标的期望水平；

（2）预测企业未来的战略绩效水平，并找出目标期望水平和未来预测水平之间的差距；

（3）探讨弥补差距的战略方案；

（4）综合调整各项战略，并修改对企业未来绩效水平的预测。经过调整和修订，如果期望水平与预测水平之间的差距可以得到弥补，期望的目标水平即成为战略目标。否则，就必须重新确定目标的期望水平。

（二）财务目标

企业仅仅用有战略目标体系是不够的，还需要有满意的财务业绩来加以完善，用来考核评价企业的战略管理绩效。这些目标即包括传统的财务指标，也包括一些新型的绩效衡量指标。具体讲，它们包括企业的收入增长、提高股东的红利、扩大利润率、提高已有投资资本的回报率、提高现金流量、获得有吸引力的经济附加价值（EVA）和市场附加值（MVA）、提高公司收入的多元化程度，以及在经济萧条期间稳定公司的收益等。

这里，经济附加值（EVA）是指公司加权平均资本成本之上的利润。这个指标在20世纪80年代中期一出现，就被美国可口可乐公司、美国电话电报公司等所采用，用来衡量企业的绩效。

市场附加值（MVA）是指公司总价值升值后，减去股东实际投入公司的总资本量所得的价值量。就是说，公司的市场附加值等于公司现有股票价格乘以在外股份数量所得值，减去公司的所有者权益。它表明公司的管理者通过管理公司的业务，为股东的财富所增加的价值。如果要将股东的价值最大化，公司的管理部门就必须使公司的普通股股票的市场价值最大化。

因此，与战略指标不同的是，财务指标是带有数量的指标。例如，美国摩托罗拉公司的财务指标体系包括“每年收入增长15%，资产回报率平均为13%到15%，股本投资收益率平均为16%到18%，财务效益好。”

企业在具体实践中，往往会遇到战略目标体系与财务目标体系发生冲突的现象。特别是那些面临财务亏损的公司，更是优先考虑财务指标，而放弃战略目标。这种做法，在短期内看起来有道理。但是，企业如果继续放弃那种能够加强业务地位的战略行动，就会导致企业彻底失败。所以，企业要考虑通过所追求战略行动来加强自己的竞争力和业务地位。

（三）长期目标

这是指企业以提高自己长期业务地位作为目标的活动，计划期一般为5年。

企业的战略决策者一般从以下6个方面考虑建立自己的长期目标：

1．获利能力

在长期生产经营中，任何企业都会要求获得一种满意的利润水平。实行战略管理的企业一般都有自己的利润目标。在市场经济条件下，这种目标可以用企业每份股票或其他证券的收益来表示。

2．生产能力

在平稳的环境中，企业提高单位产出水平是增加获利能力的一种方法。为此，企业在建立生产能力的目标时，需要改进自己的投入与产出的关系，制定出每单位投入所能生产的产品或提供服务的数量，作为衡量的标准。同时，企业也可以根据降低成本的要求来制订自己的生产能力目标。

3．竞争地位

企业在市场中所占有的地位，是衡量企业绩效的一个标准。大企业往往根据竞争地位来确立自己的目标，判断与评价自己在增长和获利方面的能力。企业的销售总量或市场占有率常常被用来作为评价这种目标的标准。

4．技术领先

企业自身的技术状况关系到企业在市场中的竞争地位，而竞争地位又关系企业的战略抉择。因此，许多企业把技术领先作为自己的目标。

5．职工发展

在企业里，生产能力往往会与职工的忠实程度以及企业为职工提供的发展机会和福利密切相关。当职工感到自己在企业里有发展的机会时，他们往往会促进生产能力的增长以及资金周转额的下降。因此，在长期计划里，企业战略决策者要考虑满足职工的期望，确立职工参与制，制定有关职工发展的目标。

6. 公共责任

企业必须认识到自己对顾客和社会负有的责任，不仅要通过提供价格适宜的产品或服务来提高自己的声誉，还应通过参与社会活动、公共福利等事务来扩大自己的影响。

（四）年度目标

这是指实施企业长期目标的年度作业目标，可以说明目标进展的速度和实现的效益水平。

企业主要从两个方面考察其年度目标：

1. 与长期目标的联系

年度目标必须与公司战略的一个或多个长期目标有明确的联系。它与长期目标之间存在着内在的传递与分解的关系。即年度目标将长期目标的信息传递到主要职能部门，并将长期目标按各职能部门需要分解为更具体的年度的短期目标，使之便于操作和落实。

年度目标与长期目标的区别在于：一是，长期目标一般要考虑未来5年或5年以上的情况，而年度目标通常只考虑一年的情况；二是，长期目标着重确定企业在未来竞争环境中的地位，而年度目标则着重考虑企业职能部门或其他下属单位下一年度具体要完成的任务；三是，长期目标内容广泛，年度目标内容比较具体；四是，长期目标一般用相对数衡量，年度目标多用绝对数衡量。

2. 企业年度目标与总体目标的协调

在实践中，有的企业职能部门在确定年度计划和目标时，往往会忽略企业的总体目标，而只注意于本部门的利益，可能导致各职能部门在年度目标上各行其是，缺乏内在联系，造成内耗，从而损害企业整体利益，影响整体的效益。

为了避免这种情况发生，保持各部门年度目标间的一致性，首先每一个年度目标都要明确说明它所要完成的工作内容、时间和衡量工作效果的手段。然后，在分别考虑各个年度目标效益的基础上，由企业综合考虑它们对整个企业长期目标的贡献。最后，针对各个部门的经营重点，既有分工、又有统一地加以实施。为此，企业管理人员在考虑年度目标时，还要注意其可衡量性与轻重缓急的程度。在实践中，有些职能部门的目标是比较容易用数量衡量的，如生产部门的产品指标等；而有些职能部门的目标则难于用数量衡量，如人事部门的人员素质标准等。有些目标即使难于作定量考查，也需要尽可能制定出一些可以衡量的指标，以保证战略的成功实施。此外，上述用以衡量长期目标的标准，如适合性、可度量性、合意性、激励性、易懂性和灵活性也同样适用于年度目标。在轻重缓急程度上，年度目标要从完成时间和对实施战略的不同影响上综合考虑，统筹规划。

三、目标体系的制定

企业目标体系的制定不仅仅是高层管理的事，也不是仅仅停留在高层管理部门中，而使要在企业组织结构中每一个部门、每一个职能领域、每一项业务、每一个产品线中制定各自的战略目标和财务目标，用以支持整个企业的战略目标和财务目标。只有这样，公司的每一个部门才能知道自己的战略角色，才会真正推动企业实施已定的战略。

在制订过程中，企业可以采用自下而上的目标制定方法，也可以采用自下而上的目标制定方法。不过，由于企业基层对整体的战略意图往往把握不足，自下而上的制定方法回有很多缺陷。

在制定目标体系时，企业还要考虑到目标内涵的质量。衡量目标体系的质量一般有以下标准：

（一）适合性

企业中的每一个目标都应该是实现其总体目标的一个具体步骤，必须服从于企业使命中规定的企业目的。违背企业使命的目标往往只会损害企业自身的利益。

（二）可衡量性

企业在制定长期目标时，必须明确具体地规定目标的内容及实现目标的时间进度。目标制定得越具体，越能减少误解。

（三）合意性

企业所制定的目标要适合企业管理人员的期望和偏好，使他们乐于接受和完成。管理人员如果认为目标不合适或不公平，就会消极应付或拒绝实现这一目标。此外，有的长期计划目标还要能使企业外部利益群体能够接受。

（四）易懂性

企业各个层次的战略管理人员都必须清楚地理解他们所要实现的目标，必须理解评价目标效益的主要标准。为此，企业在阐述长期目标时，要准确、详细，使其容易为人们所理解。

（五）激励性

企业长期目标既不要高不可攀，又不要唾手可得，要有一定的挑战性，激励人们去完成。在实践中，不同的个人或群体对目标的挑战性可能有着不同的认识。在这种情况下，企业要针对不同群体情况提出不同的目标，以达到更好的激励效应。例如，通用电器公司的哲学就是超越“能够做到的”境界，达到“可能达到的”境界。通用电器的管理层认为，给组织提出挑战，推动组织达到“不可能”的目标，可以提高公司所作努力的质量。为此，该公司倡导一种“我能做”的精神，从而建立自信。

（六）灵活性

当经营环境出现意外的变化时，企业应能适时更改其目标。不过，有时企业在调整计划目标中，会产生一定的副作用，如影响了职工的积极性等。为了避免或减少这种副作用，企业在调整目标时，最好只是改变目标实现的程度，而不改变目标的性质，以保证其可行性。

第三节　企业的战略

一、企业战略的概念

企业战略一词有两个主要来源，即从军事术语和生物术语演变而来。在军事上，可以追溯到我国战国时期的《孙子兵法》以及几乎同时期的古希腊的军事战役。在古希腊文中，战略一词的本义是指古希腊的将军们在指挥军队时所应具有的心理素质和行为技能。在生物学中，达尔文的“物竞天择、适者生存”的思想对企业战略的概念也有着深刻的影响。在现时的企业管理中，企业战略对此又有了进一步地发展。

企业战略是企业面对激烈变化、严峻挑战的经营环境，为求得长期生存和不断发展而采取的竞争行动与管理业务的方法。它是企业战略思想的集中体现，是企业经营范围的科学规定。更具体地讲，战略是在符合和保证实现企业使命的条件下，在充分利用环境中存在的各种机会和创造新机会的基础上，确定企业同环境的关系，规定企业从事的经营范围、成长方向和竞争对策，合理地调动企业结构和分配企业的全部资源，从而使企业获得某种竞争优势。

例如，联想集团认为，“企业战略就是你要干什么行当，要干到多大，钱和人往哪儿投。”这个定义讲得很简单，但已经反映出企业战略所要包括的基本内容。这里讲的行当，实际上就是企业要决定的经营范围；干多大的问题，是讲的规模问题；而钱和人的问题，实际上就是企业资源如何合理配置的问题。在这一点上，摩托罗拉（中国）公司讲得更具体：人类已经进入21世纪，摩托罗拉目前的战略重点是赋予无线通信、宽带和互联网更强的能力，为个人、团队、汽车及家庭4大市场提供嵌入式芯片、系统和端到端的网络解决方案。摩托罗拉中国公司的未来发展战略是“与中国建立牢不可破的战略伙伴关系”，目标是成为“一家地地道道的中国公司”。为此，摩托罗拉将继续以中国为家，与中国人民同呼吸，共命运，自觉做中国现代化建设的一分子。

二、战略与目标

企业战略的概念来源于企业生产经营活动的实践。不同的管理学家或实际工作者由于自身的管理经历和对管理的认识不同，会对企业战略给以不同的定义。

在广义的战略定义中，战略的概念包含着企业的目的。例如，美国哈佛大学商学院教授安德鲁斯认为，“战略是由目标、意图或目的，以及为达到这些目的而制定的主要方针和计划所组成的一种模式。这种模式决定了企业正在从事的，或者应该从事的经营业务，以及决定了企业所属的或应该属于的经营类型”。

而狭义的战略定义认为，企业的目的的确定过程与战略制定过程虽然互相有联系，但它们是两个截然不同的过程。美国著名管理学家安绍夫（I. Ansoff）就是持有狭义战略定义观点的代表人物。

安绍夫根据自己在美国洛克希德飞机公司等大型多种经营的

公司里多年的管理实践以及在大学里的教学和咨询的经验，于1965年发表了著名的《企业战略》一书，提出了自己的企业战略观。他认为企业战略是贯穿于企业经营与产品和市场之间的一条“共同经营主线”，决定着企业目前所从事的、或者计划要从事的经营业务的基本性质。

这条共同经营主线由四个要素构成：（1）产品和市场范围，是指企业所生产的产品和竞争所在的市场；（2）增长向量，是指企业计划对其产品和市场范围进行变动的方向；（3）竞争优势，是指那些可以使企业处于强有力竞争地位的产品和市场的特性；（4）协同作用，是指企业内部联合协作可以达到的效果，即2+2=5的现象。

美国学者霍弗和申德尔认为，企业在制订自己的战略时，应该考虑企业资源配置和外部环境的相互作用。他们为战略所下的定义是：“战略是企业目前的和计划的资源配置与环境相互作用的基本模式。该模式表明企业将如何实现自己的目标。”这个定义比安绍夫的定义又进了一步，既考虑到了企业外部环境的作用，也考虑了企业的内部资源，更符合战略管理的思想。

由此可以看出，在战略概念上，广义论与狭义论的区别主要有两点：

1. 战略概念的广度

战略概念的广义论者认为企业战略应包括企业希望达到的目标，以及为实现这些目的而采取的手段。同时，他们还认为企业确定目标的过程是整个战略制订过程的一部分。而狭义论者则认为，在实际的决策过程中，绝大多数人都是根据事先确定好的目标，将所要研究和决策的问题分门别类，选择要解决的重点，然后各个击破。如果将事先确定好的目标与所要解决的问题混为一谈，人们就很难处理好问题了。因此，狭义论者坚持认为战略只包括为实现企业目标而采取的手段。

2. 战略的构成要素

广义论者认为战略本身不存在任何构成要素；而狭义论者则认为战略是由一定的要素构成的，只不过构成的要素有所不同而已。

本书认为，企业的目标体系是“目的”，战略是达到目的的手段。正如联想集团所讲的那样，“战略如果没有明确的目标，那就只能成为一个空洞的幻想。战略目标一是要合理，二是制定以后必须坚定不移地去做”。为此，企业的战略一般都包括精心策划的有目的的行动，以及对未预期到的情况和最新的竞争压力所作出的反应措施（见图 1－1）。

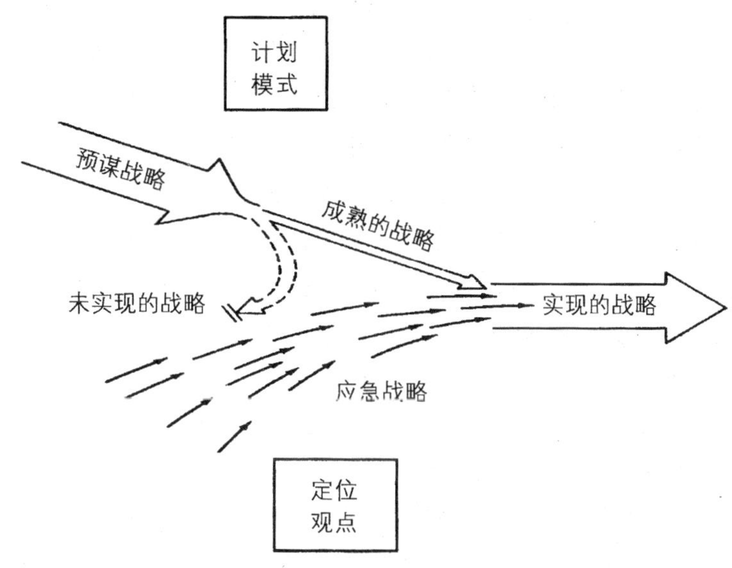

图 1－1　计划的战略与实施的战略

图 1－1 说明，尽管管理者预先认真制订了战略，但这只是一种大的战略计划。在企业生产经营活动的过程中，永远会不断出现新的情况，使得企业所面临的条件处于不确定的状态中。管理者不可能预先计划好每一个战略行动，因此就需要做出相

应的反应。这样，战略就成为一种组合，由计划好的行动方案和业务途经（预谋战略）和必要的对未预见情况的反应（“适应性”战略反应）组成。

三、战略的构成要素

狭义战略论者对战略由哪些要素构成有着不同的认识。一般来讲，企业战略由以下四个要素组成：

（一）经营范围

经营范围是指企业从事生产经营活动的领域，又称为企业的定域。它反映出企业目前与其外部环境相互作用的程度，也可以反映出企业计划与外部环境发生作用的要求。有的学者认为，确定一个企业的经营范围，应该以那些与企业最密切相关的环境为准。因此，对于大多数企业来说，他们应该根据自己所处的行业、自己的产品和市场来确定经营范围。就是说，只有产品与市场相结合，才能真正形成企业的经营业务。企业确定经营范围的方式可以有多种形式。从产品角度来看，企业可以按照自己产品系列的特点来确定经营范围，如半导体器件公司、机床公司等。企业还可以根据产品系列内含的技术来确定自己的经营范围，如计算机公司、光导纤维公司等。

从市场营销的角度来看，企业可以根据自己市场来描述经营范围。这种描述可以有两个出发点：一个是企业的使命，另一个是企业的顾客。两者是截然不同的概念。从某种意义上讲，企业的使命是指企业如何能够满足市场上顾客对现有产品的需求；而顾客是指产品的现实购买者。这两者的关系有时是一致的，即企业现有的产品可以满足顾客的需求；有时又是不一致的，顾客可能有多种需求，需要不同的销售渠道和不同的产品来满足。因此，企业在描述自己的经营范围时，就应该考虑从哪个角度出发，才能真正符合企业和社会的利益。

在一般情况下，企业的使命与顾客的需求是不矛盾的。但是，在多种经营的情况下，企业便不能只从某一行业的角度来定义自己的经营范围，需要多方位多层次地研究自己的市场和顾客，尽量保证经营范围定义的准确性。

（二）资源配置

资源配置是指企业过去和目前资源和技能配置的水平和模式。资源配置的好坏会极大地影响企业实现自己目标的程度。因此，资源配置又称为企业的特殊能力。

企业资源是企业现实生产经营活动的支持点。企业只有以其他企业不能模仿的方式，取得并运用适当的资源，形成自己的特殊技能，才能很好地开展生产经营活动。如果企业的资源贫乏或处于不利的境况时，企业的经营范围便会受到限制。

在战略管理文献中，把资源配置作为企业战略的构成要素是霍弗和申德尔的观点。他们认为资源配置不仅是战略中最重要的方面，而且在确保企业获得成功上也比经营范围重要得多。霍弗曾在 1973 年对企业面临的战略挑战和应战的问题进行了研究。他发现，当企业面临重大的战略挑战时，大多数获得成功的企业会有三种反应：第一种，企业的经营范围和资源配置都发生了变化；第二种，仅仅是企业的资源配置模式发生了变化；第三种，仅仅是企业的经营范围发生了变化。而那些在重大战略挑战面前没有获得成功的企业，一般不会发生上述的反应。这说明，当企业针对外部环境的变化考虑采取相应的战略行动时，一般都要对已有的资源配置模式加以或大或小地调整，以支持企业总体的战略行为。

（三）竞争优势

竞争优势是指企业通过其资源配置的模式与经营范围的决策，在市场上所形成的与其竞争对手不同的竞争地位。

20 世纪 60 年代，西方的钢铁行业、机床行业等产业逐渐变成夕阳产业，销售额和利润都有下降的趋势。同时，新技术不断涌现，使得产品更新换代加速，竞争的问题在国际市场和国内市场上变得格外突出。在这种情况下，战略管理的学者们把注意力转向了经营领域里的竞争行为，试图寻找出获得竞争优势的道路。有的学者认为个别产品和市场的特性可以给企业带来强有力的竞争地位。有的学者认为企业的竞争优势来自于企业根据自己的产品和细分市场所选择的资源和技能的应用方式。实际上，竞争优势既可以来自企业在产品和市场上的地位，也可以来自企业对特殊资源的正确运用。一般来说，产品和市场的定位对于公司战略来讲相当重要，而资源配置则为企业战略起着十分重要的作用。

（四）协同作用

协同作用是指企业从资源配置和经营范围的决策中所能寻求到的各种共同努力的效果。就是说，分力之和大于各分力简单相加的结果。在企业管理中，企业总体资源的收益要大于各部分资源收益的和。一般来讲，企业的协同作用可以分为四类：

1. 投资协同作用

这种作用产生于企业内各经营单位联合利用企业的设备、共同的原材料储备、共同研究开发的新产品，以及分享企业专用的工具和专有的技术。

2. 作业协同作用

这种作用产生于充分地利用已有的人员和设备，共享由经验曲线造成的优势等。

3. 销售协同作用

这种作用产生于企业的产品使用共同的销售渠道、销售机构和推销手段。这样，企业便可以少花些促销费用，获得较大的收益。

这三种协同作用实际上是发生在生产经营活动过程的三个阶

段上，说明企业在每个阶段上都可以形成自己的协同作用。最后一种协同作用是从质的方面把握的，即管理协同作用。

4．管理协同作用

这种协同作用不能用简单的定量公式明确地表示出来，但的确是一种相当重要的协同作用。例如，不同类型的行业在管理上会遇到不同的战略、组织和作业的问题。当企业的经营领域扩大到新的行业时，如果在管理上遇到过去曾处理过的类似问题时，企业管理人员就可以利用在原行业中积累起来的管理经验，有效地指导和解决这些问题。这种不同的经营单位分享以往的管理经验的特性就是管理协同作用。

协同作用的值可以是正值，如2+2=5的效应；但协同作用也会出现负值。从大量的实践中可以看出，当一个企业进入新的行业进行多种经营时，由于新行业的环境条件与过去经营环境截然不同时，以往的管理经验发挥不了作用。在这种情况下，管理协同作用的值便为负值。

探讨企业战略的构成要素有两重意义。

第一重意义是，认识构成要素对企业效能和效率的影响。所谓效能，是指企业实际产出达到期望产出的程度；而效率则是指企业实际产出与实际投入的比率，即实际的投入产出比。这两个概念是切·巴纳德（C·Barnard）最先在《总经理的职能》一书中提出来的，以探讨它们与企业所面临的变化之间的关系。在企业战略的构成要素中，企业的经营范围、资源配置和竞争优势一般决定着企业效能发挥的程度。协同作用则是决定企业效率的首要因素，并在企业各种特殊能力与产品和市场之间形成与发展。正值的协同作用会大幅度地增加企业的效率，反之则相反。

第二重意义是要使管理人员认识到这四个构成要素存在于企业各个层次的战略之中。企业战略的层次不同，这四个构成要素的相对重要的程度也不同。

第四节　企业战略的层次

一般来讲，在大中型企业中，企业的战略可以划分为三个重要的层次：公司战略，业务战略，职能战略。在这三类战略里，战略的四个构成要素又起着不同的作用，发挥着各自不同的特性（见表1-1）。

一、公司战略

公司战略，又称总体战略。在大中型企业里，特别是多种经营的企业里，公司战略是企业战略中最高层次的战略。它需要根据企业的目标，选择企业可以竞争的经营领域，合理配置企业经营所必需的资源，使各项经营业务相互支持、相互协调。可以讲，从公司的经营发展方向到公司各经营单位之间的协调，从有形资源的充分利用到整个公司价值观念、文化环境的建立，都是公司战略的重要内容。

公司战略的特点是：

1. 从形成的性质看，公司战略是有关企业全局发展的、整体性的、长期的战略行为。

2. 从参与战略形成的人员看，公司战略的制定与推行的人员主要是企业的高层管理人员。

3. 从对企业发展的影响程度看，公司战略与企业的组织形态有着密切的关系。当企业形态简单，经营业务和目标单一时，公司战略就是该项经营业务的战略，即业务战略。当企业的组织形态为了适应环境的需要而趋向复杂化，经营业务和目标也多元化时，企业的公司战略也相应复杂化，如形成多种业务战略

表 1－1　　三种战略的基本特征

	企业总体战略		经营单位战略	职能部门战略
企业目标	谋求企业的生存，全面获得增长和利润		谋求在特定的产品和细分市场上获得增长和利润	谋求市场占有率、技术领先等
战略构成要素的重要性	大型联合企业	生产相关产品的多种经营企业		
经营范围	√√√	√√√	√√	√
资源配置	√	√√	√√√	√√√
竞争优势	√	√√	√√√	√√
协同作用		√	√√	√√√
战略构成要素的特性				
经营范围	大型联合企业的投资组合与多种经营		产品和细分市场上的竞争与同心式多种经营	注重产品和市场开发，以及产品的形态和商标
资源配置	企业财务、组织与技术方面的能力		随着产品和市场寿命周期阶段而变化	不同的职能领域、产品的发展阶段以及整个竞争地位有不同的变化
竞争优势	与行业相比		与特定的竞争对手相比	与特定的产品相比
协同作用	作用于各经营业务之间		作用于各职能领域之间	作用于职能领域之中
重大职能方针决策	财务方针 组织方针	多种经营方针 制造与购买方针 技术方针 财务与组织方针	制造系统设计 产品系统方针 市场开发方针 研究开发方针	定价方针 促销方针 生产进度方针 存货控制方针
资源配置问题	投资组合问题		产品和市场寿命周期问题	职能的综合与平衡问题

注:符号含义√√√:非常重要,√√:重要,√:偶尔重要,空白处:不重要

等。不过，战略是根据企业环境变化的需要而提出来的，它对企业的组织形态也有反作用，会要求企业组织形态在一定的时期做出相应的变化。例如，企业准备利用一部分内部资源进行合资经营时，企业的企业形态就需要适应这种变化，形成可以进行合资的事业部。公司战略主要是回答企业应该在哪些经营领域里进行生产经营活动的问题。因此，从战略的四种构成要素的作用来看，经营范围和资源配置是公司战略中主要的构成要素。竞争优势和协同作用两个要素则因企业不同而需要进行具体分析。在生产相关产品的多种经营企业里，竞争优势和协同作用很重要。它们主要是解决企业内部各产品的相关性和在市场上进行竞争的问题。在多种行业联合的大型企业里，竞争优势和协同作用相对来讲不很重要，因为企业中各经营业务之间存在一定的协调性，可以共同形成整体优势。即使某个经营业务略有不善，其他的经营业务也还可以支持整个企业形成优势。

二、业务战略

业务战略，又称经营单位战略。在大型企业中，特别是在企业集团里，为了提高协同作用，加强战略实施与控制，企业从组织上把具有共同战略因素的若干事业部或其中某些部分组合成一个经营单位。每个战略经营单位一般有着自己独立的产品和细分市场。在企业内，如果各个事业部的产品和市场具有特殊性，也可以视作独立的经营单位。

因此，业务战略就是战略经营单位、事业部或子公司的战略。业务战略是在公司战略的制约下，指导和管理具体经营单位的计划和行动，为企业的整体目标服务。

业务战略主要是针对不断变化的外部环境，在各自的经营领域里有效地竞争。为了保证企业的竞争优势，各经营单位要有效地控制资源的分配和使用。同时，业务战略还要协调各职能层的战略，使之成为一个统一的整体。就是说，如果公司战略是一部书，以自己的风格向读者传播某类学科的知识的话；业务战略则是书中的章节，以其充实的内容，使读者了解该书所介绍的知识细节。这些章节又构成一个体系，保证该书的整体风格。

从战略构成要素的角度来看，资源配置与竞争优势通常是业务战略中最重要的组成部分。在多数情况下，经营范围与产品和细分市场的选择有关，与产品和市场的发展阶段有关，而与产品和市场的深度与广度的关系甚少。在这个层次上，协同作用则变得更为重要，要把经营单位中不同职能领域的活动加以协调。

业务战略与公司战略的区别是：

1. 公司战略是有关企业全局发展的、整体性的、长期的战略计划，对整个企业的长期发展产生深远的影响；而业务战略着眼于企业中有关事业部或子公司的局部性战略问题，影响着某一具体事业部或子公司的具体产品和市场，只能在一定程度上影响公司战略的实现。

2. 公司战略形成的主要参与者是企业的高层管理者，而业务战略形成的参与者主要是具体各事业部或子公司的经理。

三、职能战略

职能战略，又称职能层战略，是企业内主要职能部门的短期战略计划，使职能部门的管理人员可以更加清楚地认识到本职能部门在实施公司战略中的责任和要求，有效地运用研究开发、营销、生产、财务、人力资源等方面的经营职能，保证实现企业目标。

职能战略与公司战略之间的区别主要有以下几个方面：

（一）期限

职能战略用于确定和协调企业的短期的经营活动，期限较短，一般在一年左右。职能战略期限较短原因的原因是：

（1）职能部门管理人员可以根据公司战略的要求，把注意力集中在当前需要进行的工作。

（2）职能部门管理人员可以更好地认识职能部门当前的经营条件，及时地适应已变化的条件，并作出相应的调整。

（二）具体性

企业主要职能部门的战略要比公司战略更为具体。公司战略为企业指出一般性的战略方向，而职能战略则为负责完成年度目标的管理人员提供具体的指导，使他们知道如何实现年度目标。同时，具体的职能战略还可以增强职能部门管理人员实施战略的能力。

具体性之所以能使职能战略获得成功，主要有三点原因：第一，具体性在战略中增加了实际内容，明确了企业内职能部门必须完成的工作，从而丰富和完善了战略。第二，具体的职能战略向企业高层管理人员阐明各职能部门准备如何实施公司战略，可以增强企业高层管理人员实施与控制公司战略的信心。第三，具体的职能战略可以说明企业中各职能部门间相互依赖的战略关系，以及潜在的矛盾，有利于促进各职能部门的协调。

（三）职权与参与

企业高层管理人员负责制定企业的长期目标和公司战略。职能部门的管理人员在总部的授权下，负责制定年度目标和部门战略。职能部门管理人员参与制定职能战略，可以更自觉地实现本部门的年度目标，执行职能战略所需要进行的工作，增强实施战略的责任心。

职能战略应在研究开发、生产作业、市场营销、财务会计和人力资源管理的职能部门中制定。各职能部门的主要任务不同，关键变量也不同；即使在同一职能部门里，关键变量的重要性也因其经营条件不同而有所变化，难于归纳出一般性的职能层战略。

从战略构成要素来看，协同作用和资源配置是职能战略的关键要素，而经营范围的重要性较低。协同作用是在单个的职能中协调各种活动，并将这些活动联合起来。

四、企业战略与效能和效率的关系

在这个问题上，切·巴纳德认为，管理工作中最重要的是做正确的事情（改进效能），而不是正确地做事情（改进效率）。这就是说，企业管理人员在进行战略决策时，要考虑哪些方案更符合企业目前所处的环境，更有利于企业的发展。一旦确定下来就要认真实施，而不是盲目地一丝不苟地执行以往的决策。这是因为环境和条件发生了变化以后，企业会失去原有的战略优势，如果再继续执行下去，对企业的发展不利。

在管理实践中，企业要正确处理战略与效能和效率的关系，进行战略性的调整，还需要根据企业的具体情况而定。对于只具有单一经营业务的企业来说，那些能够影响企业效能的重大环境一般很少有大的变化。在这种情况下，效率是管理工作的一个关键因素。这类企业可以把战略的重点放在效率上，更多更好地为社会提供所需的产品和服务。值得注意的是，影响企业效能的重大环境发生变化时，还是有一个过程的。在初始阶段，这种变化一般发展缓慢，不很明显，企业很难从同时发生的众多环境变量中准确地找出真正的关键因素。这时企业即使能够识别出环境的关键变化，也很难详尽地说明这些环境变化的发展方式。因此，企业就需要形成某种战略，合理地处理所面临的内外部变化。

从企业不同层次的战略的作用来看，公司战略和业务战略要注重的是改进效能的问题，即做正确的事情；而职能战略则是考虑改进效率的问题，即正确地做事情。例如，在20年代，美国福特汽车公司是最有效率的汽车制造厂家，所发明的大量流水生产曾是生产管理中最成功的生产与管理方式。后来，市场发生了变化，但该公司仍沉溺在自己以往获得成功的生产方式之中，高效率地生产黑色T型小汽车，结果在竞争中败给了通用汽车公司。因为通用汽车公司注意到市场上消费者的需求已经发生了变化，追求着不同车型、不同颜色小汽车。为了满足消费者的需求，通用汽车公司每年都更换车型，推出一系列可以满足顾客需要的汽车。

在上述例子中，福特汽车公司所面临的变化是市场方面的环境变化，即战略性变化。在这些变化面前，企业不能只迷恋过去生产上的效率，而要调整自己的公司战略或业务战略，把改进效能的工作放在管理工作的首位。

在战略管理过程中还有一个重要的环节就是战略的实施与控制，以及实施者的问题。这些内容将在后面独立设章进行探讨，在此就不多重复了。

本章小结

本章是全书的绪论部分，重点在于介绍战略管理过程中的一些基本概念，是管理者对企业的远景、使命、目标以及战略有深刻地认识。

企业远景实际上是为企业描述未来的发展方向，回答企业要成为一个什么类型的公司，要占领什么样的市场位置，具有什么样的发展能力等问题。企业使命是管理者为企业确定的较长时期的生产经营的总方向、总目的、总特征和总的指导思想。企业的远景与企业的使命有着本质的区别。企业远景考虑的是我们将会成为什么样的企业这一问题，即考虑企业未来的发展道路。而企业的使命则考虑我们的业务是什么的问题，即考虑如何将经营的重点放在企业已有业务与活动上，满足所服务的客户需求上。

企业的目标是企业希望实现的产出与绩效，并以此衡量企业的生产经营活动。企业的目标体系的表现形式是可以计算或者是可以测量的，同时还明确表示最后完成的期限。这里包括战略目标体系与财务目标体系。

企业战略是企业面对激烈变化、严峻挑战的经营环境，为求得长期生存和不断发展而采取的竞争行为与管理业务的方法。为此，企业的目标体系是“目的”，战略是达到目的的手段。企业战略的构成要素包括经营范围、资源配置、竞争优势和协同作用。一般来讲，在大中型企业中，企业的战略可以划分为三个重要的层次：公司战略、业务战略、职能战略。

本章重点概念

企业远景　企业使命　战略目标　财务目标　战略意图　经济附加值　市场附加值　经营范围　资源配置　竞争优势　协同作用　公司战略　业务战略　职能战略　效能　效率

思考题

1. 如何制定企业的远景，如何界定企业的使命，两者的区别是什么？

2. 如何判断企业的战略目标体系和财务目标体系？

3. 试用企业的财务目标，分析某企业5年的效益状态。

4. 什么是企业的战略？其构成要素有哪些？

5. 在什么条件下，企业的公司战略与业务战略是合一的？

6. 效能与效率在企业战略中的作用有什么不同？

案例分析题

顺美公司（1995年）

顺美服装厂是一家乡镇企业，是一个小县城边不太大的小镇里的服装厂，但“顺美”却是国内西服生产领域中规模最大的，顺美西装也是中国西服领域中一个响当当的名牌。

一、顺美的诞生与波折

1984年秋，北京顺义县组织乡镇干部到苏南考察。回到北京，他们便到处搜集信息，欲求一个合适的海外伙伴办一家合资企业。此时，北京市纺织品进出口总公司经理熊勇纹女士带来了机遇，介绍新加坡美都纺织品有限公司的黄绍基先生到顺义考察合资建厂的可行性。黄先生在国内进行过仔细考察，对上海、厦门、北京等地的地理位置、政策环境、市场前景、合作伙伴等进行了反复比较，最后选定了顺义县顺义镇。2个月后，黄先生再次来京签署意向书，3个月后，正式签署协议。前前后后8个月，一切都进行得顺顺当当。北京市第一家服装合资公司——顺美服装有限公司总部成立了，顺义镇农工商总公司占股份45%，新加坡美都纺织品有限公司占股份45%，北京市纺织品进出口公司占股份10%。

机器引进自意大利、美国、德国、日本，清一色的当代最先进设备。88名制作工人加上10名财务、人事、外联、生活后勤人员都经过重重选拔。顺美甚至不惜重金，请来赫赫有名的国际服装设计大师杉山先生，向学员们系统地传授了现代西装的设计、现代西装制作的工艺流程、现代设备的操作要领。

但先进的机器和严格的培训后面潜伏着隐忧，从其成立到1988年，顺美的管理状况实际上是一片混乱。顺美的管理权，按照协议，董事长由顺义镇农工商总公司派人担任，总经理由新加坡方委派，三方各出一人任副总经理，如总经理不能坐镇主持日常工作则指定一名副总代行主持。但由于对现代公司制度的不了解，董事会和总经理如何参与管理的问题并未澄清，没有建立起独立的、稳定的领导体系，在高层管理人员的运用安排上不断出现波动。可以说，在头几年间，顺美是一事无成。

二、从成衣作坊到现代大公司

1988年，刘玉凯正式就任顺美服装公司副总经理，代行总经理职责。熟悉刘玉凯的人这么评价他：很聪明、爱学习；思维敏捷、接受新观念快；能与人团结共事、干工作脑勤手勤；作风凌厉、果断。刘玉凯的脑中深深熔铸着如下管理思想：当企业发展到一定程度，账面上的实物资产已经不是第一位重要的因素了，重要的是企业无形的，但却是实实在在的东西，比如说组织运作的管理能力，职工团结一心蓬勃向上的凝聚力以及企业招牌本身所代表的信誉。带着这样的思维与理念，刘玉凯脑中形成了一整套战略性的、相辅相成的发展步骤。

（一）以严治厂，以严治乱

面对前任留下的烂摊子，刘玉凯心中深知大乱必严治，整个公司才能有一个新的面貌。因此，刘玉凯上任即采取雷霆手段，颇见成效。

（二）高起点，高要求，超越平庸战略

把顺美内部整顿得井井有条，政通人和后，刘玉凯开始实施其构思已久的发展战略。他认为压力是前进的动力，顺美要发展成为能经受起任何挫折、经受任何考验的世界名牌，必须借助强大的外在压力。他仔细地比较顺美的优势、劣势，仔细比较顺美服装内销、外销的优、劣，最后决定将顺美服装外销日本，让世界上最苛刻的买主挑剔，让日本差一点都不饶人的订单将顺美的产品档次压上去，把人的整体素质压上去，把企业管理水准压上去，把顺美的名声压上去。这就是刘玉凯的超常思维，与经营现状的“内销赚、外销赔”不符，与一般思维的能赚点就行不同。但它的确是建立在对内销、外销科学分析的基础上，建立在刘玉凯要把顺美迅速变成国际名牌的目标之上。

内销利在：全国11亿人的大市场；产品质量要求不高，合资企业产品受偏爱；容易建立销售网络。内销弊在：市场不规范，权钱交易干扰公平；高档产品购买力低；同行竞争激烈，争相压价；贷款受限制。外销的利在：外商信誉高，国家有扶植政策；比国内市场稳定期长；汇率逐年提高。外销的弊在：采料、来样加工受制；加工费偏低；质量、交货期要求严格；容易发生索赔。顺美的优势在于：设备先进、配套；日本专家培训的员工技能较

好；劳动力价格不高；已有小批量出口产品；日本市场有潜力，日本服装界有朋友；在国内市场初露头角。顺美的劣势在于：企业管理落后，产品质量问题多；资金困难，人才奇缺；在国内外市场上销量较低。

刘玉凯和他的同事们提出三个问题：（1）企业靠什么在激烈的市场竞争中立于不败之地？（2）企业应该怎样挣钱，挣大钱还是挣小钱？挣眼前的这点钱还是挣长远的钱？（3）是要创名牌还是要守摊混日子？是满足于小有名气还是争大名气？是只创中国名牌还是奔世界名牌？这体现了顺美人独特的思维、深远的战略以及现代的经营理念。这是顺美惊人之跳的第一跳。

第二跳，坚持申办独立的进出口权，顶住撤股的压力。扩大外贸，三方股东都取得共识，由谁负责进出口业务，却出现了较大分歧。占10%股份的北京纺织品进出口公司认为，外贸是它们的天职，现有的渠道畅通，顺美生产多少应统统“上交”北纺外销。但另两方董事以为，顺美是一个独立的经济实体，应申办独立的出口权，双方各执己见，互不相让。北京纺织品进出口公司代表便以撤股相威胁，这使得原本就资金紧张的顺美雪上加霜，但目标不能被压力挤扁。

在各种努力下，北纺撤股后的顺美于1988年11月获取了国际羊毛局使用纯羊毛标志的特许权，1989年4月又领取了出口产品质量许可证。

乱后将治的日子是艰难的，经过顺美人的艰苦努力，在以后的几年中终于获得了丰厚的回报：

销售收入:1200万—2400万—5000万—1亿—1.8亿—2.3亿。

实现利润:180万—300万—600万—1200万—2400万—3200万。

出口创汇:100万—300万—730万—1200万—1800万—2300万。

第三跳，总部迁到城里去，从不花一文租金的老窝迁到租金贵得吓人的京城去。1992年国庆前夕，刘玉凯做出了这个决策。昂贵的大楼租金在顺美内部引起了不理解，而刘玉凯以为：这并不是租金的问题，而是树立企业形象的问题，树立大经营观念的问题。顺美要把自身变成现代化的大公司，就必须将自身融入到高层次的、世界性的市场中去，这对实现顺美名牌战略来说是至关重要的。现在看来这一点是显而易见的，而在当时却是一个思想转变的重大决策。

这样，顺美改变了过去以生产能力决定贸易的产销一体的格局，实现了贸工一体化，以贸为先导，以贸定产，以贸促产。这是一个战略性的转变，是由总部搬迁所带来的对信息、市场更深层次的理解所导致，这使得顺美人懂得了有形的物流活动中还伴随着无形的精神理念，会挣钱，还得会花钱。

第四跳，再合资，充分利用杂交优势。

为了在中国女装市场上创造自己的优势，再创女装名牌，顺美公司与新加坡美都公司各自再出资金百万元创造顺美－碧娜时装有限公司，自主经营，独立核算，同时又算是顺美的子公司。碧娜每年于夏初和冬末开两次时装发布会，每个季度推出一批款式，全年生产的款式在160种至200种。每种款式生产批量都不大，一般在800件至1000件左右。碧娜的原则是宁缺勿滥，所以在市场上一直处于脱销状态，一种新款式上市后很快卖光了，又上另一种新款式。这种营销中的“饥饿策略”放弃了大量赚钱的机会，却吊起了许多人的胃口，并使同类厂家来不及模仿。顺美的碧娜女装像男西装一样，创出了特色，打出了名声，赢得了市场。

顺美在领先将服装现代化生产引进国内之后，现在又将国际一流的量体裁衣项目引进国内，与日本杉山服装研究所合资创办了顺杉服装有限公司，专营量体裁衣项目。

三、质量—名牌战略的保障

顺美从创名牌的决心下定的第一天起，就把质量管理牢牢放在首位。质量是个慢工细活，需要全面动员，全过程控制。质量带来的效益往往不是迅速能看出来的，在短期内还表现为效益的扣减。但要创世界名牌，要图企业长远发展，必须注意质量，要打出高档次的产品。

顺美从一开始，就给自己的产品定位为西装为主，中高档次。西装，尤其是男西装，已有几百年的历史，虽然整体变化不大，但其面料选择之考究，款式要求之规范，制作工艺之精细，所蕴含服装文化之深厚，是任何服装所无法比拟的。因此，西装制作的工艺和质量，被世界公认为是衡量一个国家服装企业实力的最高标准。

顺美人达到制作工艺标准有自己的一套方法，这就是比较—靠近—超越，顺美选择日本为自身的参照物，通过比较找差距，通过努力提高自己，逐步向高水平靠拢，最后达到超越的目的。但这背后人们所付出的努力，所做的大量培训，以及管理制度和方法的提高是不言而喻的。在这一过程中，顺美惟一的激励手段就是名牌两个字。把创名牌作为全员的奋斗目标，并把企业这种目标与员工的个人目标有机地结合起来，从每个人的价值观上挖掘潜能。

至此，顺美已初步树立起在国内甚至国际上的名牌地位，世界服装设计师协会副主席，世界著名服装制作大师辽·洛基先生1993年11月来顺美，对顺美制作的标有洛基商标的西装进行考察和技术指导。他的评价是基本具备高质量男西装的规范化生产能力。事隔半年，他再次来到顺美，他的评价是，顺美制作的出口美国和日本的皮尔·卡丹西装质量合格，顺美已具备生产全毛芯高级西服的能力。1990年亚运会召开前夕，国家体委请顺美公司承担中国代表团开幕式着装礼服的制作任务。事隔3年，顺美又承担了为中国奥运会申办委员会制作107套出席蒙特卡罗国际奥委举办的申办活动礼服的任务。

四、围绕名牌，高超促销

顺美服装的生产质量是一流的，但要把它卖出去，却不是一个必然的结果。刘玉凯高明地提出，卖也要有名牌意识，不仅要吆喝，而且要善于吆喝，巧于吆喝，卖顺美产品的同时要卖出顺美的服务，体现出顺美人的精神面貌，要切实把顾客当成上帝，要多从顾客的角度考虑问题。

顺美从一开始在促销上就采取“高起点”策略，日本有个创立于1831年的精品商场——高岛屋。它在本国有18个分店，在海外有56个公司和营业机构。高岛屋的服装精品屋素以经销名牌而闻名。EVEN牌礼服是高岛屋的专有名牌，为保证名牌信誉，高岛屋一般不让国外加工制作。刘玉凯看中这个可以出名的项目，亲率人马到日本谈判——把制作EVEN牌礼服的订单揽回来。谈判团坚忍不拔的毅力感动了对方，顺美成为高岛屋委托国外企业加工EVEN牌礼服的第一家。从此，顺美西服与世界名牌一起展示于高岛屋。顺美人也以高岛屋的高度确立了自己在日本市场非凡的地位，并以此稳固在日本的市场。扩大在日本的市场，高岛屋的订单是难拿的；而一旦拿到手，便是一种高信誉度的举荐。

90年代初，日本经济出现衰退，体现在制衣上，就是订单数量不变，而每单的批量逐渐减少，最小的批量只有几百件。这是在日本经济不景气的情况下销售商为减少风险所采取的新策略。这给作为生产厂家的顺美带来了麻烦，加工效率下降，生产成本升高。顺美一边调整生产设备和生产组织，一边强调必须固守日本市场的决心，哪怕是赔本；同时，加大对新市场的开发。随着顺美在国际上名气的日益扩大，顺美在国内市场也日益受到欢迎，连获殊荣。顺美适时地制定出“水涨船高”的国内市场战略，从1992年起，开始大规模地开拓国内市场的经营战略。

首先是覆盖京城，同时又走出北京，在全国各省市选择有利的经营环境，建立外埠销售分公司和专卖店。顺美每建一个分公司和专卖店，都有极其严谨、复杂的规范化、程序化的工作。前期调研工作主要由国内贸易事业部的商品销售科负责，经过初步调研，提出建店的意向，提交内贸部讨论。内贸部有关领导认为可行，就组建调研班子，再次深入调查，由有关部门联合进行。二次调研不单依靠自己的力量，还依靠当地的信息咨询机构。调查的科目有十几个，如城市人口、城市面积、人口文化素质、工资收入、现有服装品牌、消费者对服装的认识程度等。经过分析，若建立分公司和专卖店可行，则进一步提出选址地点、建店规模，再经内贸部二次论证通过，上报总经理审批。紧接着，根据公司的统一要求，结合本店实际，制定装修设计方案，经批准后施工。再接下来，就是开业前的准备工作，一要派有独立工作能力的经理、店长和领班。这些人员既要有专业知识，又要熟悉顺美经营理念、经营目标、经营管理方式；二要在当地招聘导购员，统一培训、统一着装、统一礼仪、统一服务方式、统一规章制度；三要保证及时供应当地所需的服装款式，不使断货；四要以门店为窗口，由公关部派人进行宣传方案的调研策划，加强公关与广告，促进产品销售。

顺美服装的销售内定了一些非常特殊的原则：第一，不让中间商经销；第二，不搞寄售；第三，只建专店，不租柜台；顺美服装一律由自己高价租用的、经过特殊装修的、高雅而富有顺美独特形象的专卖店自销。有的专卖店是独立建筑，有的是联体建筑，即店中店。这些原则在中国的服装企业中独树一帜，引起同行和公司内部的争议，因为顺美不仅放弃了不少挣钱的机会，而且大大加大了产品销售成本，在北京市场上，一年获利不足400万元。

在这种情况下，顺美内部有人建议搞大宗批发。刘玉凯语重心长地告诉大家，不可图一时之利，毁公司的名。目前中国的服务市场极不规范，有些中间商拿到顺美服装后乱提价格，有的中间商伪造顺美商标，把真假顺美服装混放在一起销售，损害顾客利益，败坏顺美形象。

有人主张不采用专卖店方式销售，因为专卖店租金和装修费占去了很大一块利润，但刘玉凯坚持走专卖之路。顺美不能走国内企业销售产品的常规之路。国际零售业的发展经历了三次革命，第一次是零星小店发展成百货商店；第二次是由百货商店发展为超级市场；第三次是由超级市场发展成连锁店。顺美服装专卖店、连锁店适应了世界零售业发展的历史潮流。有些企业确实比顺美的销售方式更赚钱，但是顺美服装要成为中国服装的第一品牌，要成为世界的知名品牌，就必须在销售方式上走专卖店之路。刘玉凯相信，只要中国的消费者普遍认为顺美西服为中国第一名牌，就不愁专卖店没有大利。

顺美连锁店是以自产自营为主要形态的，以经营服务为内容的跨地区的、全国性的、最大规模的连锁店。顺美连锁店有五大特点：

（一）统一理念

顺美的经营理念为所有专卖店的经营理念，每一个专卖店无论在什么地方，其经营管理都充分体现了顺美精神，全心全意地为顾客服务，为发展中国的服装文化和服装企业而忘我工作。它们不仅在售货，而且在传播服饰文化。除了导购员的口头介绍外，还能为顾客提供服饰文化的宣传品。

（二）统一识别

各专卖店拥有统一的识别系统。从内外装修，到各专卖店店面店堂装饰、员工服饰、导购礼仪，均完全一致。

（三）统一管理

顺美在北京及全国所有的专卖店都不是独立的企业法人，总部对各分店拥有完全的所有权和经营权，实施人、财、物、产、供、销统一管理。经理人选、工资和奖金的发放标准、商品价格都由总部确定。财务统收统支，商品统供统销。专卖店只有选聘店员、当地广告宣传和选择部分促销方式的自主权。

（四）统一商品

各专卖店的商品都以顺美自产的服装为主体，配以其他的配套商品，顺美产品在各店均占80%～90%以上，而这些产品在顺美专卖店之外是买不到的。

（五）统一联保

由于商品相似，价格相同，因而商品质量在全国各店统一联保，在甲地顺美专卖店买商品，如质量有问题，也可以在乙地顺美专卖店退换。

顺美日益扩展的连锁店，像一张大网，覆盖了北京和全国，它的市场空间很大，但在这个空间中的服务项目又比较单调，只有男西装。顺美在开发销售市场的同时，开拓产品市场，实行顺美服装系列化方针。横向从梭织到针织，从男装到女装；纵向从正装到休闲，从内衣到外衣，从秋装到夏装。

顺美早在1993年就开始生产女装，但由于人才、组织、管理和定位没有充分地投入、强化和明确，因而始终未能有效地开展起来。总结这一教训，顺美和新加坡美都合资成立了一个专营女装的顺美－碧娜时装有限公司。碧娜时装定位于中高档，产品分为两类：一类是女士正装，即职业女装；第二类是女士时装。碧娜公司因中国女装市场制宜，制定了一系列出奇制胜的策略。

（一）率先策略

凭借顺美在国际服装界的关系，有能力也完全有必要在时装流行款式和色彩上率全国之先。

（二）差异策略

针对国内市场上仿效严重，碧娜把反模仿的措施主要用在色彩上。由于对国外流行色把握的时间在国内同行业中超前，因此有充分的时间来研究、策划和印制面料。碧娜时装从面料设计入手，实行定织定染，参照国际流行色和国内变化趋势，进行策划。面料的图案和色彩是成系列的，互相搭配，一年出几款色彩和图案，每个季度向印染厂提供一套方案。国内同类厂商要仿碧娜的面料，需要一年时间，当它们仿制出来，碧娜又进入了新的色彩王国。

（三）价格策略

高档时装中档价格，中档时装低档价格。

（四）饥饿策略

每一款式生产批量都不大，这一点在前面已有提及。

在顺美－碧娜女装取得成功的同时，顺美的产品开发部开发出的业余休闲装、针织服装也异军突起。

随着中国经济的不断快速发展，人们生活水平的不断提高，人们对美的追求在层次上日益提高，各种各样的流行风此起彼伏。在这种情况下，世界著名的时装公司纷纷看好中国，力图占领中国市场，给国内新兴民族企业造成很大压力；同时，国内同行业厂家也时有异军突起，以其独特的经营风格和高质量的产品不断加入到竞争者的行列，中国的服装市场可谓是百舸争流。此时，顺美以前一些领先于同行业的做法大多已被同行业厂家所模仿，甚至有所发展。顺美要想保住中国服装第一名牌，必须做出新的努力和新的突破，这就需要从其整体的战略着手重新定位和部署。

复习思考题

名牌战略，可以说是当前中国企业界的一个重大课题。创立一个名牌，往往要经过几十年或上百年的妥善经营和维护。而顺美却独辟蹊径，在短短10年之内创出一个全国乃至国际知名的品牌，确有其值得研究和探讨的地方，本案例目的在于通过研究顺美创牌的过程，分析其得与失，同时分析其结合当今中国企业界和市场的现状，建立起关于名牌的创造性和战略性思维框架。

1. 从顺美刚开始的波折中，你能得出什么结论？

2. 顺美在分析内销和外销的利弊基础上决定以外销为主，这一决策有何依据？是基于什么样的战略思维？你认为这一决策是科学的还是仅仅凭胆大加运气？

3. 从顺美总部搬迁这一事件中你认为一个新兴的企业应将钱花在哪些具体的活动中？

4. 你对顺美连锁店的经营方式有何异议？有其他更好的方式吗？企业应如何处理名声与利益的关系？

5. 在当前形势下，顺美应采取何种战略使自己保住领先地位？

行业与竞争分析

本章重点

- 了解企业宏观环境的内容
- 掌握行业组织结构以及行业的经济特性，能够把握行业特性和战略的相关性
- 分析行业内成功的关键因素
- 把握经验曲线、规模经济和范围经济的概念，并清楚它们在战略制订中的作用
- 熟练地运用 5 种竞争力分析模式，分析企业的竞争优势与劣势
- 把握战略群体图的分析方法，确定企业的竞争地位

引　言

“分析是战略性思考的起点。”企业战略的确定是以对相关行业和公司自身资源的分析为基础的。本章主要介绍有关公司外部环境的分析，即宏观环境分析和行业环境分析。其中，行业环境是企业从事生产经营活动的最直接的环境，对企业的生存与发展产生着机会与威胁。战略制定者必须要充分掌握到其公司宏观和行业环境的特点与趋势，才能真正获得竞争优势。

第一节　企业宏观环境分析

企业宏观环境，是指那些给企业造成市场机会或环境威胁的主要社会力量，直接或间接地影响企业的战略管理。其中，主要的因素有：

一、政治和法律环境

这是指那些制约和影响企业的政治要素和法律系统，以及其运行状态。如国家的政治制度，国家的权力机构，国家颁布的方针政策，政治团体和政治形势、法律、法规、法令以及国家的执法机构等因素。这些因素对企业的生产经营活动具有控制和调节的作用。它规定了企业可以做什么，不可以做什么，同时也保护企业的合法权益和合理竞争，促进公平交易。

二、经济环境

这是指构成企业生存和发展的社会经济状况及国家的经济政策，包括社会经济结构、经济体制、宏观经济政策等要素。衡量这些因素的经济指标有平均实际收入、平均消费水平、消费支出分配规模、实际国民生产总值、利率和通货供应量、政府支出总额等。

三、科技环境

这是指企业所处的环境中的科技要素及与该要素直接相关的各种社会现象的集合，包括国家科技体制、科技政策、科技水平和科技发展趋势等。随着国家科学技术的发展，新技术、新能源、新材料和新工艺等的出现与运用，企业在战略管理上需要做出相应的战略决策，以获得新的竞争优势。

四、社会文化环境

这是指企业所处的社会结构、社会风俗和习惯、信仰和价值观念、行为规范、生活方式、文化传统、人口规模与地理分布等因素的形成和变动。其中，人口因素是一个极为重要的因素，包括人口规模、地理分布、年龄分布、迁移等方面。人口规模制约着个人或家庭消费产品的市场规模，如食品工业市场与人口规模就密切相关，人口的地理分布决定消费者的地区分布。消费者地区分布密度越大，消费者的嗜好也越多样化，对市场的商品选择性也越大，这就意味着出现多种多样的市场机会。年龄分布决定以某年龄层为对象的产品的市场规模。各年龄层都使用的产品市场，对商品的选择性大，将带来产品多样化的机会。各年龄构成比例发生变化，市场规模将随之变化，对于以特定年龄层顾客为对象的企业来说将成为市场机会或威胁。

五、自然环境

这是指企业所处的生态环境和相关自然资源，包括土地、森林、河流、海洋、生物、矿产、能源、水源，环境保护、生态平衡等方面的发展变化。这里，环境保护的要求对企业的生产经营有着极为重要的影响。企业一定要保护好所处地区的环境，完善自己的社会责任。

对于企业宏观环境的分析和认识可以使企业识别外部因素中可能发生的重大变化和趋势，识别所面临的机会和威胁。但是仅有对宏观环境的认识是不够的，企业还必须对行业环境进行深入的分析。

第二节 行业经济特性与成功关键因素

行业是企业生存发展的空间，也是对企业生产经营活动最直接发生影响的外部环境。一个行业的经济特性和竞争环境，以及它们的变化趋势，往往决定了该行业的未来利润的状况。因此，要分析行业及其竞争情况，首先要对行业的经济特性要清醒地把握。

一、行业组织

行业组织是经济学的研究对象，涉及企业所面临的市场结构、企业行为以及与市场结构和企业经营相关的各种社会收益和成本。

一般来讲，市场结构—行为—效益模式如图 2－1 所示：

随着战略管理的理论与实践的发展，行业组织的研究逐渐成为一个重要的研究领域，以指导企业如何正确地面临变化的市场结构，选择自己的经营行为，获得较好的经济效益。

二、行业的经济特性

对于企业所在的行业，可以定义为是由一些公司构成的一个

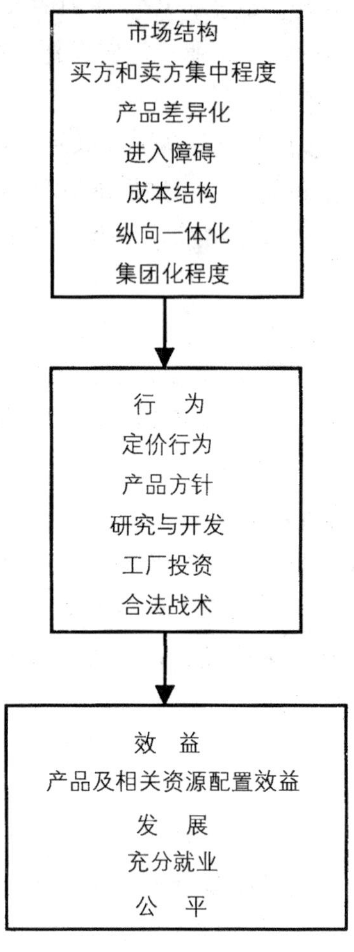

图 2－1　行业组织结构模式图

群体。在这个群体中，它们的产品和服务有着众多相同的属性，以至它们为争取同样的买方群体面而展开激烈的竞争。

对于企业和投资者来讲，行业的关键特性、行业竞争的激烈程度、行业变革的驱动因素、竞争对手的市场地位和战略、行业中取得竞争成功的关键因素、行业未来的利润前景等因素是直接决定该行业是否是一个有吸引力的投资方向。

当然，不同的行业之间，在经济特征和结构上会有着很大的差异。例如，电脑行业与快餐行业在行业的经济特性上就有本质的区别。所以，企业在进行行业及竞争分析时，首先要从整体上把握行业中最主要的经济特性。这包括：

（一）市场规模

即行业的年销售收入或销售单位。市场状况，一般表现在供求形势、需求分布、需求变动频繁性三个方面。供求形势基本表现为三种类型，即供不应求、供求平衡、供过于求。行业市场的需求分布，从地域看，有地区市场型、全国市场型、国际市场型。一般说，新型行业的产品市场常常会局限于某一地域。需求变动包括所需产品品种的变动和数量的变动。根据变动的频繁性可以划分为：平稳型，其变动频率低；渐变型，即逐步向高水平变化；变动频繁型，即有些行业的产品，由于相互可替代性较大，顾客的需求常常发生倾向性的选择，变动频率较高。

（二）竞争地域范围

包括本地市场、区域性市场、全国性市场、国际性市场以及全球性市场。

（三）市场增长率

即当前行业的增长状况。

（四）行业目前在寿命周期中所处的阶段

是投入阶段、增长阶段、成熟阶段，还是衰退阶段。

（五）行业内公司的数量及其相对规模

即行业中公司的数量以及集中程度。行业内部的企业数量结构，是指在一个行业内企业的总数量，以及不同规模企业的数量分布。每个企业都会力求在竞争中，使本企业达到最佳规模，取得最大的规模效益。但是，每个行业最佳规模的大小不同，实现最佳规模的条件不同，行业内达到最佳规模的企业数量也不同。同时，行业的市场规模总是有限的，而且各行业的市场规模大小也会有所不同。一般来说，市场规模大，企业最佳规模便小，实现最佳经济规模的条件就好，能达到最佳经济规模的企业就多，行业内集中程度就会低；反之，则相反。

（六）顾客

即顾客的数量与特性。

（七）纵向整合的程度

即整合的宽度与深度。

（八）行业进入和退出的难易程度

即要根据进入和退出障碍来确定。

（九）技术和革新的发展趋势

即发展的速度、规模和持续性。

（十）产品特性

即产品的标准化程度。

（十一）规模经济

即确定有效的企业规模。

（十二）经验曲线效应

是指当某一产品的累积生产量增加时，产品的单位成本趋于下降。

（十三）行业的获利能力

（十四）行业需求的稳定性

（十五）行业增长的潜力

（十六）行业的演变

是指行业结构的演变的过程。行业的最初结构，在很大程度上是由行业内的竞争者、购买者和供应者采取的运行方式决定的；产品的规模经济，也是制约早期结构的重要因素。不过，这种结构极不稳定，常常随着早期经营的决策的变化而变化。为了适应大规模的经济变革、技术变革和竞争的变化，行业中的各个方面就需要制定相应的战略，并为实施这些战略而进行投资。在这种情况下，行业的结构就会发生变化。

为此，企业管理者就需要了解所在行业结构的整个演变过程，而且预测行业结构近期会发生演变的可能性，从而了解发生问题的基本原因，激励结构形成变革。在变革的过程中，行业里许多因素都会发生变化。例如，购买者需求发生变化，替代品的价格效益比发生了变化，互补产品的价格与效益发生了变化，以及市场状况发生了变化。所有这些变化，都会影响到某个具体行业增长与获利能力的机会，可能会削弱或增加行业内经营业务的优势。此外，还有一些因素会影响行业结构的变化。例如，新的购买群体的出现，购买者可以获得大量的销售信息，所有权知识的扩散，产品效用的革新，市场营销策略的革新，工艺革新，生产投入成本的增加与减少，国际货币兑换率的变化，行业中供应者、购买者和替代产品的变化，以及政府的政策的变化等等。大多数企业管理者都非常重视与监视这些变化的因素，以便在行业发生演变时，能及时地预测到这些变化给企业的生产经营活动带来的机会与威胁。

例如，美国硫酸行业的经济特性主要表现为以下几个方面：

1. 市场规模

年销售收入 4－5 亿美元；总销量为 400 万吨。

2. 竞争角逐的范围

主要是区域性的竞争；生产商很少将其产品销往以生产工厂为中心 250 英里以外的地区，因为长距离运输成本很高。

3. 市场增长率

年增 2－3%。

4. 所处生命周期的阶段

成熟期。

5. 行业中公司的数量

大约有 30 家公司，110 个生产基地，共有 450 万吨的生产能力。公司市场份额最低的为 3%，最高为 21%。

6. 客户

大约有 2000 家买主；多为工业化学品公司。

7. 纵向整合程度

混合性整合；10 家最大的公司中有 5 家后向整合到采矿，并且进行前向整合——总公司下的兄弟工业化学品公司的内部购买占生产工厂产量的 50%；所有其他的公司都只单一经营硫酸。

8. 进入/退出难度

进入壁垒一般，主要有两种——新建一个最小有效规模的工厂所需的资本（建筑成本达 1000 万美元），以及能否在工厂的 250 英半径范围之内建立一个客户群。

9. 技术/革新

生产技术是标准的，变革缓慢；最大的变化是产品本身——最近每年都推出 1－2 种专业化学品，而行业的增长几乎全部来自于这些新产品。

10. 产品特色

高度标准化；不同品牌的产品基本上是同一的，没有什么差别（购买者很难找出不同厂商产品的差别）。

11. 规模经济

一般；各个公司的生产成本基本是一样的，但是如果用多节卡车装运方式向同一客户运输产品和大规模采购原材料，则可以获得规模经济。

12. 经验曲线效应

在该行业中这不是一个影响因素。

13．生产能力利用率

最高生产率在额定生产能力的 90－100％；生产能力利用率一旦低于 90％，单位生产成本就会急剧上升。

14．行业获利水平

平均利润率或平均利润率以下；由于该行业具有的商品性，所以需求疲软时削价就很厉害，而需求强劲时，价格则很坚挺。利润轨迹严格追随行业产品需求的强弱变化。

行业的经济特性对公司的战略具有很大的影响力。例如，在资本密集型行业里，企业的投资过高，则可以采取提高固定资产利用率，从而提高单位投资的收入的战略。例如，航空公司购买飞机的成本很高，为了提高单位投资的收入，可此采取两种战略：一是降低机票价格，争取更多的乘客；二是提高飞机离开航空港的频率，增加飞机的使用率。在电脑行业里，企业则要在研发上花费大量的资本和时间，以在技术能力和革新能力上获得竞争优势。

表 2－1 指出了行业的经济特性与战略之间的相关关系。

三、行业成功关键因素分析

（一）基本原理

成功关键因素，是在行业中占优势地位，对企业总体竞争地位有着重大影响的条件、变量或能力。它们既可以是一种价格优势，一种资本结构或消费者组合，也可以是一种垂直一体化的行业结构。成功关键因素分析就是通过识别各成功关键要素并比较其评价分值，考察研究范围内各竞争者之间的相对竞争力量的强弱，企业所面临的机会与风险的大小，为企业制定战略提供依据。

成功关键因素分析可在企业、行业、经济或社会政治环境三个层次进行。企业分析，采用内视法寻找影响企业绩效的内部

关键因素。行业分析则集中分析行业结构中对企业经营绩效具有重

表 2-1　　　　行业关键经济特性与战略的相关性

经济特性	企业战略
1. 市场规模	小市场一般吸引不了大的/新的竞争者；大市场常常能引起公司的兴趣，因为它们希望购并在有吸引力的市场中已建立稳固地位的竞争者。
2. 市场增长率	快速增长的市场鼓励公司进入该市场；增长缓慢的市场使市场竞争加剧，并使弱小的竞争对手出局。
3. 生产能力过剩或紧缺	过剩往往会降低价格和利润率；紧缺则会提高价格和利润率。
4. 行业获利水平	高利行业吸引新进入者；行业环境萧条往往促使退出。
5. 进入/退出障碍	壁垒高往往可以保护现有公司的地位和利润；壁垒低则使得该行业易于被新进入者突破障碍。
6. 对购买者来说，产品是一个高价位商品	追寻低价的购买者将增加。
7. 标准化的产品	购买者的权力增加，因为它们可以轻易地转换卖者。
8. 技术变革迅速	提高了风险因素；投资的技术设施/设备往往在尚未破损之前就已经“陈旧过时”。
9. 资本条件	资本需求往往使投资决策成为一个关键因素；时间框架成为一个重要因素；成为一个进入和退出的障碍。
10. 纵向整合	提高资本需求；在全线整合、部分整合和非整合企业之间往往会产生竞争差异及成本差异。
11. 规模经济	具有成本竞争力所必需的产量和市场份额提高。
12. 产品革新迅速	缩短产品寿命周期

大影响的一些特定因素。第三个层次分析超过了行业界限，要求永远注视可能提供企业或行业成功机会的经济、社会、政治等宏观环境因素。

（二）基本步骤

1. 识别行业或企业的成功关键因素

表 2-2　　不同行业中的成功关键因素

工业部门类别	成功关键因素
铀、石油	原料资源
船舶制造、炼钢	生产设施
航空、高保真音响	设计能力
纯碱、半导体	生产技术
百货商场、零部件	产品范围、花色品种
大规模集成电路、微机	工程设计和技术能力
电梯、汽车	销售能力、售后服务
啤酒、家电、胶卷	销售网络

行业不同，成功关键因素也不尽相同。例如，石油行业的关键成功因素完全不同于服装行业。而且，即使是同一行业的各个企业，其成功关键因素也不尽相同。例如，在书写工具行业中，美国的派克公司和柯尔斯公司均很成功，但内部优势存在区别。派克公司侧重于无孔不入的广告宣传和大量的销售渠道，而柯尔斯公司侧重于产品质量、产品在消费者心目中的形象和有选择的销售渠道。随着时间的推移，无论企业的外部环境，还是内部能力都在发生变化，其成功关键因素也随之发生变化。如派克公司以广告宣传、广开批发渠道为成功关键因素，随着产品生命周期接近完结，开始在降低成本上下功夫，新的成功关键因素转为批

量生产。

此外，随着产品生命周期的演变，成功关键因素也发生变化。(见表2－3)

表2－3　　产品生命周期各阶段中的成功关键因素

阶段	投入期	成长期	成熟期	衰退期
市场	广告宣传、争取了解、开辟销售渠道	建立商标信誉，开拓新销售渠道	保护现有市场，渗入别的市场	选择市场区域，改善企业形象
生产经营	提高生产效率、开发产品标准	改进产品质量、增加花色品种	加强和顾客的关系，降低成本	缩减生产能力，保持价格优势
财力	利用金融杠杆	集聚资源以支持生产	控制成本	提高管理控制系统
人事	使员工适应新的生产和市场	发展生产和技术能力	提高生产效率	面向新的增长领域
研究开发	掌握技术秘诀	提高产品的质量和功能	降低成本、开发新品种	面向新的增长领域
成功关键因素	销售、消费者的信任、市场份额	对市场需求的敏感、推销产品质量	生产效率和产品功能、新产品开发	回收投资、缩减生产能力

确认了成功关键因素之后，企业就能利用它来估量环境中的机会与威胁以及企业自身的优势和劣势，作为企业战略制定过程中的基石。

2. 确定成功关键因素的权数

在实际工作中，成功地分析问题的关键在于正确确定各成功关键因素的权数，即要反映出这些关键因素对行业内各个企业的总体获利能力、市场占有率和其他变量影响的相对重要程度。企业在确定权数的过程中，应该从每一个职能领域中找出优先考虑的因素。并对所制定的权数反复进行考核，保证权数的内部一致性，使所有权数相加等于1。

在高度细分的市场中，成功关键因素在各个细分市场上所表现的重要程度不同。在这种情况下，企业应根据总体战略来确定权数。如果企业准备参与行业中所有的或大多数的产品/细分市场的竞争，则应该制定适合每个细分市场的权数，对成功关键因素做出综合的评价。如果在高度细分的市场上，只有一个主要的细分市场，企业可以用适合这个细分市场的权数来代替上述的综合评价。如果在市场上有若干个规模大致相等的细分市场，企业只需要给每个细分市场中最重要的成功关键因素以相等的权数，不再需要其他的分析。如果企业只计划在行业中的一、两个细分市场上竞争，则应该运用适合这些细分市场的权数去评价自己的竞争地位。

在大多数行业中，通常只有少数几个成功关键因素对企业的竞争地位有影响。因此，企业一般应把成功关键因素限制在5个，并花费较多的时间确定这五个因素的权数，然后据此排列出企业的竞争地位。

3. 确定各成功关键因素的评价值

对各企业在“步骤一”确认的各成功关键因素方面的相对力量强弱进行评价。这种评价值只是为了反映一种相对强度，因此，通常采用1、2、3、4、5等级数依次表示由弱到强的各个等级。评价值的给出必须基于客观确实的数据资料，而不能主观地得出结论。

进行企业竞争地位分析的目的是为了正确地评价影响企业竞争地位的基本力量，而不是只做数字上的分析。如果企业管理人员感到，在鉴别5个最重要的成功关键因素上与找出各个因素所表示的相对竞争地位上既费时又棘手的话，可以取消级数制定程序，以免陷入数字游戏当中。

4. 将各关键要素的评价值与相应权数相乘并加总

通过各关键因素评价值与相应权数的相乘和加总，可以得到在该行业中的各竞争对手在每种成功关键因素方面以及总体的竞争力量的相对强弱，因此反映了各企业的不同竞争地位。

表 2-4 企业竞争地位评价表

成功关键因素	权数	级数	加权值
市场占有率	0.10	5	0.50
战略经营单位增长率	x	3	——
产品系列范围	0.05	4	0.20
销售分配效能	0.20	4	0.80
价格竞争力	x	4	——
广告与推销效能	0.05	4	0.20
设备布局	0.05	5	0.25
生产能力与生产率	x	3	——
经验曲线效应	0.15	4	0.60
原材料成本	0.05	4	0.20
增值价值	x	4	——
产品质量	0.15	4	0.60
研究开发优势	0.05	4	0.20
现金支出	0.10	5	0.50
企业形象	0.05	5	0.25
	1.00		4.30

从表 2-4 可以看出，表中所列的因素中有 6 个因素权数最低，均为 0.05；此外，还有 4 个因素没有权数。企业可以取消上述 6

个因素的权数，仅确认余下的5个因素为成功关键因素，并重新制定权数，使之总和为1。这样，新组合的成功关键因素的加权值将从4.30降到4.29，影响不大。

第三节　经验曲线、规模经济与范围经济

一、经验曲线

（一）基本概念

经验曲线，是指当某一产品的累积生产量增加时，产品的单位成本趋于下降。企业管理人员认为，制定企业总体战略时，需要了解企业每项经营业务的经验曲线。特别是，企业以增长与份额矩阵作为制定战略的依据时，经验曲线更为重要。在经营单位层次上，经验曲线优势是成本分析的关键。企业在实施成本领先战略或制定以经验曲线为基础的定价政策时，确立经验曲线并且监视竞争对手的经验曲线更为至关重要。

（二）基本原理

经验曲线的概念产生于第二次世界大战。当时，美国军队对飞机的生产效应问题进行了研究。这项研究表明，随着飞机装配数量的增多，单位劳动成本下降。后来，波士顿咨询公司和其他许多学者对这一问题进行了深入研究。结果表明，不仅是企业的劳动成本可以通过熟练地操作和学习获得下降，而且成本中的其他影响因素也同样会发生变化。实证研究表明，当产品累积量成倍时，飞机的单位成本会下降20%。就是说，当企业生产到第200架飞机时，其单位成本会比生产第100架飞机时的成本少20%。由此，企业界与学术界建立起经验曲线的概念。

随着经验曲线研究的深入，研究人员们注意到，每种技术所

生产的产品或零部件都有自己的经验曲线。例如，某行业的产品具有20%的经验曲线，而另一些产品则可能会有30%的经验曲线。此外，行业中，某企业拥有20%的经验曲线；另一名竞争对手则可能由于使用了截然不同的技术，在行业中获得30%的经验曲线。

随着经验的增加，能够形成单位成本下降的趋势有三个原因：

1. 劳动的效率

随着职工反复地重复某一活动，他们知道如何操作以及如何更好地操作。因此，劳动的效率大大提高。这一点，不仅仅体现在装配生产上，各个层次的管理职能上也是如此。例如，企业在购买、维修等方面都可以形成效益。

2. 工艺的改进

企业改进工艺的范围很广，既可以改进现有的生产方法，也可以彻底地改善所用的设备和工厂。经验曲线也会使会计部门设置出更完善的控制系统，市场营销系统更好地利用广告媒介。

3. 产品的改善

企业可以通过各种改善方式，生产出更标准化的产品。例如，研究开发部门和销售部门知道在实际中哪些类型的产品可以满足社会需求、实现效益和达到销售目的，从而设计出标准的产品。制造部门也可构思如何利用较为低廉的材料制造某些零部件，以使生产成本下降。

（三）经验曲线的绘制

企业绘制经验曲线，需要有一定时期内的产品数量以及不变价格计算的单位成本。例如，表2-5中的数据是某企业5年内A项经营业务的产出与成本数据。

表 2－5　　　　A 项经营业务的产出与成本数据

年	产量	累积产量	单位成本（不变价）	成本节省	成本下降%
1	50	50	60 元		
2	50	100	48 元	12 元	20%
3	50	150	41 元	7 元	15%
4	50	200	38 元	3 元	8%
5	50	250	36 元	2 元	6%

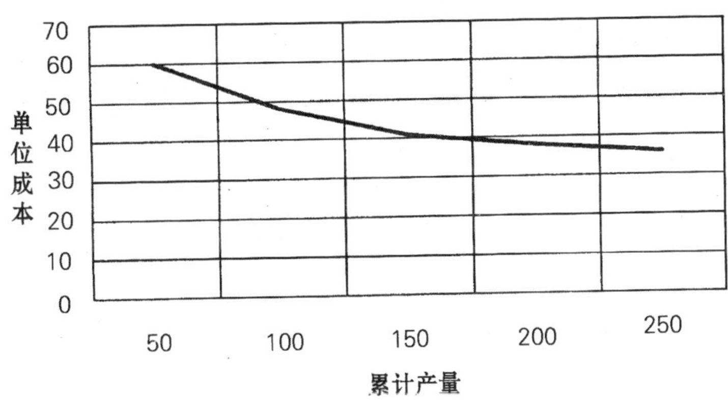

图 2－2　A 项经营业务的经验曲线

从上图可以看出，该项业务保持每年生产 50 件产品，而每一年都产生了经验效果。到了第二年，企业的累积产量是上一年的 1 倍，单位成本下降了 20%。但是，随着每年累积产量的成倍增加，单位成本下降的速度则逐年递减。

在半导体等行业中，产品生产中的经验曲线效应非常明显。其累计产量增一倍，单位生产成本往往会降低 20% 左右。结果，在经验曲线效应为 20% 的情况下，如果第一批 100 万件产品的单位成本为 100 元，那么产品达到 200 万件时，单位成本就是 80 元了（80%×100 元），当产量为 400 万件时，单位成就是 64 元了（80%×80 元）。这就是说，如果某一行业的特点是生产制造中的经验能够取得巨大的经济性，那么，当该行业中的某个公司首先生产某种新产品，然后成功地制定和实施某种战略而获取了最大的市场份额时，它就可以成为一个低成本生产商，获得由此带来的持久竞争优势。

在绘制经验曲线的过程中，最困难的工作是收集数据。首先，企业要确定所要研究的产品对象，即是将所研究的企业的所有类型的产品都绘制在同一个经验曲线上？还是每个类型的产品单独绘制出来？或是只将其中的某些部件的曲线绘制出来？关键在于企业所要分析的对象，以及企业所要考虑的竞争战略。其次，要收集一定期限内与产量有关的成本数据。根据绘制经验曲线的要求，产品的现行价要换成不变价。但是，企业有时由于内部变动或会计方法的变革而找不到原始数据。在这种情况下，企业管理者为了分析进入障碍，也还是需要估计某经营业务的经验曲线。在这种情况下，企业管理者可用不变价的产品价格代替不变价的成本，假设产品的市场价格与产品的成本有着某种固定的关系。

二、规模经济

规模经济是指在一定时期内，企业所生产的产品或劳务的绝对量增加时，其单位成本趋于下降。

规模经济可能与产品或服务的全部领域有关，也可能只涉及其中一部分特定的经营业务和活动。例如，在电视机的制造中，彩色显像管生产的规模经济意义重大，而细木工艺和器件组装的规模经济意义不大。这样，企业有必要分别检测产品成本中的每一个组成部分，把握住单位成本和规模经济的关系。

值得注意的是，产品的经验曲线与规模经济往往交叉地影响产品成本的下降水平。但是，这两者在两个非常重要的方面有着截然不同的区别。第一，经验曲线导致成本下降的原因是在一定期间内生产产品的累积数量，而规模经济促成成本下降的原因是在某个时间里生产产品的数量。第二，在促使成本下降的方式上有两种不同的现象。规模经济导致成本下降的原因是，生产产品数量增加后，分摊到每个产品的固定成本金额减少，而经验曲线导致成本下降的原因主要是，企业在管理上取得了明显的效果。如果管理不善，成本还有可能回升。例如，企业在流水线上生产产品，可以比较容易控制生产过程，使成本下降。但是，如果在管理上不能够不断地激励职工并且保持必要的职工人数，经验曲线便不会成立，成本也会上升。

三、范围经济

范围经济是指，随着企业生产经营的多样化，所生产的产品多样化，从而使企业的成本减少。从经济学的概念讲，一般用相对总成本来定义范围经济，即企业作为整体生产多种产品的总成本，要比分别成为两个或更多的企业时生产这些产品的总成本低。

例如，某公司生产粘条纸（产品 x）和录音带（产品 y）两种产品。为了生产录音带，建造录音带的生产线，企业先期投资为 1 亿元。在生产中，每盒录音带的成本为 0.20 元，则总成本为：

$$TC（0，Qy）=100\ 000\ 000+0.20Q$$

如果，该公司生产 6 亿盒录音带，则总成本应为 2.2 亿元。

在公司所开发的生产录音带的专有技术中，有些可以用来生产粘条纸等相关产品。如果公司要利用已有的投资，进一步扩大粘条纸的产量，则需要追加 0.2 亿的投资。假设每令粘条纸（500 张）的成本为 0.05 元。那么，公司的总成本则为：

$$TC（Qx，Qy）=120\ 000\ 000+0.05Qx+0.2Qy$$

如果，Qy=6亿，Qx=1亿，则总成本为2.45亿。这样，该公司在生产粘条纸上所增加的成本仅为2 500万元。

如果，公司没有录音带产品，所开发的技术只能生产粘条纸，开发费用为5 000万元。同样，每令粘条纸的成本为0.05元，则总成本为：

$$TC(Qx, 0) = 50\ 000\ 000 + 0.05Qx$$

当公司生产粘条纸的产量达到1亿时，总成本则为5 500万元。这个成本是同时生产录音带与粘条纸公司的成本的2倍多。

规模经济与范围经济是互相联系的。在经济学的概念中，规模经济是用平均成本函数下降来定义的。

第四节　行业竞争力分析

传统的产业组织理论是以市场结构、企业行为和效益为研究框架的。哈佛商学院的著名的战略管理学者迈克尔·波特（M.E.Porter）教授在20世纪90年代末，将传统的产业组织理论与企业战略结合起来，形成了竞争战略与竞争优势的理论。根据他的观点，在一个行业中，存在着五种基本的竞争力量，即潜在的加入者、替代品、购买者、供应者以及行业中现有竞争者间的抗衡，彼此之间相互作用。

一、分析的基本原理

在一个行业里，这五种基本竞争力量的状况及其综合强度，引发行业内在经济结构上的变化，从而决定着行业内部竞争的激烈程度，决定着行业中获得利润的最终潜力（见图2－3）。

不同行业的竞争力量的综合强度是不同的，因此，各行业利

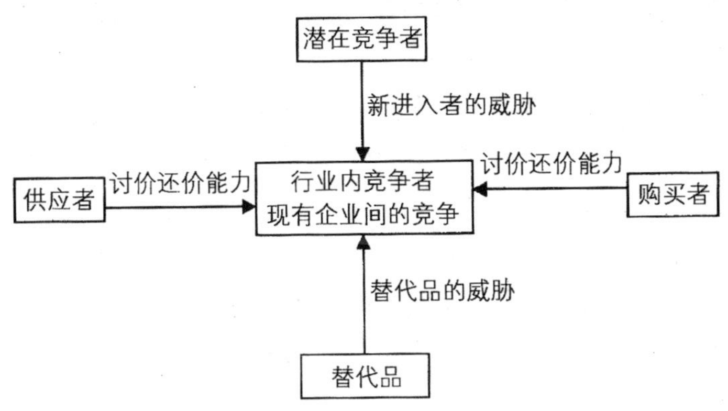

图 2－3　行业中的竞争力量

润的最终潜力也不同。在竞争激烈的行业中，一般不会出现某家企业获得惊人的收益的状况。在竞争相对缓和的行业中，各个企业普遍可以获得较高的收益。此外，行业中竞争的不断进行，会导致投资收益率下降，直至趋近于竞争的最低收益率。竞争最低收益率与经过资本亏损风险调整的长期公债的收益率相接近。

企业的收益率如果长期低于这个收益率，最终会停止经营，将资本投入其他行业。在相反情况下，它就会刺激外部资本流入该行业。流入方式基本上有两种：一是，新加入者带入资本；二是，行业内现有竞争者增加投资。

总之，行业中竞争力量的综合强度决定着资本流入的程度，驱使收益趋向竞争最低收益水平，并最终决定企业保持高收益的能力。

从战略形成的观点看，五种竞争力量共同决定行业竞争的强度和获利能力。但是，各种力量的作用是不同的，常常是最强的某个力量或某几个力量处于支配地位、起决定性作用。例如，一个企业在某行业中处于极为有利的市场地位时，潜在的加入者便不会对它构成威胁。但如果它遇到了高质量、低成本的替代品的竞争时，可能会失去其有利的市场地位，只能获得低的收益。有时，即使没有替代品和大批的加入者，现有竞争者之间的激烈抗衡也会限制该企业的潜在收益。

根据行业结构原理，一个企业的经营单位，其竞争战略目标应该定位在行业里。通过界定，企业可以较好地防御这五种竞争力量，或者企业能够对这些竞争力量施加影响，使它们有利于本企业。因此，企业在制定经营战略时，应透过现象抓住本质，分析每个竞争力量的来源，确定某个行业中决定和影响五种基本竞争力量的基本因素，弄清企业生存的优势和劣势，寻求企业在本行中的有利地位。

二、潜在的进入者

对于一个行业来说，潜在的进入者或新加入者会带来新的生产能力，带来新的物质资源，从而对已有的市场份额的格局提出重新分配的要求。特别是，那些进行多种经营的企业从其他的行业进入后，常常运用已有的资源优势对新进入的行业产生强有力的冲击。结果是，行业内产品价格下跌或企业内在成本增加，使得行业的获利能力降低。

（一）进入障碍

潜在的进入者或新加入者是否能够进入某行业，并对该行业构成威胁，取决于该行业所存在的进入障碍。如果进入障碍高，外部进入的威胁便小。可以构成行业的进入障碍的主要因素有：

1. 规模经济

规模经济是指在一定时期内，企业所生产的产品或劳务的绝对量增加时，其单位成本趋于下降。产品或服务的规模经济可以构成行业的进入障碍，迫使新加入者在考虑进入某行业时，做出两种令人难以接受的选择：或者以大的生产规模进入该行业，并且冒着行业中现有企业强烈抵制的风险；或者以小的生产规模进入该行业，忍受着产品成本过高的劣势。

规模经济几乎存在于企业的每一个职能之中，如制造、采购、研究和开发、市场营销、服务网络等。例如，计算机主机工业中，生产、研究、市场营销和服务的规模经济，可能构成主要的进入障碍。

2. 产品差别化

这是指由于顾客或用户对企业产品的质量或商标信誉的忠实程度不同，而形成的产品之间的差别。当产品或服务形成进入障碍时，新加入者往往要花费较长的时间攻克这一壁垒，并且会以一定时期的亏损作为代价。

3. 资金的需求

资金也可以形成一种重要的进入障碍。在进入新的行业时，企业如果需要大量的投资，则会考虑是否进入或如何进入。特别是，对于资金密集型的行业来讲，企业如果筹不到足够的资金，便很难进入该行业。即使贸然进入，也要承担巨大的投资风险。

4. 转换成本

这是指企业从一个行业转向另一个行业从事生产经营活动时，或从一种产品转向另一种产品时，所要支付的成本。转换成本包括企业购置新的辅助设备的成本、产品再设计的成本、职工再培训的成本等。如果转换成本过大，企业又不能在内部消化掉，则面对着一种新的进入障碍。企业或者冒着成本过高的风险，忍受失败；或者停滞不前。

5. 分销渠道

企业在进入一个新的行业时，如果没有自己的产品分销渠道，也会面临着进入障碍。原有的分销渠道一般都是为已有的企业服务。新加入者必须通过让利、合作、广告津贴等方式让原有的分销渠道接受其产品。这样必然减少新加入企业的利润。为了克服这种进入障碍，企业必须开辟新的分销渠道，为自己的产品服务。

6. 原材料与技术优势

行业中已有的企业可能会凭借自己在获得原材料方面的优势，或者拥有技术专利等方面的优势，为潜在的进入者或新加入者设置了进入障碍。新加入企业无论怎样扩大自己的规模，都难以消除这种壁垒。

7. 政府政策

政府的政策、法规和法令等都会在某些行业中限制新加入者。例如，政府对环境污染的法令就可能禁止那些不合格的企业在某种行业中从事生产经营活动。

（二）退出障碍

企业在分析进入障碍的同时，也需要考虑退出障碍。退出障碍是指那些迫使投资收益低、甚至是亏损的企业仍然留在行业中从事生产经营活动的因素。这些因素主要有：

1. 固定资产高度专业化

在特定经营业务或地理位置上，企业拥有高度专门化的资产，但其清算价值低，或者转换成本高，难以退出现有的行业。

2. 退出成本过高

企业在考虑退出行业时，应认真考虑包括劳动合同、重新安置费用、保养备件的生产能力等成本是否合理。如果过高，企业则难以退出。

3. 协同关系密切程度

企业内的经营单位之间的协同关系是企业战略的重要因素。如果其中某一经营单位退出现有行业，就会使原有的协同关系遭到破坏。

4. 感情障碍

企业在制定经济合理的退出决策时，往往会引发一些管理人员和职工出现抵触情绪。例如，员工对多年所从事的经营业务具有感情，不愿意放弃；或者担心个人的前途而拒绝采纳合理的决策。

5. 政府和社会的限制

政府考虑到失业问题和对地区经济的影响，有时会出面反对或劝阻企业轻易退出的决策。

退出障碍与进入障碍之间有着密切的经济联系。从利润收益的角度看，最好的情况是进入障碍高而退出障碍低。在这种条件下，新加入者的进入会受到阻拦；经营不妥的企业会退出行业的竞争，从而保证行业内的企业有较高而且稳定的经济收益。当行业退出障碍高、进入障碍也高时，企业潜在的收益高，但风险较大。因为在这种情况下，新加入者的进入虽然会被阻拦，但经营不成功的企业也不能退出，仍要留在行业里参加竞争。行业进入障碍和退出障碍都低时，对企业的影响不大，可以保持较低但稳定的收益。最不利的情况是进入障碍低而退出障碍高。在这种条件下，新加入者容易进人行业，还会因为经济条件好转或其他暂时的意外利润而吸引更多的竞争对手进入该行业。但是，当条件恶化时，企业不能撤离该行业，造成生产能力积压，使企业面临较大的风险但经济收益较低。

三、替代品

替代品是指那些与本企业产品具有相同功能或类似功能的产品。在质量相等的情况下，替代品的价格会比被替代产品的价格更具有竞争力。替代产品投入市场后，会使企业原有产品的价格处在较低的水平，降低了企业的收益；替代产品的价格越具有吸引力，价格限制的作用就越大，对企业构成的威胁也就越大。为了抵制替代品对行业的威胁，行业中各企业往往采取集体行动，进行持续的广告宣传，改进产品质量，提高产品利用率，改善市场营销等活动。

不过，有些替代品是新技术的产物，符合社会需求。例如，电气机车的出现，替代了蒸汽机车，这是科学技术进步的产物，是社会发展的必然。如果原有行业中的企业顽固地坚持旧有技术，最终会被社会淘汰。因此，企业在研究与替代品的竞争关系时，一定要在考虑双方的寿命周期阶段与总的发展方向，不能盲目地竞争。

四、购买者的讨价还价能力

对于行业中的企业来讲，购买者是一个不可忽视的竞争力量。购买者所采取的手段主要有：要求压低价格，要求较高的产品质量或更多的服务，甚至迫使作为供应者的企业互相竞争等。所有这些方式都会降低企业的获利能力。重要的购买集团对行业所产生的竞争能力，取决于该集团所处市场的特性，取决于该集团在该行业的购买活动与其整个业务相比较的重要程度。

当具备以下条件时，购买集团就会有较高的竞争能力：

1. 该集团的购买力集中，或者对于企业来说是一笔很可观的交易。如果企业的大部分产品为某个固定的购买者所购买，该购买者的重要性就会增加。

2. 该集团从某行业中购买的产品占该集团全部费用或全部购买量的相当大的一部分。在价格优惠并且可以挑选的情况下，购买者愿意花费必要的资金购买。反之，该集团从某行业中购买的产品如果只占其全部费用的一小部分，购买者通常对价格不很敏感。

3. 该集团从某行业中购买的产品是标准的，或是没有差别的。在这种情况下，购买者常常确信自己总可以找到可以挑选的供应者，并使供应企业之间互相竞争，从而得利。

4. 该集团转换成本不高。转换成本高，会迫使购买者不得不固定地从某个或某些特定的销售企业处购买产品。相反，如果转换成本低，购买者不必固定地从某个或某些特定的企业处购买产品，其竞争能力便会提高。

5. 该集团赢利低。由于赢利低，购买者就会千方百计地压低购买费用。如果购买者赢利高，便不会在价格上太敏感。

6. 购买者采用向后一体化，会威胁作为供应者的企业。购买者实行向后一体化，会使其在交易中取得优惠条的地位。例如，有的公司在自己内部生产所需的一部分零部件，从而了解了零部件的生产成本。在从公司外的供应者手中购买同类的零部件时，该公司就会处于有利的谈判地位。同样，作为供应者的企业如果实行向前一体化时，也会削弱购买者的竞争能力。

7. 供应者的产品对购买者的产品质量或劳务质量没有重大的影响。如果供应者的产品对购买者的产品质量影响很大时，购买者一般在价格上不太敏感。例如，油田设备产品对采油业影响很大，一台设备发生故障会造成巨大损失。这样，油田设备制造公司就对采油公司有较高的讨价还价能力。

8. 购买者掌握了充分的信息。购买者掌握了有关市场需求、市场价格、供应者制造成本等详尽的信息，就会具有较强的讨价还价能力。购买者便会在交易中获得优惠价格。在受到供应者威胁时，购买者还可以进行有力地反击。

随着时间的推移或由于公司的战略决策发生变化等原因，购买者的竞争能力也会发生变化。企业应将对购买者集团的选择，看做是一项具有决定性的战略决策。在进行购买者选择时，企业应了解其所面临的各种购买者集团很少对企业具有同等的影响。即使企业只在一个行业里销售，该行业通常也会存在着不同的分市场。有些分市场的讨价还价能力较低。要改善自己的战略态势，企业必须寻找那些对该企业影响力最小的购买者。

五、供应者的讨价还价能力

供应者通过扬言要抬高产品和劳务的价格或降低出售的质量，对作为购买者的企业进行威胁，以发挥他们讨价还价的能力。

前面所述的那些可以使购买者具有强大竞争能力的条件，基本上也适用于供应者。一般讲，供应者加强自己竞争能力的方式有：

1. 少数几家公司控制供应者集团

在将产品销售给较为零散的购买者时，供应者通常能够在价格、质量和条件上对购买者施加相当大的影响。

2. 替代品不能与供应者所销售的产品相竞争

如果替代品加入市场竞争，供应者即使在强大有力，其竞争能力也会受到替代品的牵制。

3. 作为购买者的企业不是供应者的重要主顾

在一些行业里，市场上所销售的产品或劳务对供应者来说不占其产品或劳务很大比重时，供应者便具有较强的竞争能力。反之，如果某行业中的企业是供应者的重要主顾，供应者的命运与该行业息息相关。在这种情况下，供应者为了自己的发展，会采取降价、加强研究开发、疏通销售渠道等活动来保护购买者行业。

4. 供应者的产品是购买者从事生产经营的一项重要投入

由于这种投入对于购买者的制造过程或产品质量有着重要的影响，从而提高了供应者讨价还价能力。

5. 供应者集团的产品存在着差别化

购买其产品的企业便不会设想去打供应者的牌，而承认供应者的竞争能力。

6. 供应者集团实行向前一体化

这样，供应者集团便具有较强的竞争能力，购买者行业很难在购买条件上与之进行讨价还价。

这里需要说明的是，供应者不仅是企业自身以外的其他厂商，而且劳动力也应是一种供应者。当缺乏大量训练有素的和团结一致的员工时，企业的获利能力也难以增加。

同购买者的情况一样，供应者的讨价还价能力也会发生变化。

企业可以审时度势，通过战略来改善自己的处境。

六、行业内部现有竞争者间的抗衡

行业内部的抗衡是指行业内各企业之间的竞争关系与程度。常见的抗衡手段主要有价格战、广告战、引进新产品以及增加对消费者的服务等。

（一）产生抗衡的原因

企业之间形成抗衡主要是企业感到竞争的压力或看到了改善其竞争地位的机会。形成抗衡的具体原因有：

1. 行业内有众多或势均力敌的竞争对手

在行业中，如果企业较多，常常会有一些表现特殊的企业，引发竞争。如果行业中企业在规模与资源上比较均衡，也会产生不稳定的现象。

2. 行业发展缓慢

在这种情况下，企业为了寻求发展，便转向在市场占有率上进行竞争。这种竞争变化较大，而且比行业快速发展时还要激烈。

3. 固定成本或库存成本高

在行业存在剩余生产能力时，固定成本高，会对行业中所有企业造成巨大压力，迫使他们进一步满足生产能力。结果，往往导致企业的价格下降。

在库存高的情况下，企业常常为了尽快销售积压产品，不得不采取降价的行动。结果，企业的获利很少。

4. 缺少产品差别化

在企业的产品缺少差别化时，购买者在挑选企业的产品时，常常从产品的价格或服务上进行考虑。在这种情况下，企业之间常常会爆发出激烈的价格战或服务战。事实上，价格战等形式的竞争是不可取的。在价格战中，一个企业的减价行动会很快被同行的竞争对手采纳。结果，降价会使行业中所有企业的收入水平降低。

5. 生产能力大幅度提高

在规模经济要求生产能力大量增加的行业，新增的生产能力会经常打破行业的供需平衡。结果，该行业就会出现生产能力过剩与价格削减的周期性循环。

6. 竞争战略不同

在如何竞争以及如何在竞争中保持领先地位的问题上，每个竞争者的目标和战略都会有所不同。在一个行业里，企业如果选择了正确的竞争战略，就会使那些竞争战略有误的企业处于劣势。

7. 退出障碍高

退出障碍高时，过剩的生产能力不能离开行业；而且那些在竞争中败北的企业，也不能放弃经营。结果，那些经营不善的企业不得不继续在行业中消耗有限的资源，会使整个行业的获利能力一直保持较低的水平。

（二）抗衡因素的变化

行业内，决定竞争抗衡强度的因素在一定条件下会发生改变。具体讲：

1. 行业的寿命周期发生了变化

行业成熟期发生的行业增长率的变化，就是一个非常普遍的例证。在行业处于成熟期时，其增长率下降，企业间的抗衡加剧，利润下降，实力薄弱的企业就会被淘汰。

2. 企业技术实现革新

这种革新会提高企业生产过程中的固定成本，打破原有的抗衡格局，使行业内的抗衡发生新的变化。

3. 管理风格发生变化

企业内部的高层管理发生变动，或者企业被兼并后，一种新的管理风格引进了原来的行业，都会出现新的抗衡格局。

4. 企业战略发生转变

在行业中，企业虽然必须面临着那些决定行业抗衡强度的因素，但他们在制定与改变战略上尚有自己的活动空间。企业可以通过满足顾客生产经营需要的产品设计，或使顾客依赖于自己的技术等，提高顾客的转换成本；可以通过产品的变化、市场营销革新、新型服务等，提高产品差别化；可以把销售工作的重点放在发展最快的分市场上，或者放在固定成本最低的市场领域里，减弱行业抗衡的影响；可以用避免直接面对具有高退出障碍的竞争者的方法，避免卷入激烈的削价斗争，或者设法降低自身的退出障碍等。

第五节　行业内战略群体分析

行业内战略群体的分析，是按照行业内各企业战略地位的差别，把企业划分成不同的战略群体，并分析各群体间的相互关系以及群体内企业间的关系，从而进一步认识行业及其竞争的状况。

一、战略群体的概念

战略群体是指行业内执行同样或类似战略，并具有类似战略特性的一组企业（见图 2－4）。在行业中，具有相同战略与相同地位的企业，有可能结合成战略群体。在同一战略群体内，企业在生产规模和市场占有率等方面可能有所不同；但它们的性质相同，处于相同的竞争地位，因而对环境变化的反应会有所相同。

在图 2－4 中，横轴代表纵向一体化，纵轴代表产品专业化程度。对于战略群体来说，这是两个重要的约束因素。实际上，战略分析者还可以根据竞争状态分析的需要，确定出更重要的约束因素，以便更清楚地勾画出行业中不同类型的企业群体分别处于

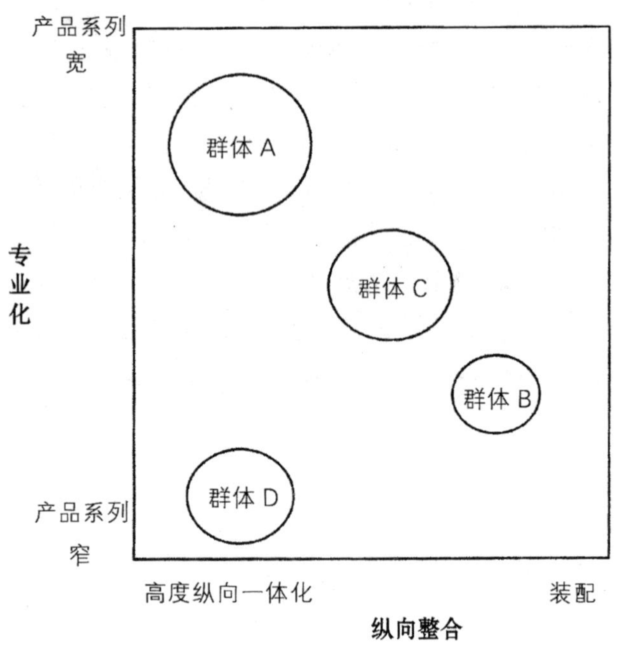

图 2－4　战略群体示意图

何种竞争地位。由此，行业内产生了各种由相同特点的企业构成的、具有不同特点的战略群体。

二、战略群体的特性

在一个行业里，每个战略群体内的企业个数不同，但战略类同。如果所有的企业都执行着基本相同的战略，则该行业只有一个战略群体。如果每个企业都奉行着与众不同的战略，则该行业有多少个企业就有多少个战略群体。在正常的情况下，行业中只有少数的战略群体。

战略群体的差异主要表现在其生产经营活动的重点不同，主要有：

（一）纵向一体化程度不同

有的群体自己生产材料和零部件，有的则完全从外部采购；有的群体拥有自己的销售渠道和网络，有的全靠批发商和零售商。

（二）专业化程度不同

有的群体只经营某一种产品和服务项目，有的则生产多品种、多规格的产品，从事多项服务，还有的进行跨行业经营。

（三）研究开发重点不同

有的群体为了争取开发新产品的领先地位，不断投放新产品；有的则把研究开发的重点放在生产技术上，力争在产品质量和成本上取得优势。

（四）推销的重点不同

有的群体重视维持高价产品，有的则采取低价竞争手段；有的群体重视对最终用户的推销活动，有的则主要为供应者服务来巩固和扩大流通渠道。

在一个行业里，战略群体之间总会存在这样或那样的差别，从而导致各群体在行业中的竞争地位不同。结果，不同战略群体在面对同一种事件的变化或某种威胁，可能采取不同的态度和行为。例如，面对新加入企业的威胁，由于关系到本行业整体利益，各个战略群体会联合起来，共同设置进入障碍。与此同时，各战略群体还会设置各自的进入障碍。各群体的进入障碍不仅防止行业外部企业进入本行业，而且还防止行业内其他群体向本群体的转移。各战略群体对替代品的威胁，供应者和购买者的压力也会有不同的反应。有的群体非常担心替代品的竞争；而有的群体的产品由于很难出现替代品，就不担心潜在的替代品威胁。此外，有的战略群体对价格问题不敏感，有的则完全相反。

三、战略群体内的竞争

在战略群体内部，由于各个企业的优势不同会形成彼此间的竞争。例如，各个企业的经济效益主要决定于生产规模时，规模大的企业就处于优势地位，规模小的企业就处于劣势地位。此外，同一战略群体内的企业虽然采用相同的战略，但各企业在实施战略的能力上会有差别，即在管理能力、生产技术、研究开发能力与销售能力等方面存在差别。能力强的企业就会占优势，处于有利地位。

四、战略群体间的竞争

在行业中，如果存在两个以上的战略群体，群体间就有可能相互为对方设置进入障碍，导致战略群体间的竞争。各群体经济效益的差别，实际上就是各战略群体竞争的结果。战略群体间抗衡的程度，是由许多因素决定的。一般来说，各战略群体的市场占有率相同，而经营战略很不相同时，群体间的抗衡就会激烈；或者各战略群体的目标是同一类顾客，其战略差异越大，抗衡也就越激烈；一个行业内战略群体越多，相互之间的对抗也就越激烈。在一个行业中，虽然可能有不少的战略群体，但如果其中只有少数战略群体处于领导地位，而且市场占有率很高，那么，这个行业战略群体间的对抗就不会激烈。

五、战略群体图的适用性

战略群体图作为一种分析工具，既不同于行业的总体分析方法，也不同于单个企业的个别分析方法，而是介于两者之间。它是要从行业中不同企业的战略管理中，找出带有共性的事物，更准确地把握企业竞争行动的方向和实质，避免以大带小或以小见大的盲目性。例如，在分析中，可以看到受到负面影响的战略群体中的公司可能会尽力向条件更有利的群体移动：这种行动的难度取决于目标战略群的进入壁垒。此外，由于各个群体内部的竞争程度不一样，各个群体所服务的主要客户群的增长率不一样，战略群体之间的利润水平也存在较大的差异。

一般来说，在行业群体图上，战略群体之间相距越近，成员之间的竞争越激烈。同一战略集团中企业是最直接的竞争对手。两个相距最近的群体之间的竞争也较为激烈。一般来说，群体图上两个相距遥远的战略群体内的成员企业几乎没有什么竞争。

波特教授认为，战略群体都会对企业的获利能力有着很大的影响，主要有：

1. 不同特性的战略群体会分别在不同程度上影响着可以保护企业所在的战略群体少受外界进攻的进入障碍的高度；影响着企业所在的战略群体与供应者和购买者讨价还价的能力；影响着企业所在的战略群体受到替代产品威胁的程度；决定着战略群体之间的竞争程度。

2. 企业在战略群体中的地位决定着企业在战略群体中的竞争程度；决定着企业在群体中的经营范围；决定着企业进入该群体的代价；以及决定着企业实施自己战略的能力。

因此，企业在一个行业里制定自己的竞争战略的同时，还要选择好适当的战略群体，以谋求更大的竞争优势。

本章小结

本章重点在分析企业的外部环境，及其分析方法。分析企业的宏观环境，就需要研究企业政治和法律环境、经济环境、科技环境、社会文化环境和自然环境。

企业所面临的最直接的外部环境是行业环境。在分析的过程中，企业要了解自己行业的经济特性，以及它与战略的相关性。同时，企业要找出在行业里获得成功的关键因素，了解产品的经验曲线、规模经济以及范围经济的内涵。最关键的是，在一个行业中，存在着五种基本的竞争力量，即潜在的加入者、替代品、购买者、供应者以及行业中现有竞争者间的抗衡，彼此之间相互作用，制约着企业的竞争战略以及竞争优势。为了更好的获得竞争优势，企业要对行业内战略群体有个清醒地分析，分析各群体间的相互关系以及群体内企业间的关系，从而进一步认识行业及其竞争的状况。

本章重点概念

行业经济特性　成功关键因素　经验曲线　规模经济　范围经济　进入障碍　退出障碍　纵向整合　替代品　供应者的讨价还价能力　购买者的讨价还价能力　转换成本　产品差别化　战略群体

思考题

1. 行业的经济特性有哪些方面？
2. 如何找到行业中成功的关键因素？
3. 什么是经验曲线？它的实用性是什么？
4. 什么是规模经济？什么是范围经济？两者的相关性是什么？
5. 行业的竞争力有哪些方面？
6. 什么是进入障碍？什么是退出障碍？
7. 如何绘制行业中的战略群体图？尝试用此图分析一个行业的竞争关系。

案例分析题

中国手机行业（2000年）

我国手机行业是个竞争十分激烈的行业。这里运用前面所讲的知识，对此行业做一个梗概的分析。

一、手机行业竞争要素分析

伴随着通讯产业日新月异的蓬勃发展，通讯终端产品的需求迅速膨胀，其中手机市场作为一个成长迅速的新兴市场受到越来越多的关注，为了深入了解手机市场中供需、价格、竞争力量等具体情况，我们从产业结构分析角度对手机行业的几个关键要素进行分析。根据产业结构分析理论，每一产业存在五种竞争要素——买方、供方、替代品、产业内竞争者和潜在竞争者，这五种要素的集合力将影响产业内的价格、成本和企业所需要的投资，最终影响投资收益率，从而决定了行业赢利能力和行业吸引力。以下我们从这一角度对手机行业进行分析。

（一）买方：消费需求迅速增长

作为通讯终端产品，手机的买方是直接消费者，现阶段手机需求增长迅速，市场空间广阔。全球范围内，全球移动电话用户1999年底超过4.1亿，目前正以每天新增25万个的速度迅猛发展，2000年底超过5亿个。我国手机销售增长速度名列世界第一，成为全球潜力最大的市场。1998年前移动电话用户年平均增长率接近100%，1999年底移动用户数达到4324万户，年增长率73%。2000年中国超过日本成为世界第二的移动通讯大国。2000年需求量达到6300万部，市场规模可达1000亿元左右。可以预见市场规模在最近几年将保持较高的增长速度。

从买方整体力量看，作为最终消费者，单个客户的购买数量很小，买方个体的价格决定能力很弱，消费者很难影响价格制定，行业利润率主要由行业竞争情况和供需情况决定。据了解，目前中档手机的平均毛利率可达50%，高档手机毛利率更高。所以，手机是目前盈利能力最强的电子产品之一，产业吸引力较强。

（二）供方：掌握核心技术，价格决定能力强

影响手机产业状况的又一要素是供应方讨价还价能力。手机生产的供应方是原材料企业，原材料主要是芯片和其他元器件。原材料成本中，芯片的技术含量最高，其中基带芯片的设计难度

又高于射频芯片，基带芯片和射频芯片各占15%的原材料成本，其他零部件共占70%的成本。目前全球手机生产厂商中摩托罗拉、爱立信、诺基亚三大巨头基本具备芯片开发设计能力，其余外资知名品牌大部分也能够进行芯片设计开发，国产手机厂商却基本不具芯片开发能力。国产手机所用的基带芯片一定要从国外进口，射频芯片有部分企业有一定研制能力。手机芯片设计在全球有一些专业公司如朗讯、TTP等，生产则主要集中在一些专业生产厂进行，如意法半导体（ST）、德州仪器（TI）和LUCENT等。芯片可分为定制和通用两种，由于设计开发费用占成本很大一部分，实力雄厚、生产批量大的企业可以定制，规模不大的企业选择通用产品比较经济。

手机芯片技术含量较高，技术开发投入巨大，因此掌握核心技术的企业少，供应厂商集中程度较高，而需求方手机生产商相对而言却数量多、比较分散。芯片供应商要生产手机很容易，手机制造商想做芯片却很难，即产业里存在前向联合的威胁，后向联合的威胁却较小，这些因素决定供方价格决定能力强。手机产业链中芯片生产是利润率最高的环节，在手机价格趋于下降时芯片成本仍居高不下，分走了手机很大一部分利润。

（三）替代品威胁较小

作为先进的通信终端，手机还未出现真正的替代品。最近市场上出现被称为小灵通的无线市话，虽然在部分城市的发展势头超过移动电话，但该产品有其技术上明显的局限性，如它采用的是微蜂窝制式，形成的频繁切换会引起通信质量下降、技术支撑难度大、大量盲区的产生等，因此难以应用于大范围移动通信，不可能代替移动电话。从长远看，移动市话对手机的替代作用有限，不会改变手机需求中长期高速增长的趋势，手机来自替代品方面的威胁较小。

（四）产业内竞争强度增加

目前国内手机生产企业有27家，市场占有率居前的各跨国企业在国内都设有合资企业，部分还设有独资企业，其在中国市场销售的产品几乎都是通过合资企业生产的，直接从国外进口的整机很少。从1999年底的统计资料看，中国手机市场的众多竞争力量可以分为三个层次。第一梯队是诺基亚、摩托罗拉、爱立信三大巨头，统计资料显示，1999年三者的市场份额共为84%。第二梯队由西门子、三星、松下、飞利浦、NEC、索尼等国外厂商组成，市场份额之和为13%。第三梯队只有3%的份额，主要是国产手机，信息产业部确定扶持的十家企业分别是中科健、中兴通讯、东方通信、波导股份、厦华电子、青岛海尔、深康佳、TCL、南方高科和首信。从2000年上半年的统计资料看第二、第三梯队的市场份额处于上升态势。

产业内三大领头企业均有强大的研发力量，掌握手机生产的全部技术包括核心的芯片开发，技术领先保证三大企业在行业中的先导地位。第二梯队的市场份额和三巨头明显不在一个数量级，从技术角度，第二梯队中大部分企业依靠自身的研究队伍具备自主开发能力，但主要芯片技术仍有较大依赖性。1998、1999年，越来越多国外品牌加入这一行列。第二梯队企业总体所占比例不断增加。各企业分到的市场份额比例不大并略有起伏，但由于市场总量的高速扩张，各品牌每年的绝对销量都是大幅上升的。面对中国手机市场的快速增长，第二梯队国外品牌无不希望抢占更多市场份额，并为此采取多种竞争手段，如飞利浦、西门子纷纷派遣新老总上任，全力开拓中国市场业务。预计2000年第二梯队品牌的整体市场份额将增加，三大巨头的市场份额可能相应减少，遥遥领先的地位也可能发生改变，与第二梯队的市场份额差距缩小。

面对国内如此巨大的手机市场和丰厚的利润，我国政府意识到通信行业的发展对国民经济的促进作用，国家计委和信息产业部批准了包括波导公司在内的10家企业进入手机市场，也部署了扶持国产手机的相应措施。国产手机对于目前的市场格局来说属于新进入者。从表1可以看出，手机生产企业在不断增加，行业的集中度有所下降，国产手机的市场份额在2000年有明显的上升。伴随日益激烈的竞争，手机行业出现一些新特点，如降价更加频繁，产品更新速度加快等。

表 2-6　　　　GSM 移动电话各品牌市场份额

年份	1997		1998		1999 上半年		2000 上半年	
品牌	销量（万台）	份额（%）	销量（万台）	份额（%）	销量（万台）	份额（%）	销量（万台）	份额（%）
摩托罗拉	194.9	34.8	332.2	28.2	303.1	32.2	581	30.01
诺基亚	142.2	25.4	346.3	29.4	298.4	31.7	609	31.46
爱立信	147.8	26.4	278	23.6	86.6	9.2	185	9.56
西门子	23	4.1	31.8	2.7	61.2	6.5	130	6.71
飞利浦	14.6	2.6	66	5.6	49.9	5.3	50	2.58
松下	17.9	3.2	56.5	4.8	42.4	4.5	54	2.79
NEC	6.7	1.2	14.1	1.2	15.1	1.6	6.5	0.34
索尼	5.6	1	21.2	1.8	19.8	2.1	6	0.31
阿尔卡特	-	-	16.5	1.4	13.2	1.4	19	0.98
三菱	-	-	4.7	0.4	15.1	1.6	13	0.67
厦华	-	-	-	-	11.3	1.2	23	1.19
三星	-	-	-	-	-	-	112	5.79
科健	-	-	-	-	-	-	75	3.87
波导	-	-	-	-	-	-	26	1.34
康佳	-	-	-	-	-	-	25	1.29
南方高科	-	-	-	-	-	-	15	0.77
其他	7.3	1.3	10.6	0.9	25.4	2.7	6.5	0.34
合计	560	100	1177.9	100	941.2	100	1936	100

从技术角度，目前全球第三代移动通讯系统呼之欲出，技术的更替可能对行业竞争格局带来很大影响，届时原有领先者的优势将被削弱，而新进入者如能在更替中把握发展机会，市场中各方的竞争地位完全可能打乱重排。为此各国纷纷采取应对措施，

希望在新一轮竞争中把握机遇，国内企业也在进行相应的准备，而手机行业的竞争格局有可能在几年内发生重大变化。

（五）潜在竞争者

手机生产所需资本投入较大，一般估计手机生产线固定资本加流动资金最低限度是2亿元，保本销量是50万部。考虑到目前市场竞争日渐激烈，价格呈下降趋势，加上打开市场所需的大量广告、销售费用，保本销量可能超过50万部。除了规模和资金要求，还有较高的技术水平要求，手机行业进入壁垒比较高。对于国内企业，为防止生产能力过剩和恶性竞争，国家计委和信息产业部只批准了10家企业进入手机市场，希望保证手机市场的健康发展。尽管如此，还有电子类企业在向国家积极争取介入，对一些实力雄厚的大集团，不排除得到特批的可能。

对于拟进入的外商，为大力扶持国产手机，国家将严格执行对外商独资、合资手机企业的配额制度，加强总量控制，严格执行返销比例。此外，我国已停止审批外商合资、独资手机生产企业，并对1994年以后非国家审批的、各地自行批复的外商投资手机企业进行重新确认。政府限制外资的其他办法，如要求外资企业逐年申请移动电话生产所需零部件的进口许可证，许可证每年都增加新的审批条件（如提高国产化率、技术转让或增加出口等）。这些措施对外商进入中国手机市场或扩大生产能力有一定制约作用。

事实上，由于利润丰厚和市场前景广阔，手机行业吸引力很大，前述限制虽然抬高了行业进入壁垒，还是会有外商或国内企业想方设法继续进入手机行业。应该看到，手机行业目前处于高速发展时期，但随着竞争的日渐加剧和行业发展，行业利润率将不断降低，最终接近平均利润率水平。业内企业应抓住需求高速增长阶段的机遇，加速培养自己的竞争能力，尽快谋得发展。

从手机行业竞争要素分析看，买方的迅速增长为行业发展开拓了广阔空间，同时行业内供方侃价能力较强，竞争强度不断加强。总体看来目前手机行业利润率高，发展前景良好。企业选择进入时如能扬长避短，选择合适的竞争战略，将获得较好的发展机会。

二、国产手机发展环境

（一）市场供求状况分析

1．供应能力及供给预测

国内现有27家手机生产企业，以下列出除10家国产手机制造企业之外的部分合资、独资企业。

表2－7　　中国移动电话厂商情况统计表

序号	企业名称	开始生产日期	年产能力
1	北京松下通信设备有限公司	1992	150万台
2	武汉NEC中原移动通信有限公司	1994	100万台
3	北京索鸿电子有限公司	1995	100万台
4	北京中菱现代通讯设备有限公司	1994	NA
5	天津摩托罗拉（中国）有限公司	1993	980万台
6	杭州摩托罗拉移动电话用户机有限公司	1997	160万台
7	北京诺基亚移动通信有限公司	1995	300万台
8	东莞诺基亚移动电话有限公司	1995	NA
9	北京爱立信移动通信有限公司	1995	250万台
10	南京爱立信熊猫移动终端有限公司	1999	280万台
11	上海西门子移动通信有限公司	1993	300万台
12	深圳飞利浦桑达电子有限公司	1997	150万台
13	上海贝尔阿尔卡特移动通信系统有限公司	1994	100万台

由于手机整机进口要征收较高的关税，进口产品成本较高，因此国内市场上供应的手机理论上基本是国内生产，包括国外厂商的独资、合资企业和国内手机厂商，它们是国内手机的主要供

应力量。但是近年来还有不少数量走私手机流入市场，成为供给的较大组成部分。

统计资料表明，2000年上半年国内共生产手机2141.6万部，销售总量为2076.9万部，其中出口802.4万部，国内市场销售量为1274.6万部；而上半年国内手机用户增加量为1599.2万户，考虑到1999年底4300万用户换机，以半年10%换机率计算为430万部，则上半年总的手机需求量达到了2030万部，与生产厂家在国内市场上的销量相比，差额约为755万部，据信息产业部估计市场价值在100亿元以上，数量惊人。走私手机不仅给国家税收造成损失，更重要的是其破坏手机市场的运行规则，影响国家对手机行业的整体调控，改变国内手机市场原有的供需关系，对合法手机生产企业的正常运作产生很大威胁。

供给方面，上半年国内共生产手机2141.6万部，下半年的产量将更大。原因有两方面，一是上半年全球芯片供应紧张，不少企业产量受到影响，下半年芯片紧张得到缓和后产量将相应增长。二是不少国产手机企业纷纷在扩大生产能力，下半年产量也会相应增长，如产量达到3000万部（比上半年增长40%），全年产量将在5142万部左右。如果走私手机未得到抑制，下半年与上半年的755万部持平，则全年预计1510万部，这样供给总量为5142+1510=6652万部。

2. 需求预测

对国内手机的需求基本由新增用户购买、老用户更换和出口三部分组成。以1999年移动用户增加数和手机需求的关系进行推算。1998年用户数2498万户，1999年底用户数4323万户，用户增加1800万户左右，手机销售2300万部，据此测算原有用户年更换率20%，半年为10%。2000年上半年用户增加1600万户，增长速度加快，结合1999年比1998年增长的情况，预测下半年用户增加比上半年多500万户，达到2100万户，全年增长3700万户，以2000年中期5900万用户半年10%的更换率计算更换需求是590万部，全年换机1020万部，全年国内需求在3700+1020=4720万部。估计出口增长幅度和产量同为40%，下半年1120万部，全年1920万部，则2000年需求总量为4720+1920=6640万部，与供给比较，基本可以平衡。从预测中可看出，如果国家加大打击走私力度，将给国产手机腾出可观的市场空间。

3. 国产手机发展市场空间

从预测过程可以看出，由于需求的迅速增长，即使走私部分仍然存在，国内生产能力增长40%，国内市场手机产销量也可以基本保持平衡。这一结果比年初预测乐观，表明在需求的高速增长下，国产手机的发展环境在供需总量平衡方面比想象的宽松。但是并不能过于乐观，国外品牌无论是第一梯队还是第二梯队都在谋求更大市场份额，因此在相对宽松的大环境下，竞争日趋激烈非常明显，行业利润率有降低的趋势。同时，整体供需大致平衡前提下，国产手机比较集中的中低档产品供应比较充裕，竞争将比全行业激烈。在这紧要关头，国产手机厂商应充分认识市场形势，采取合适的发展战略，谋求迅速发展。

国产手机2000年上半年市场占有率由1999年底的3%提高到8%，据此势头下半年还将增长，如可达10%－15%，根据下半年国内市场总需求4720－2030=2690万部计算，国产手机下半年的产销量约可达270－400万部。全年产销最多可达到550万部，如对出口部分忽略不计，全年国产手机国内市场占有率12%，这一比例看似提高不多，但是对应国产手机下半年的产销量已经比上半年翻两番了，也从一个侧面反映国产手机发展空间很广阔。

（二）国产手机发展的优势

面对国内如此巨大的手机市场和丰厚的利润，国产手机厂商应清醒看到自身的优势和劣势，了解竞争对手的市场策略，才能制定行之有效的竞争对策。

1. 政府的扶持及有利的政策

国产手机厂商的优势之一是政府的扶持及有利的政策。我国政府意识到通信行业的发展对国民经济的促进作用，国家计委和信息产业部批准了包括波导公司在内的10家企业进入手机市场，也部署了扶持国产手机的相应措施。1999年底，国家从600亿元新增国债中，拿出4亿元专项用于扶持民族移动通信设备生产企业发展，重点扶持有一定技术经济实力的手机生产企业；2000年国家将从手机的入网费中拨出14亿元支持国产手机业务的发展；在未来连续的5年内，国家将从每年的电话初装费中提取5%的资金用作支持国产手机的研究和产业化专项经费。这些扶持将为国产手机制造企业的发展提供良好的机遇。

2. 研究成本较低

国产手机厂商的优势之二是研究成本较低，尤其在长期竞争中将成为一大明显优势。根据前面对手机的成本分析可以发现，国产手机厂商在成本方面的优势不是在生产成本上，而是在研发成本上。手机的研发费用非常高，如NOKIA在规模化生产前，在前期研发上投入了15亿美元巨资。当生产达到一定规模后，硬件成本相差不多，而软件成本可占到手机成本的45%。国内外脑力成本差异明显，开发出同等水平的手机软件，国内成本只相当于国外的八分之一。国内企业目前在研发水平上与第一梯队存在较大差距，比第二梯队也落后不少，但是这不影响他们在研发方面的成本优势，国产手机厂商虽然也会借助国外的分支机构或合作伙伴进行研究开发，但更会充分运用国内的研究能力。随着国内研究开发能力的逐渐提高，这一优势会逐渐显现出来。

3. 完善的营销和服务网络

国产手机厂商的优势之三是有完善的营销和服务网络。信息产业部批准的国产手机厂商大致可分为两大类，一类是原家电类公司，如深康佳、青岛海尔和厦华电子等，他们在家电经营中建立了完善的销售网络和良好的市场品牌。另一类是通信类上市公司，又可分为通讯系统和通讯终端两类，中兴通讯和东方通信等属于通讯系统类，通讯系统类厂商研发技术力量强，但大众品牌知名度相对较低，通讯终端类企业对开发生产销售移动通讯终端产品有多年经验，也建立了一定的品牌知名度和面向大众的销售渠道。总体而言国产手机厂商大部分已经建立自己的成熟销售网络，这些网点不仅可以进行销售和提供方便的售后服务，杜绝仿冒产品混入市场，它们同时是公司分布在各地市场的信息源，有利于生产企业与消费者直接接触从而迅速了解消费者的要求。国产手机另外还有一些优点如售后服务普遍较好，产品品质比较保证等，不像国外品牌在销售过程可能混入质量难以保证的水货。

（三）国产手机发展的劣势

1. 缺乏核心技术，研发力量相对较弱

国产手机的劣势之一是技术力量薄弱，缺乏核心技术。从拥有自主知识产权的角度来讲，手机研发大体上可以分为四个阶段：第一阶段是完全的OEM；第二阶段是能独立完成结构外观设计、应用层软件设计和掌握进行大批量生产的技术；第三阶段是在第二阶段的基础上完成射频电路、基带电路和Layer2／3层软件开发；第四阶段是在第三阶段的基础上完成射频芯片、基带芯片和Layer1层软件开发。其中，第三阶段中的射频电路、基带电路和Layer2／3层软件开发，第四阶段中的射频芯片、基带芯片和Layer1层软件开发是属于手机生产中的核心技术。

目前，在国产手机生产企业中，个别先进企业已基本掌握应用层软件技术、射频电路、基带电路的开发，达到第三阶段，但其他企业则基本处于第二阶段甚至有个别企业还处在第一阶段。除了芯片设计方面的差距，手机系统设计也很重要，作为手机生产企业而言，最重要的是利用现有的芯片技术加上系统设计来达到最佳的手机功能。目前，我国手机生产企业的设计人员中有相当一部分存在着善于实现设计，但不善于组合多种外购技术进行系统设计的问题，即对手机开发知识的积累不够。系统设计的水平不够直接影响国产手机新产品推出的速度和质量，从而影响国产手机的竞争能力。因此有效提高国内企业的系统设计能力对提高国产手机现实竞争能力有很大帮助，而达到这一阶段也比达到第四阶段的芯片设计相对容易，以国产手机的发展势头和对研发的不断投入，这一方面有望较早实现突破。

2. 元器件国产化率低

国产手机的劣势之二是零部件大部分依赖进口，国内缺乏相应的元器件产业基础。由于国内元器件发展水平和制造能力有限，手机制造中的主要零部件必须依赖进口，手机生产的很大部分利润被上游元器件行业分去，原料成本居高难下。目前无论从开发设计还是制造工艺，国内相关产业的实力与国际先进水平和市场需要还有很大差距，国内发展 IC 芯片和元器件生产还有一段较长的路要走。

发展 IC 芯片及其他关键元器件的设计生产无疑是决定持续竞争能力的关键，国内企业也逐渐认识到这一点，已经在努力解决这一问题。我国 4 家在移动通信设备领域具有雄厚实力的厂商中兴通讯、厦华电子、北京华虹、宁波波导已经宣布，将合资成立联合开发中心，利用美国德州仪器公司数字信号处理技术（DSP），共同开发第 2.5 代的移动电话的核心技术和产品。

3. 起步晚，规模较小

国产手机劣势之三是手机制造企业起步晚，总体规模和国外竞争者相比明显偏小。规模小导致企业在原料采购中不论价格决定还是优先供货均处于不利地位，如国内企业不少在今年的元器件短缺中受到影响，承受元器件价格的大幅上涨甚至停工待料。规模小也造成企业在研发和促销投入等方面与大企业存在很大差距。以营销方面的投入为例，2000 年一季度的报纸广告费用中，摩托罗拉以 3465.73 万元居第一位，而国内品牌第一位的科健也只有 100 多万元。较早进入市场和目前继续进行的大量投入对维护国外品牌强大的品牌形象有重要作用，而国外产品的强大品牌难免对国产手机的市场开拓形成障碍。

应该看到，国产手机虽不如国外产品品牌响亮，但也有部分生产商由于原来经营家电等产品建立了公认强大品牌，对市场开拓将有一定帮助。同时国产手机在逐渐站稳脚跟后，营销宣传也日渐增多，品牌形象在逐渐形成。

从发展条件分析，国产手机完全有条件实现整体突破。信息产业部关于国产手机到 2003 年末占据国内市场半壁江山的规划也是有希望实现的。必须指出，在国产手机夺取市场份额的过程必将充满激烈的竞争，也将伴随行业和绝大多数生产企业利润率的降低。对于国产手机占领市场，虽然目前竞争日渐激烈，前路困难重重，正如险峰攀登，但同时也应看到，无限风光就在眼前。

复习思考题

由于市场需求不断增大，中国的手机行业发展也非常迅速，从而行业的竞争加剧。为了更好地发展我国的通讯行业，本案例提供了一个很好的框架。

1. 找出中国手机行业的经济特性。
2. 分析中国手机行业的五种竞争力，分析它们各自的强弱。
3. 画出中国手机行业的战略群体图，找到企业的发展空间。

企业资源与能力分析

本章重点

- 了解企业内部资源的形态，即有形与无形资源
- 掌握经济附加值的分析方法
- 掌握 SWOT 分析方法
- 了解投资组合分析，特别是波士顿矩阵分析法
- 熟练运用价值链的方法分析企业的价值活动

引　言

战略管理中资源学派非常重视企业内部资源的分析与配置，认为可以从中形成竞争对手不可替代的核心能力。因此，企业要从价值的角度分析与判断自身的资源。经济附加价值、SWOT法、投资组合分析法以及价值链都是有用的分析方法，帮助企

业了解所创造的价值。

第一节　企业的资源与价值

一、企业的资源的概念

企业的资源可以概括分成三大类：有形资产、无形资产和组织能力。

（一）有形资产

有形资产是企业运营过程中必要的资源，是最容易判别的，也是惟一可以在企业的资产负债表中清楚体现的资源。它包括房地产、生产设备、原材料等。

有些类似的有形资产可以被竞争对手轻易地取得，因此，这些资产便不能成为企业竞争优势的来源。但是，具有稀缺性的有形资产可以使公司获得竞争优势。例如，在香港的五星级观光酒店中，半岛酒店因为位于九龙半岛的天星码头旁，占有有利的地理位置。游客可以遥望对岸香港岛和维多利亚港美不胜收的海景和夜景，便是它的一大特色，构成其竞争优势的一个来源。另外，在台湾的“7－11”便利商店和全家便利商店，在店面位置的选择上，都尽量选择在住宅区、商业区的十字路口，以及地铁站出口附近。这些地点的人流较大，可能上门的顾客人数也较其他地点来的多。同时，便利商店是以便利为口号，而且 24 小时营业。有些顾客为了方便，不用多走路，不过多考虑店里的饮料或食品是否比超市贵一些。这样，便利商店在店面地址的选择上，就在同行中形成了获得竞争优势的一个来源。

（二）无形资产

无形资产包括公司的声誉、品牌、文化、专利和商标以及工作中累积的知识和技术。这些无形资产经常是公司竞争优势的来源。例如，在美国婴儿食品市场上，嘉宝公司（Gerber Product Co）已有近 70 年的历史。现在为孩子购买嘉宝婴儿食品的父母中，很多人小的时候就是嘉宝食品的使用者。为此，他们对嘉宝品牌具有很大的忠实度。这说明嘉宝公司的产品声望、品牌形象、企业文化和专利技术等无形资产深受消费者认同。这些方面都构成了该公司的竞争优势来源。

（三）组织能力

组织能力不同于有形资产和无形资产。它是所有资产、人员与组织投入产出过程的一种复杂的结合，包含了一组反映效率和效果的能力。例如，在同样的要素投入条件下，一个公司可以比竞争对手获得更高的生产或服务效率以及更好的产品或服务质量的能力就是组织能力。组织能力也是公司获得竞争优势的一个来源。例如，日本汽车公司能够快速开发新的产品，同时生产出具有低价格、高质量特性的汽车产品。这样的组织能力就是日本汽车公司竞争优势的重要来源。

二、价值和经济附加值

（一）价值

价值对公司来说至关重要，不创造价值的公司是无法生存的。公司只有在具备了创造超过竞争者的总价值的能力时，才能获得一般的竞争优势。能够创造更多价值的公司，不仅能够获得更高的利润；而且与竞争对手相比，能够更多地将其净收益转移给消费者。公司创造的价值的数量取决于它的成本定位，以及产品和服务的差别化定位。

（二）经济附加值

经济附加值是指公司税后净营业利润减去全部资本成本后的净值，即：

经济附加值＝税后净营业利润－资本成本

＝税后净营业利润－加权平均资本成本×资本总额

在这里，要注意：

（1）税后净营业利润是指公司的销售收入减去除利息支出以外的全部经营成本和费用（包括所得税费用）后的净值。因此，它是在不涉及资本结构的情况下公司经营所获得的税后利润，即全部资本的税后投资收益，反映出公司资产的盈利能力。

（2）资本总额是指所有投资者投入公司经营的全部资金的账面价值，包括债务资本和股本资本。其中，债务资本是指债权人提供的短期和长期贷款，不包括应付账款、应付票据以及其他应付款等商业信用负债。股本资本不仅包括普通股，还包括少数股东权益。因此，资本总额还可以理解为公司的全部资产减去商业信用负债后的净值。

（3）加权平均资本成本是指债务资本的单位成本和股本资本的单位成本根据债务和股本在资本结构中各自所占权重，计算的平均资本成本。

$$\text{加权平均资本成本}=\text{单位债务资本成本}\times\frac{\text{债务资本}}{\text{股本资本}+\text{债务资本}}+\text{单位股本资本成本}\times\frac{\text{股本资本}}{\text{股本资本}+\text{债务资本}}$$

在此公式中，单位债务资本成本是指税后成本，即：

税后单位债务资本成本＝税前单位债务资本成本 x（1－边际所得税税率）

目前，我国银行的贷款利率没有放开，不同公司的贷款利率基本相同。在计算中，可以根据中国人民银行公布的一年期流动资金贷款利率作为税前单位债务资本成本，并将中国人民银行每年调息的情况加权平均获得边际所得税率。

单位股本资本成本是指普通股和少数股东权益的机会成本，一般根据资本资产定价模型（CAPM）确定，即：

普通股单位资本成本＝无风险收益＋β×市场组合的风险溢价

其中，无风险利率可采用5年期银行存款的内部收益率。

β值是通过公司股票收益率对同期股票市场指数的收益率回归计算出来的。β系数是指公司股票相对于整个市场（一般用股票市场指数来代替）的系数风险。β系数越大，说明该公司股票相对于整个市场的风险越高，波动越大。

市场组合的风险溢价反映整个证券市场相对于无风险收益率的溢价。

上述计算所需要的数据基本上来自：资产负债表、利润表、现金流量表、财务报表附注。在这里，利息支出是计算EVA的重要参数。但我国目前会计报表中没有这一项，需要对财务费用一项做适当的处理，才能得到可用的数据。

采用经济附加值分析公司的绩效是为了克服传统的绩效衡量指标的缺陷。税后净利润、每股收益以及净资产收益等传统绩效衡量指标无法反映公司为股东创造的价值。其缺陷主要有两个方面：

传统指标的计算没有扣除股本资本的成本，使得成本计算不完全。因此，无法判断公司为股东创造的价值的准确数量。

传统指标的计算是以会计报表信息为基础的。但是，会计报表信息对公司绩效的反映本身就存在部分失真。

经济附加值这一指标是斯图尔特（Stewart）管理咨询公司提出来的，首先在美国的大公司里得到迅速推广。80年代中期，可口可乐、AT&T 等一批公司开始尝试将经济附加值作为衡量绩效的指标引进到公司的内部管理中，并将经济附加值指标最大化作为公司的目标。

因此，经济附加值在实践中主要应用在投资分析与上市公司的内部管理上。公司运用经济附加值指标进行内部管理，可以较好地解决管理人员的短期行为、“搭便车”等现象，促使管理人员为股东创造更大价值。

三、有价值的资源是竞争优势的来源

在评价一个公司拥有的资源时，必须知道哪些资源是有价值的，可以使公司获得竞争优势。其主要的判断标准如下：

（一）资源的稀缺性

如果一种资源是所有的竞争者都能轻易取得，那么，这种资源便不能成为公司竞争优势的来源。公司只有掌握了取得处于短缺供应状态的资源，而其他的竞争对手又不能获取这种资源，那么，拥有这种稀缺性资源的公司便能获得竞争优势。如果公司能够持久地拥有这种稀缺性的资源，则公司从这种稀缺性资源获得的竞争优势也将是可持续的。

（二）资源的不可模仿性

资源的不可模仿性是竞争优势的来源，也是价值创造的核心。资源不可模仿性主要有以下四种形式：

1．物理上独特的资源

有些资源是物质本身的特性所决定的。例如，公司所拥有的房地产处于极佳的地理位置，拥有矿物开采权或是拥有法律保护的专利生产技术等。这些资源都有它的物理上的特殊性，是不可能被模仿的。

2．具有路径依赖性的资源

这是指那些必须经过长期的积累才能获得的资源。例如，可口可乐公司的品牌认知度并不是仅仅通过成千上万的广告，就可以在顾客心目中形成。消费者通过数十年的饮用经验，形成自己的判断标准，认知了可口可乐公司的品牌。其他的可乐公司的品牌想要与其抗衡，同样要花费大量时间，才能逐渐使顾客认识自己的品牌。其他公司想要立即模仿这种资源，是不可能的。

3. 具有因果含糊性的资源

这是指公司对有些资源的形成原因并不能给出清晰的解释。例如，公司的文化常常是一种因果含糊性的资源。美国西南航空公司以拥有"家庭式愉快，节俭而投入"的公司文化著称，成为公司的重要资源。竞争对手难以对其进行模仿。其原因就是没有人可以明确的解释形成这种文化的真实原因。具有因果含糊性的资源，是组织中最常见的一种能力，难以被竞争对手模仿。

4. 具有经济制约性的资源

这是指公司的竞争对手已经具有复制其资源的能力，但因市场空间有限不能与其竞争的情况。例如，公司在市场上处于领导者的地位，其战略是在特定的市场上投入大量资本。这个特定市场可能会由于空间太小，不能支撑两个竞争者同时赢利，公司的竞争对手再有能力，也只好放弃竞争。这种资源便是具有经济制约性的资源。当年，沃马特开发农村市场所形成的资源就是这种情况。

公司如果同时拥有多种有价值资源，就形成多种模仿的壁垒。这样，企业的资源就更具价值。

四、公司的核心能力

核心能力的概念是由普拉哈拉得（C.K.Prahalad）以及哈默（Hamel）在1990年的哈佛商业评论上发表的《公司的核心能

力》一文所提出。核心能力的概念打破了以往多业务公司的管理人员把公司看成是各项业务的组合的思考模式，重新认识到公司是一种能力的组合。而核心能力就是公司中的有价值的资源，可以使公司获得竞争优势，并且不会随着使用而递减。

（一）核心能力的概念

所谓核心能力，就是公司在具有着重要竞争意义的经营活动中能够比其竞争对手做得更好的能力。公司的核心能力可以是完成某项活动所需的优秀技能，也可以是在一定范围和深度上的公司的技术诀窍，或者是那些能够形成很大竞争价值的一系列具体生产技能的组合。从总体上讲，核心能力的产生是公司中各个不同部分有效合作的结果，也就是各种单个资源整合的结果。这种核心能力深深地置身于公司的各种技巧、知识和人的能力之中，对公司的竞争力起着至关重要的作用。

（二）核心能力的形式

每个公司所具有的核心能力都是不同的。例如，夏普公司在平板显示技术上的具有自己的核心竞争能力，使得它能够垄断全球的液晶显示器市场。丰田、本田和日产公司在低成本、高质量的制造技术与很短的“设计—市场”周期的两个方面上，表现出自己的核心能力，从而在全球汽车市场上拥有竞争优势。英特尔的核心能力是能够快速开发新一代更强大的半导体芯片，使得他在个人计算机行业拥有垄断地位。

总之，公司的核心能力可以是不同形式的，可以表现在生产高质量产品的技能、创建和操作一个能快速准确处理客户定单的系统的诀窍、快速开发新的产品、良好的售后服务的能力、寻找良好的零售地点的技能、开发受人欢迎的产品的革新能力、采购和产品展销的技能、很好地研究客户需求和品位，以及准确寻找市场变化趋势的方法体系等等方面。公司要把握住自己的各种能力，并且要超过自己的竞争对手，使之成为核心能力。

当然，一个公司不可能只有一种竞争能力，也很少同时具有多种核心能力。

第二节 SWOT 分析法

SWOT 分析方法是由美国哈佛商学院率先采用的一种经典的方法。它根据公司拥有的资源，分析公司内部优势与劣势以及公司外部环境的机会与威胁，进而选择适当的战略。

一、分析的基本原理

SWOT 分析法，是一种综合考虑企业内部条件和外部环境的各种因素，进行系统评价，从而选择最佳经营战略的常用方法。这里，S 是指企业内部的优势（Strengths），W 是指企业内部的劣势（Weaknesses），O 是指企业外部环境的机会（Opportunities），T 是指企业外部环境的威胁（Threats）。

企业内部的优势和劣势是相对于竞争对手而言的，一般表现在企业的资金、技术设备、职工素质、产品、市场、管理技能等方面。判断企业内部的优势和劣势一般有两项标准：一是单项的优势和劣势。例如，企业资金雄厚，则在资金上占优势；市场占有率低，则在市场上占劣势。二是综合的优势和劣势。为了评估企业的综合优势和劣势，应选定一些重要因素，加以评价打分，然后根据其重要程度按加权确定。

企业外部的机会是指环境中对企业有利的因素，如政府支持、高新技术的应用、良好的购买者和供应者关系等。企业外部的威胁是指环境中对企业不利的因素，如新竞争对手的出现、市场增长率缓慢、购买者和供应者讨价还价增强、技术老化等。这是影响企业当前竞争地位或影响企业未来竞争地位的主要障碍。

二、分析法的应用

SWOT 分析法依据企业的目标，列表定出对企业生产经营活动及发展有着重大影响的内部及外部因素，并且根据所确定的标准，对这些因素进行评价，从中判定出企业的优势与劣势、机会和威胁。

表 3-1　　SWOT 分析表

潜在资源优势和竞争能力	潜在资源劣势和竞争缺陷
● 在有关领域里具有有价值的技能和专门技术	● 没有明确的战略方向
● 具有充足的财务资源,可以用来发展业务	● 生产设施陈旧过时
● 品牌认知度和公司的声誉很高	● 资产负债状况很差;债务负担过重
● 是公认为市场领导者,吸引着大量的客户群	● 同关键的竞争对手相比,整体单位成本很高
● 能够利用规模经济和经验曲线效应	● 一些关键的技能或能力正在丧失,缺乏管理深度
● 拥有专有技术、卓越的技术技能、重要的专利	● 公司的盈利水平低于平均水平
● 具有低成本优势	● 内部的经营经常出问题
● 拥有强大的广告和促销能力	● 研究与开发方面落伍
● 很强产品革新技能	● 同竞争对手相比,公司产品线过于狭窄
● 具有改善产品生产工艺的卓越技能	● 产品品牌声誉很低
● 有着良好的客户服务的声誉	● 特约经销商或分销商网络比竞争对手弱
● 产品质量比竞争对手优越	● 缺乏财务资源
● 市场分布广,分销能力强	● 工厂生产能力利用率很低

续表

潜在资源优势和竞争能力	潜在资源劣势和竞争缺陷
● 同其他公司建立了战略联盟，或合资公司公司所面临的潜在机会	● 产品质量不佳危及公司利益的外部威胁
● 客户群在扩大，或者业务扩张进入新的地域市场，或产品市场再细分	● 强大的新竞争对手很可能会进入市场
● 扩展产品线的宽度，为更大客户群服务	● 替代品抢占公司的销售额
● 将公司的技能或技术诀窍转移到新产品或新业务	● 市场增长率下降
● 前向或后向整合	● 外汇汇率和外国政府贸易政策发生不利的变动
● 有吸引力的市场的进入障碍正在降低	● 有关部门所采取的管理措施使公司付出很大的代价
● 出现了从竞争对手那里获得市场份额的机会	● 很容易受到经济萧条和业务周期的冲击
● 由于市场需求增长势头强劲，可以快速扩张	● 客户或供应商的谈判能力在提高
● 购并竞争对手的业务等	● 购买者需求和品位朝偏离行业的方向变动
● 公司建立的战略联盟或合资公司扩大了公司的市场的地域覆盖面和竞争能力	● 不利的人口特征的变动
● 有机会充分利用新技术	● 容易受到行业驱动因素的冲击
● 市场上出现了向其他地域扩展公司的品牌知名度或声誉的机会	

当然，SWOT 分析法决不仅仅是列出上述四项清单。SWOT 分析法是要使公司真正考虑到：为了更好地对新出现的行业和竞争环境作出反应，必须对企业的资源采取哪些调整行动？是否存

在需要弥补的资源缺口？公司需要从哪些方面加强其资源？要建立公司未来的资源必须采取哪些行动？在分配公司资源时，哪些机会应该最先考虑？这就是说，SWOT 中最核心的部分是评价公司的优势和劣势，判断所面临的机会和威胁，并做出决策，即在公司现有的内外部环境下，如何最优地运用自己的资源，并且考虑建立公司未来的资源。

SWOT 分析方法还可以用矩阵图形来表示，如图 3-1。

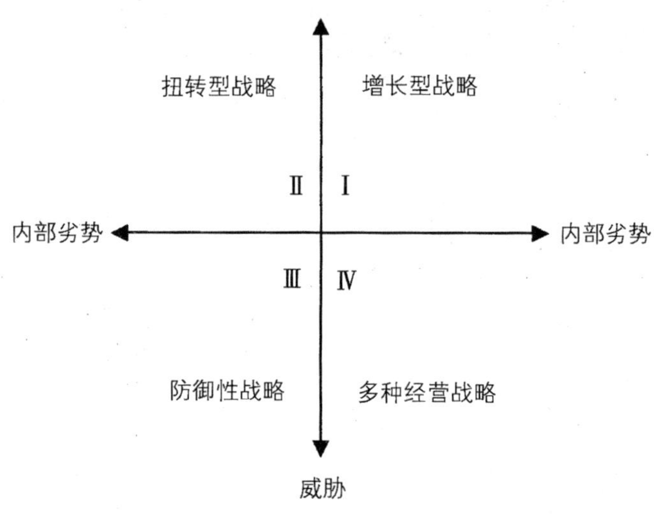

图 3-1　SWOT 分析图

从图 3-1 可以看出，第 I 类型的企业，具有很好的内部优势以及众多的外部机会，应当采取增长型战略，如开发市场、增加产量等。第 II 类企业，面临巨大的外部机会，却受到内部劣势的限制，应采用扭转型战略，充分利用环境带来的机会，设法清除劣势。第 III 类企业，内部存在劣势，外部面临强大威胁，应采用防御型战略，进行业务调整，设法避开威胁和消除劣势。第 IV 类企业，具有一定的内部优势，但外部环境存在威胁，应采取多种经营战略，利用自己的优势，在多样化经营上寻找长期发展的机会。

第三节　投资组合分析

企业可以用来分析自身投资组合的方法，基本上有以下几种方式。

一、波士顿矩阵

（一）基本原理

波士顿矩阵是美国波士顿咨询公司（BCG）在20世纪60年代时，为一家造纸公司提供咨询服务时提出的一种投资组合分析方法（见图3-2）。这种方法，是把企业生产经营的全部产品或业务的组合作为一个整体进行分析，常用来分析企业相关经营业务之间现金流量的平衡问题。通过这种方法，企业可以找到企业资源的产生单位和这些资源的最佳使用单位。

波士顿矩阵的分析前提是认为企业的相对竞争地位（以相对市场份额指标表示）和业务增长率（以市场增长率指标表示）决定了企业业务组合中的某一特定业务应当采取何种战略。企业的相对竞争地位越强，其获利率越高，该项业务能够为企业产生的现金流越大。而市场增长率越高，则表明企业获取更多市场份额的机会越大，企业获取利润和现金投入的需求也越大。

（二）矩阵图解

在图3-2里，矩阵的横轴表示企业在行业中的相对市场份额地位，是指企业某项业务的市场份额与这个市场中最大的竞争对手的市场份额之比。相对市场份额的分界线为1.0至1.5，划分出高、低两个区域。某项业务或产品的相对市场份额多，表示其竞争地位强，在市场中处于领先地位；反之，则表示其竞争地位弱，在市场中处于从属地位。

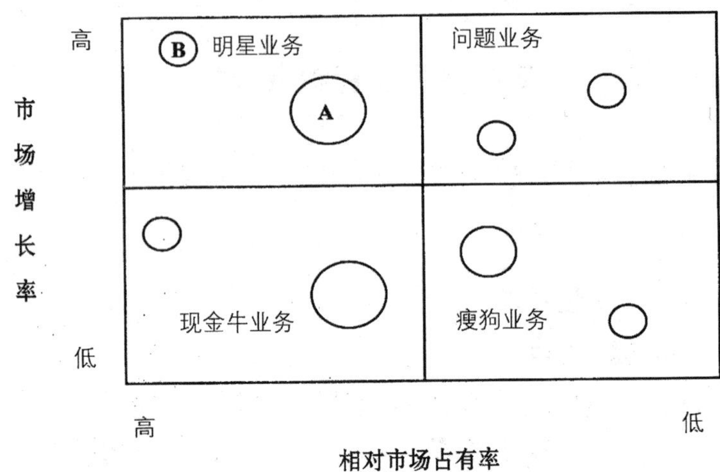

图 3－2　波士顿矩阵图

纵轴表示市场增长率，是指企业所在行业某项业务前后两年市场销售额增长的百分比。这一增长率表示每项经营业务所在市场的相对吸引力。在分析中，通常用10%的平均增长率作为增长高、低的界限。最近两年平均增长率超过10%的为高增长业务，低于10%的为低增长业务。

图中纵坐标与横坐标的交叉点表示企业的一项经营业务或产品，而圆圈面积的大小表示该业务或产品的收益与企业全部收益的比。

（三）分析方法

根据有关业务或产品的行业市场增长率和企业相对市场份额标准，波士顿矩阵把企业全部的经营业务定位在四个区域中，分别为：

1. 高增长／低竞争地位的“问题”业务

这类业务，通常处于最差的现金流量状态。一方面，所在行业的市场增长率高，企业需要大量的投资支持其生产经营活动；

另一方面，其相对份额地位低，能够生成的资金很小。因此，企业在对于“问题”业务的进一步投资上需要进行分析，判断使其转移到“明星”业务所需要的投资量，分析其未来盈利，研究是否值得投资等问题。

2. 高增长／强竞争地位的“明星”业务

这类业务处于迅速增长的市场，具有很大的市场份额。在企业的全部业务当中，“明星”业务在增长和获利上有着极好的长期机会，但它们是企业资源的主要消费者，需要大量的投资。为了保护或扩展“明星”业务在增长的市场中占主导地位，企业应在短期内优先供给它们所需的资源，支持它们继续发展。

3. 低增长／强竞争地位的“现金牛”业务

这类业务处于成熟的低速增长的市场之中，市场地位有利，盈利率高，本身不需要投资，反而能为企业提供大量资金，用以支持其他业务的发展。

4. 低增长／弱竞争地位的“瘦狗”业务

这类业务处于饱和的市场当中，竞争激烈，可获利润很低，不能成为企业资金的来源。如果这类经营业务还能自我维持，则应缩小经营范围，加强内部管理。如果这类业务已经彻底失败，企业应及早采取措施，清理业务或退出经营。

（四）波士顿矩阵的启示

波士顿矩阵分析的目的是帮助企业确定自己的总体战略。在总体战略的选择上，波士顿矩阵有两点重要的贡献：

1. 该矩阵指出了每个经营业务在竞争中的地位，使企业了解它的作用或任务，从而有选择和集中地运用企业有限的资金。例如，企业要把“现金牛”业务作为重要的资金来源，并放在优先的位置上。同样，企业可以考虑把资金集中在将来有希望的“明星”业务或“问题”业务上，并根据情况，有选择地抛弃“瘦狗”业务和无望的“问题”业务。如果企业对经营的业务不加区分，采取一刀切的办法，规定同样的目标，按相同的比例分配资金，配备相等数量的机器和人员等，结果往往是对“现金牛”业务和“瘦狗”业务投入了过多的资金，而对“明星”业务和“问题”业务投资不足。这样的企业，难以长期获得发展。

2. 波士顿矩阵将企业不同的经营业务综合到一个矩阵中，具有简单明了的效果。

在其他战略没有发生变化的前提下，企业可以通过波士顿矩阵判断自己各经营业务的机会和威胁、优势和劣势，判定当前面临的主要战略问题和企业未来在竞争中的地位。比较理想的投资组合是企业有较多的明星和“现金牛”业务，少数的“问题”业务和极少数的“瘦狗”业务。

（五）波士顿矩阵的局限性

企业在把波士顿矩阵作为分析工具时，应该注意到它的局限性：

1. 在实践中，企业要确定各业务的市场增长率和相对市场份额是比较困难的。有时，数据会与现实不符。

2. 波士顿矩阵按照市场增长率和相对市场份额，把企业的业务划分为四种类型，相对来说，有些过于简单。实际上，市场还存在着难以确切归入某个象限中的业务。

3. 波士顿矩阵中市场地位与获利之间的关系会因行业和细分市场的不同而会发生变化。在有些行业里，企业的市场份额大，会在单位成本上形成优势；而有些行业则不然，过于庞大的市场份额可能会导致企业成本增加。实际上，市场占有率小的企业如果采用创新、产品差别化和市场再细分等战略，仍能获得很高的利润。

4. 企业要对自己一系列经营业务进行战略评价，仅仅依靠市场增长率和相对市场份额是不够的，还需要行业的技术等其他指标。

二、通用矩阵

（一）基本分析原理

通用矩阵，又称行业吸引力矩阵，是美国通用电气公司设计的一种投资组合分析方法（见图 3－3）。相对于波士顿矩阵，通用矩阵有了很大的改进，在两个坐标轴上都增加了中间等级，增多了战略的变量。这不仅适用于波士顿矩阵所能适用的范围，而且对需求、技术寿命周期曲线的各个阶段以及不同的竞争环境均可适用。九个区域的划分，更好地说明了企业中处于不同地位经营业务的状态，使企业可以更为有效地分配其有限的资源。

（二）矩阵图解

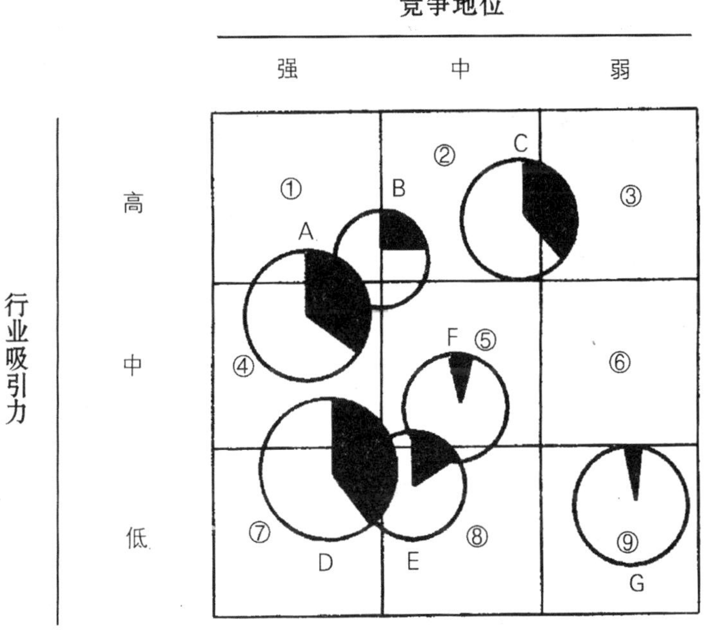

图 3－3　通用矩阵图

（三）分析方法

上图中，通用矩阵的横轴表示经营业务的竞争地位，纵轴表示行业的吸引力。行业吸引力和竞争地位的值决定着企业某项业务在矩阵上的位置。矩阵中圆圈面积的大小与行业规模成正比。圈中扇形部分（涂黑部分）表示某项业务所占有的市场份额。

企业利用通用矩阵比较其经营业务以及决定其资源的分配方式时，必须估测行业吸引力及经营业务的竞争地位。

影响行业吸引力的因素，有行业增长率、市场价格、市场规模、获利能力、市场结构、竞争结构、技术及社会政治因素等。评价行业吸引力的大致步骤是，首先根据每个因素的相对重要程度，定出各自的权数；然后根据业务定出行业吸引力因素的级数，一般用 1、2、3、4、5 表示；最后用权数乘以级数，得出每个因素的加权数，并将各个因素的加权值汇总，即为整个行业吸引力的加权值。

影响经营业务竞争地位的因素，有相对市场份额、市场增长、买方增长率、产品差别化、生产技术、生产能力、管理水平等。评估经营业务竞争地位的原理，同评估行业吸引力的原理基本相同（见表 3－2）。

表 3－2　　**行业吸引力测定**

因　素	权　数	等级评分	加权分
税收	0.05	4	0.20
汇率变化	0.08	2	0.16
零件供应	0.10	5	0.50
工资水平	0.10	1	0.10
技术力量	0.10	5	0.50
人员来源	0.10	4	0.40
市场容量	0.15	4	0.60
市场增长率	0.12	4	0.48
行业盈利率	0.20	3	0.60
总　计	1.00	……	3.54

从矩阵图9个方格的分布来看，企业中处于左上方三个方格即①、②、④的业务最适于采取增长与发展战略，企业应优先分配资源；处于右下方三个方格即⑥、⑧、⑨的业务，一般应采取停止、转移、撤退战略；处于对角线三个方格即③、⑤、⑦的业务，应采取维持或有选择地发展的战略，保护原有的发展规模，同时调整其发展方向。

（四）通用矩阵的局限

通用矩阵虽然改进了波士顿矩阵，但它只提出了一般性的战略思考，不能有效地说明一些新的经营业务在新的行业中得到发展的状况。

三、产品/市场演变矩阵

（一）基本原理

美国战略管理学者霍佛（C.W.Hofer）针对通用矩阵的局限性，设计出一个具有15个方格的矩阵，用以评价企业的经营状况（见图3-4）。

（二）矩阵图解

在矩阵中，圆圈表示行业规模或产品/细分市场。圆圈内扇形涂黑部分表示企业某项经营业务的市场占有率。

（三）分析方法

从图3-4可以看出企业各项经营业务在矩阵中所处的不同地位。A项业务类似明星业务，占有很大的市场占有率，但需要企业投入大量的资源给以支持，以加强其竞争地位。B项经营业务与A项业务有着同样的前景，但该业务在具有很强的竞争地位的条件下却没有取得较大的市场占有率。企业只有找出真正的原因，制定出完善的修正计划以后，才能进一步分配资源给B项业务。F项业务和E项业务都是“现金牛”业务，可以为企业提供资金。G项业务正变成“瘦狗”业务，企业应考虑所要采取的措施，甚至

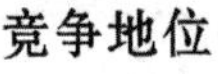

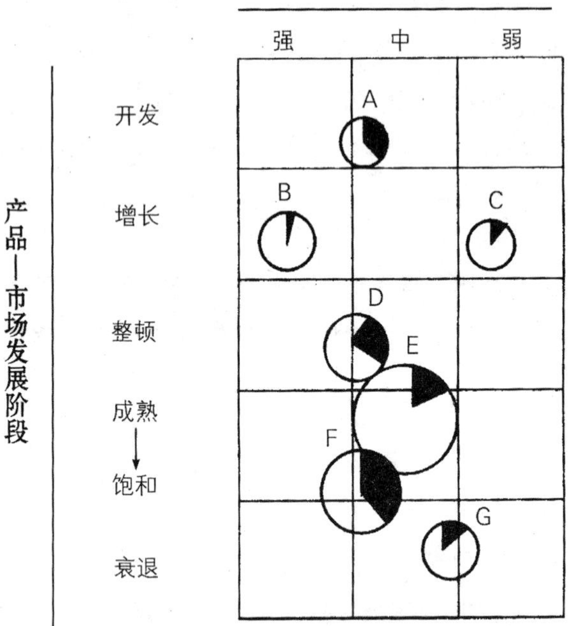

图 3-4　产品/市场演变矩阵图

为最终撤出该经营领域做准备。

四、三种矩阵的选择

为了正确地运用这三种矩阵，企业应该考虑以下情况：

（一）企业如果考虑测定其总体投资组合

企业如果考虑测定其总体投资组合，应该首先选择波士顿矩阵。这个矩阵简单，所需要的数据也最少。

（二）企业如果需要着重分析某项或某些经营业务

要着重分析某项或某些经营业务，应该根据企业的类型和经营业务的集中程度来决定是选择 GE 矩阵，还是运用产品/市场演变矩阵。选择的因素具体如下：

1. 企业的类型

小型多种经营企业一般多采用产品/市场演变矩阵，大型多种经营企业则多运用GE矩阵。大部分特大型多种经营企业会同时使用这两种矩阵。不过，其应用的条件不同。一般地讲，在特大型多种经营企业里，GE矩阵用来阐明企业内各个战略经营单位的经营状况，而产品/市场演变矩阵则用来说明每个战略经营单位中各个产品/细分市场的经营状况。

2. 经营业务的集中程度

企业经营业务之间如果处于松散的状态，则应该运用GE矩阵确定企业的经营状况。如果企业大部分经营业务集中在少数几个密切相关的产品/细分市场上，则应该选用产品/市场演变矩阵。当战略经营单位的产品处于寿命周期的初期发展阶段时，更应该运用后一个矩阵。

在实际的战略管理当中，还有两类企业不适于运用上述三种矩阵来分析企业的总体战略。一类是刚刚开始进行多种经营的单一产品系列的企业，另一类是主要经营业务与次要经营业务密切相关的主导产品系列的企业。

对于前一类企业来讲，由于原有的经营业务与新生的经营业务在规模上和重要程度上都处于不稳定的状态，企业即使充分地考虑到产品/市场综合发展的各种条件，也很难用投资组合矩阵充分地表明这类企业中不同经营业务之间的相互关系。而对于后一类企业来讲，由于其主要的经营业务与次要的经营业务在资源配置、竞争优势和协同作用上通常是有区别的，需要分别研究。而且，这类企业还没有进行多种经营，也就更不适于上述三种经营组合矩阵。

第四节　企业的价值链

企业要分析自己的内部资源，判断可以由此产生的竞争优势，则需要确定自己的价值活动，识别价值活动的类型，最后构成具有自身特色的价值链。

一、基本原理

美国哈佛商学院波特（M.E·Porter）教授认为企业每项生产经营活动都是其创造价值的经济活动；那么，企业所有的互不相同但又相互关联的生产经营活动，便构成了创造价值的一个动态过程，即价值链（如图 3－5）。

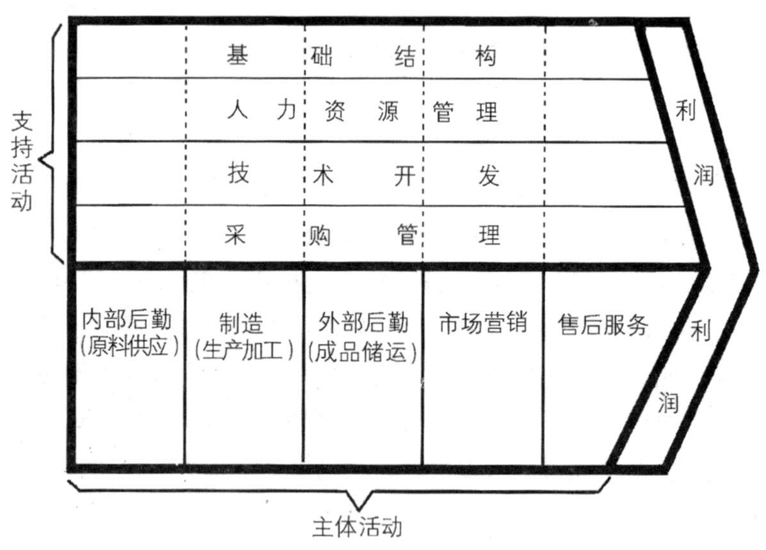

图 3－5　企业的价值链

从图 3－5 中可以看出，价值链将企业生产经营活动分成主体活动和支持活动两大类：

（一）主体活动

这是指生产经营的实质性活动，一般可以再细分成内部后勤(原料供应)、制造（生产加工)、外部后勤（成品储运)、市场营销和售后服务等五种活动。每一种活动又可以根据具体的行业和企业的战略再进一步细分成若干项活动。具体讲：

1. 内部后勤（原料供应）

是指与产品投入品的进货、仓储和分配有关的活动，如原材料的装卸、入库、盘存、运输以及退货等。

2. 制造（生产加工）

是指将投入转换成最终产品的活动，如机加工、装配、包装、设备维修、检测等。

3. 外部后勤（成品储运）

是指与产品的库存、分销给购买者有关的活动，如最终产品的入库、接收订单、送货等。

4. 市场营销

是指与促进和引导购买者购买企业产品的活动，如广告、定价、销售渠道等。

5. 售后服务

是指与为保持或提高产品价值有关的活动，如培训、修理、零部件的供应和产品的调试等。

由于行业不同，各行业中企业的每项主体活动所体现的竞争优势也不同。对于制造企业来说，内部后勤与外部后勤是最重要的活动；对于一个从事分销活动的企业来说，外部后勤是关键的要素；而对于生产高速复印机的企业来说，售后服务是最为重要的活动。总之，各类主体活动都会在不同程度上体现出企业的竞争实力。

（二）支持活动

这是指用以支持主体活动，而且内部之间又相互支持的活动，包括企业投入的采购管理、技术开发、人力资源管理和企业基础结构。图 3-5 上的虚线表明采购管理、技术开发、人力资源管理三种支持活动既支持整个价值链的活动，又分别与每项具体的主体活动有着密切的联系。企业的基础结构活动是支持整个价值链的运行，不分别与每项主体发生直接的关系。与主体活动一样，每一种支持活动又可依行业不同进一步细分成若干项独具特色的活动。具体讲：

1. 采购管理

是指采购企业所需要的投入品的职能，而不是指被采购的投入品的本身。这里的采购是广义的，即包括生产原材料的采购，也包括其他资源投入的管理。例如，企业聘请咨询公司为企业进行广告策划、市场预测、管理信息系统设计、法律咨询等都属于采购管理。

企业的采购部门是为企业整体服务的，但某项具体的采购活动一般是与某项主体活动或支持活动有关。在分析企业的采购活动时，不能笼而统之，要具体问题具体分析。此外，采购活动的费用在总成本中可能只占很少的比重，但它对企业采取低成本战略或产品差别化战略起着重要的作用。因此，改进采购管理活动，可以在很大程度上改进被购买的投入品的质量和费用，以及使用该投入品的质量和费用。

2. 技术开发

是指可以改进企业产品和工序的一系列技术活动。这也是一个广义的概念，既包括生产性技术，也包括非生产性技术。因此，企业中每项生产经营活动都包含着技术，只不过其技术的性质、开发的程度和使用的范围不同而已。有的属于生产方面的工程技术，有的属于通讯方面的信息技术，还有的属于领导的决策技术。

这些技术开发活动不仅仅是与企业最终产品直接相关，而且支持着企业全部的活动，成为判断企业竞争实力的一个重要因素。

3. 人力资源管理

是指企业职工的招聘、雇用、培训、提拔、激励和退休等各项管理活动。这些活动支持着企业中每项主体活动和支持活动，以及整个价值链。人力资源管理在调动职工生产经营的积极性上起着重要的作用，影响着企业的竞争能力。

4. 基础结构

是指企业的组织结构、控制系统以及文化等活动。企业高层管理人员往往在这些方面发挥着重要的影响作用。因此，高层管理人员也往往被视作基础结构的一部分。企业的基础结构与其他的支持活动有所不同，一般是用来支持整个价值链的运行，即所有其他的价值创造活动都在基础结构中进行。在多种经营的企业里，公司总部和经营单位各有自己的基础结构。

由此可见，这个价值链反映出企业生产经营活动的历史、重点、战略、实施战略的方法，以及生产经营活动本身所体现的经济学观念。

二、构造价值链

企业为了判断自己的竞争能力，需要根据价值链的一般模型来构造具有自己特色的价值链。例如，复印机公司的价值链就可以是下图的形式（如图 3－6）。

企业在构造价值链时，需要根据利用价值链分析的目的以及自己生产经营活动的经济性，将每一项活动进一步分解。分解后的每一项子活动要有自己的经济内容，即或者能使产品或服务具有高度差别化的潜力，或者能够降低成本。价值活动可以按照工艺流程排序，也可以根据需要进行排序。但无论怎样排序，企业的管理人员都应能够从价值链的分类中直观地判断出使企业获得

	企业基础设施					利润
人力资源准备		招聘培训		招聘	招聘	
技术开发	自动化系统的设计	总装线设计 元件设计 机器设计 检测程序 能源管理	信息系统开发	市场研究 销售支持 和技术文献	服务手册和程序	
采购	运输服务	原材料 其它部件 能源 物资供应 电力/电子部件	计算机服务 运输服务	中介机构服务 物资供应 出差和津贴	备用件出差和补贴	
	进货材料搬运 进货检查 部件检查和交货	部件装配 总装 调节和检测 设备作业	订单处理 装运	广告 促销 销售队伍	服务信誉 备用件系统	利润
	内部后勤（原料供应）	制造（生产加工）	外部后勤（成品储运）	市场营销	售后服务	

图 3-6　复印机生产企业的价值链

竞争优势或劣势的子活动，以供制定战略时参考。

三、价值链的内在联系

价值链不是一些独立活动的集合，而是相互依存的活动构成的一个系统。在这个系统中，各项活动之间存在着一定的联系。这些联系体现在某一价值活动进行的方式与成本之间的关系，或者与另一活动之间的关系。例如，机械加工的企业购买高质量的已剪切好的钢板，可以简化生产流程并减少废料。

（一）形成价值活动间联系的原因

价值活动间的联系很多。最常见的是价值链中主体活动与支持活动间的各种联系。例如，产品的设计会影响其生产成本。在各项主体活动之间，这种联系的作用更为突出。例如，企业加强对投入部件的检查会降低生产工艺流程中的质量保证成本。

形成这些联系的基本原因有：

1. 同一功能可以以不同的方式实现

例如，为了保证产品合格，企业可以采购高质量的原材料或零部件，或者明确规定生产工艺流程中的最小公差，或者对产品进行全面检验。

2. 通过支持活动保证主体活动的成本或效益

例如，通过优化时间安排（支持活动），企业可以减少销售人员的出差时间或交货车辆运输时间（主体活动）。

3. 以不同的方式实现质量保证功能

例如，企业可以通过进货检查，部分或全部替代成品检查。

当然，企业不同，形成价值活动间联系的原因也会不同，需要更进一步的认识。

（二）内在联系形成竞争优势的方式

企业价值活动间的内在联系所形成的竞争优势有两种形式：最优化与协调。

企业为了实现其总体目标，往往在各项价值活动间的联系上进行最优化的抉择，以获得竞争优势。例如，企业在考虑产品设计与服务成本时，为了获得差别化优势，可能会选择成本高昂的产品设计、严格的材料规格或严密的工艺检查，以减少服务成本。

在协调方面，企业通过协调各活动间的联系，来增加产品的差别化或降低成本。例如，企业要按时发货，则需要协调企业内部的生产加工、成品储运和售后服务等活动之间的联系。

在最优化与协调的过程中，企业需要大量的信息去认识形式多样的联系。因而，企业有必要利用信息技术，建立自己的信息系统，创造与发展新的联系，增强旧有的联系。

四、价值链间的联系

价值活动的联系不仅存在于企业价值链内部，而且存在于企业与企业的价值链之间。其中，最典型的是纵向联系，即企业价值链与供应商或销售渠道价值链之间的联系。这些联系往往对企业活动的成本和效益产生影响。例如，企业的采购和原料供应活动如果能与供应商的定单处理系统相互作用，同时，供应商的应用工程技术人员与企业的技术开发和生产人员也协同工作的话，供应商的产品特点以及其他方面就会明显地影响企业的成本和差别化。

企业价值链与供应商价值链之间的各种联系为企业增强竞争优势提供了机会。通过影响供应商价值链的结构，或者通过改善企业与供应商价值链之间的关系，企业与供应商常常会双方受益。在企业和其供应商之间分配由于协调或优化各种联系所带来的收益，取决于供应商的讨价还价能力，并反映为供应商的利润。

销售渠道的各种联系与供应商的联系类似。销售渠道具有企业产品流通的价值链。销售渠道对企业价格的抬价经常在最终销售价格中占很大比重。此外，销售渠道进行的各种促销活动可以替代或补充企业的活动，从而降低企业的成本或提高企业的差别化。销售渠道也存在与企业分配由于协调和优化各种联系所带来收益的问题。

本章小结

本章的重点在于分析企业的内部资源，以保证企业获得竞争优势。企业的资源可以概括为三大类，即有形资产、无形资产和组织能力。在分析资源时，要注意它的价值。经济附加值是分析资源价值的一种好方法，它是指公司税后净营业利润减去全部资本成本后的净值。

有价值的资源是竞争优势的来源，具有稀缺性和不可模仿性，从而形成公司的核心能力。所谓核心能力，就是公司在具有着重要竞争意义的经营活动中能够比其竞争对手做得更好的能力。

SWOT 分析方法是由美国哈佛商学院率先采用的一种经典的方法，它根据公司拥有的资源，进一步地分析公司内部优势与劣势以及公司外部环境的机会与威胁，进而选择适当的战略。投资组合分析包括波士顿矩阵、通用矩阵、产品/市场演变矩阵三种经典的分析方法，用于企业各种产品或投资的组合问题。

企业的价值链是哈佛商学院波特教授的代表理论之一。他指出企业每项生产经营活动都是其创造价值的经济活动；这些互不相同但又相互关联的生产经营活动，便构成了创造价值的一个动态过程，即价值链。在价值链中，企业生产经营活动分成主体活动和支持活动两大类。主体活动一般可以细分成内部后勤（原料供应）、制造（生产加工）、外部后勤（成品储运）、市场营销和售后服务等五种活动。每一种活动又可以根据具体的行业和企业的战略再进一步细分成若干项活动。而支持活动包括企业投入的采购管理、技术开发、人力资源管理和企业基础结构。这种方法可以用来分析企业所创造的价值。

本章重点概念

有形资产　无形资产　核心能力　资源的不可模仿性　SWOT 分析法　波士顿矩阵　问题业务　明星业务　现金牛业务　瘦狗业务　行业吸引力　价值链　主体活动　支持活动

思考题

1. 结合企业自身的情况，界定所在行业的性质与特点。
2. 以企业的实例，探讨某种产品的经验曲线。

3. 结合企业的实际情况，分析企业的成功关键因素。

4. 运用波士顿矩阵的分析方法，分析企业的投资框架。

5. 运用行业结构分析方法，分析本行业的竞争状况。

6. 结合行业的实际情况，探讨行业的进入与退出障碍。

7. 运用 SWOT 分析法，分析企业的优势与劣势、机会与威胁。

8. 运用价值链的基本模型，构造某个企业的价值链。

案例分析题

台湾联华电子公司

台湾联华电子公司（UMC），是在1979年由交通银行、声宝东元机电、光华投资、中华开发等公司共同出资成立。目前，联电是全球的两大芯片加工公司之一（另一为台湾集成电路制造公司（台集电））。公司成立初期仅从事制造业务，后来自行成立研发部门，开发设计高附加价值的产品，从事生产的产品包括内存产品、计算机产品、微处理器（CPU）和通讯产品等。

为了公司的长期发展，联电的战略在1995年做了很大的转变，将公司的产品发展专注在芯片加工和内存产品，而把计算机产品、微处理器（CPU）和通讯产品等事业部门分割出去，寻求美国厂商的合资和联盟，并在美国成立分公司。从1995年5月的战略酝酿到1995年9月成立三家合资厂，总投资超过上千亿台币。

公司采取这样的战略转变，是因为在分析了所处的产业环境、机会威胁和自身的优劣势后，认为公司在制造能力上非常特出，而且预计未来半导体市场还有很大的成长空间，并且公司专注于芯片加工可以与美国伙伴特长的创新设计能力互补。在这样的发展战略基础上，公司很快地缩小了在生产能力和规模上与领先的竞争对手——台集电之间的差距，形成芯片加工业两强并存的局面。

另外，企业的资源也从战略的制定和一系列的合资公司以及战略联盟等合作活动中得到积累。首先，公司的芯片制造能力从7微米、5微米、3.5微米、1.2微米、1.0微米、0.8微米、0.6微米、一直发展到目前的0.13微米世界领先地位。目前，该公司拥有两座世界上技术最先进的12吋芯片厂。这是公司致力于芯片加工研发的具体成果，也是公司的核心能力之一。

其次，公司从战略联盟等合作中提升产品开发能力。例如，1992年该公司曾与Meridian公司合作开发微处理器，并获得相当程度之产品设计能力。1995年，公司与S3 Alliance、ISSI、OPTI等公司合资兴建三座八吋芯片厂以提升生产能力，另外在64兆位只读存储器的产品开发亦获得美国匹兹堡国际发明奖。这些说明公司的产品设计及生产能力成为公司重要的资源，并不断地从合资或战略联盟等活动中得到成长与累积。

最后，联电的公司文化也成为公司的一项重要资源，受到管理层相当大的重视。公司建立起的文化是“力和安乐”。“力”即是注重生产力、竞争力和创新力；“和”即是一团和气以厂为家，“安”则是适才适所；“乐”乃是工作明朗愉快。由于公司十分重视文化的发展，长期努力的结果使得公司向心力十足，且具有精悍迅捷的特性。

复习思考题

1. 运用SWOT分析法分析联华电子公司。
2. 分析联华公司的关键的价值活动。

竞争战略

本章重点

- 竞争战略是指企业在正确地分析和界定本企业在竞争中的地位的基础上所形成的战略，这是战略管理中非常重要的问题
- 掌握三种一般竞争战略，即成本领先战略、差别化战略和重点集中战略；企业采用不同战略的动机、实施时机与条件；三种一般战略各自的缺陷
- 熟练运用动态竞争战略。这里，企业可以根据自己的需要来采取进攻战略或防御战略
- 真正掌握企业的先动优势，摒除劣势
- 运用价值链分析，掌握标杆学习的方法
- 了解互联网条件下企业竞争战略的特点与选择

引 言

竞争战略一般是探讨企业管理者如何为获得竞争优势、取得竞争的成功而制定的行动计划。值得注意的是，竞争战略的范围要比业务战略的范围狭窄一些。因为，企业的业务战略不仅是一个如何竞争的问题，还要涉及到企业管理者们如何解决业务中所面临的各种战略问题。

第一节 一般竞争战略

一、一般竞争战略的概念

一般竞争战略是指无论是在什么类型的行业里，企业都可以采用的竞争性战略。美国哈佛商学院著名的战略管理学家迈克尔·波特在其1980年出版的《竞争战略》一书中，提出三种一般竞争战略，即成本领先战略、差别化战略和重点集中战略。他认为，企业要获得竞争优势，一般只有两条途径：或者成为行业中成本最低的生产者，或者在产品和服务上形成与众不同的特色（见图4-1）。在这里，每一种战略都有自己的特色，参与竞争的途径与其他战略有着明显的区别，能够获得自己特殊的市场地位（见表4-1）。

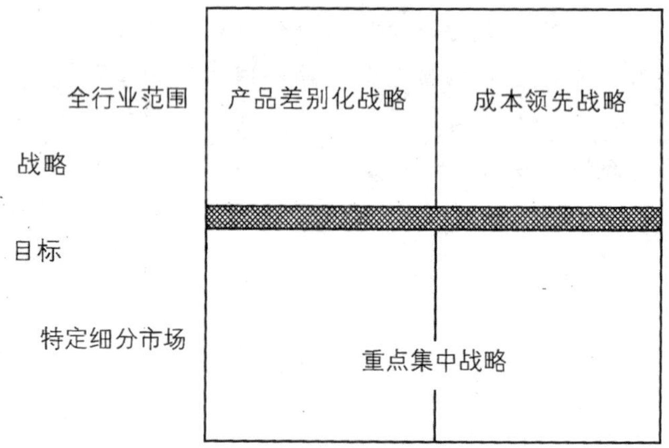

图 4－1　三种一般竞争战略

表 4－1　　　　　　　　一般竞争战略的特色

类　型	低成本	差别化	重点集中
战略目标	覆盖整个市场	覆盖整个市场	占有一个很小的市场。在这个市场上购买者的需求和偏好与市场的其他部分有着很明显的区别
竞争优势	成本低于竞争对手	能够为顾客提供某种特殊的产品和服务	在这个小市场上，为顾客提供价格更低的产品或服务，或者提供某种特殊的产品和服务
产品线	质量好的、标准化的产品	产品拥有不同的类型，与竞争对手有很大的差别	按照该市场的特殊需求，提供特定的产品或服务

续表

类　型	低成本	差别化	重点集中
产品生产重点	在不降低产品质量和关键特色的前提下，降低产品生产成本	通过不同途径为顾客创造价值，寻求产品的差别化	为该市场生产特定的产品和服务
市场营销重点	尽量保持低成本	根据顾客愿意支付的高价位进行服务，或者制定高价格以补偿差别化所带来的高额成本	使顾客了解在这个市场上所能够得到的满足

二、成本领先战略

成本领先战略是指企业通过在内部加强成本控制，在研究开发、生产、销售、服务和广告等领域里把成本降到最低限度，成为行业中的成本领先者的战略。

（一）企业采用成本领先战略的动因

在企业所在的市场上，如果购买者对价格具有很高的敏感性，那么，获得行业中总成本最低的优势就是一个有力的竞争途径。从五种竞争力量的角度来分析，企业采取成本领先战略的主要原因是：

1. 形成进入障碍

企业的成本低，就具有削价能力，从而为行业的潜在的进入者设置了较高的进入障碍。那些在生产技术不熟练、经营上缺乏经验的企业，或缺乏规模经济的企业便很难进入此行业。

2. 增强讨价还价能力

企业的成本低，可以在某种程度上应付由于投入因素的变化所引起的投入费用的增长现象，从而提高自身与供应者的讨价还价能力。同时，企业成本低，能够为自己提供部分的利润率保护，从而提高自己对购买者的讨价还价能力，对抗强有力的购买者。

3. 降低替代品的威胁

企业的成本低，可以在与替代品竞争时，通过降低价格来吸引大量的顾客，从而降低或缓解替代品的威胁，使自己处于有利的竞争地位。

4. 保持领先的竞争地位

企业的成本低，在与行业内的竞争对手进行价格战时，可以利用低价格的吸引力从竞争对手那里夺得销售额和市场份额，也可以在其对手毫无利润的低价格的水平上保持一定的盈利，从而保持绝对的竞争优势。

总之，企业采用成本领先战略，可以有效地面对行业中的五种竞争力量，以其低成本的优势，获得高于其行业平均水平的利润。

（二）成本领先战略实施的时机与条件

企业要获得成本优势，就必须使自己的价值链的累积成本低于竞争对手的累积成本。通常可以通过两个途径达到这一目的：一是要更好地管理企业价值链各种活动的成本因素，比竞争对手更加有效地开展内部价值链活动。例如，企业要考虑严格的成本控制、详尽的控制报告、合理的组织结构和责任制，以及对完善的激励管理机制。二是改造公司价值链，省略或跨过一些高成本价值活动。企业需要考虑持续投资和增加资本、提高科研开发与制造的能力以及市场营销手段等问题。

在实践中，成本领先战略要取得显著的效果，还要考虑到企业所在的市场是否是完全竞争的市场；该行业所有企业的产品是否是标准化的产品；大多数购买者是否以同样的方式使用产品；产品是否具有较高的价格弹性；价格竞争是否是市场竞争的主要手段等。如果企业的环境和内部条件不具备这些因素，企业便难以实施成本领先战略。

（三）成本领先战略存在的弱点

企业在选择成本领先战略时，还应看到这一战略也有其自身的弱点。如果竞争对手的竞争能力过强，采用成本领先战略的企业就有可能处于不利的地位。具体讲：

1. 竞争对手开发出更低成本的生产方法

例如，竞争对手运用新技术或更低的人工成本，形成新的低成本优势，使得企业原有的优势成为劣势。

2. 竞争对手采取模仿的方法

当企业的产品或服务具有竞争优势时，竞争对手往往会采取模仿的方法，形成与企业相似的产品和成本，给企业造成困境。

3. 顾客需求的改变

企业如果过分地追求低成本，降低了产品和服务的质量，会影响顾客的需求，结果，适得其反，企业非但没有获得竞争优势，反而会处于劣势。

企业在采用成本领先战略时，应注意这些问题，及早采取防范措施。

三、差别化战略

差别化战略是指企业为满足顾客特殊的需求，形成自身竞争优势，而提供与众不同的产品和服务的战略。企业主要是依靠产品和服务的特色，而不是靠降低成本来实施这种战略。当然，差别化战略并不是讲企业可以忽略成本，只是强调这时的战略目标主要不是成本问题。

（一）企业采用差别化战略的动因

在顾客需求多样化的情形下，企业很难通过标准化的产品完全满足顾客的需求。因此，差别化战略就成了一个很有吸引力的竞争策略。

企业采用这种战略，可以很好地防御行业中的五种竞争力量，获得超过水平的利润。具体讲，主要表现在以下几方面：

1. 形成进入障碍

由于企业产品和服务具有特色，顾客对该产品或服务具有很高的忠实度，从而使该产品和服务具有强有力的进入障碍，潜在的进入者要与该企业竞争，则需要克服这种产品的独特性。

2. 降低顾客敏感程度

由于顾客对企业产品和服务有某种程度的忠实性，当这种产品价格发生变化时，顾客对价格的敏感程度不高，生产该产品的企业便可以运用产品差异战略，在行业的竞争中形成一个隔离地带，避免竞争的侵害。

3. 增强讨价还价能力

产品差别化战略可以使企业获得较高的边际收益，降低企业的总成本，增强企业对付供应者讨价还价的能力。同时，由于购买者别无其他选择，对价格的敏感程度又低，企业可以运用这一战略削弱购买者讨价还价能力。

4. 防止替代品威胁

企业的产品与服务具有特色，能够赢得顾客的信任，便可在与替代品的较量中，比同类企业处于更有利的地位。

（二）差别化战略的实施时机与条件

实施差别化战略的企业要获得战略上的成功，就必须认真研究购买者的需求和行为，了解他们对产品和服务的看法，如什么是重要的，什么是有价值的，愿意支付什么等。然后，企业还必须使产品或者服务包含特定的购买者想要得到的属性，其中企业自己所提供的这些属性与竞争对手所提供的属性有着明显的易于分辨的差别，或者开发某种独特的能力来满足购买者的需求。

一般来说，企业可以通过多种途径创造自身的产品和服务与竞争对手的产品和服务之间的差异；同时，购买者认为这些差异有价值。此外，采用类似差别化战略的竞争对手很少、技术变革很快等都有利于企业采用差别化战略。

企业要成功地实施差别化战略，需要考虑价值链的活动、特殊类型的管理技能以及组织结构。

在价值链活动上，每一项活动中都存在创造差别化的可能性。企业需要根据市场的要求，考虑的突出哪一环节的差异化。常见的有以下几种：

1. 外部后勤活动

企业要考虑那些最终会影响最终产品的质量或者性能的采购活动。例如，麦当劳公司对从供应商那里购买的马铃薯有严格的产品标准，从而保证了炸薯条的质量，受到顾客的好评。

2. 产品研究与开发活动

这类活动的主要目的是改善产品的设计和性能特色，扩大产品的最终用途和应用范围，缩短开发新产品的提前期，提高回收能力，加强环境保护等。

3. 生产制造活动

这类活动的主要目的是减少产品缺陷，延长产品的寿命，提高产品使用的经济性，增加终端用户的方便，改善产品的外观。

4. 外部后勤和分销活动

这类活动的主要目的是加快交货，提高定单完成的准确性，减少仓库中和货架上的产品脱销现象。

5. 市场营销、销售和顾客服务活动

这类活动的主要目的是为顾客提供卓越的技术支持，加快维护及修理服务，增加和改善产品的信息，增加和改善为终端用户所提供的培训材料，改善信用条件，加快定单处理过程，增加频繁的销售访问次数，为客户提供更完善的服务。

在管理技能上，公司的管理者应当充分地掌握获得竞争优势的各种差别化途径，制定并实施有效的差别化战略。例如，企业需要具有从总体上提高某项经营业务的质量、树立产品形象、保持先进技术和建立完善分销渠道的能力。为实施这一战略，企业需要具有很强的研究开发与市场营销能力的管理人员。

在组织结构上，成功的差别化战略需要有良好的结构以协调各个职能领域，以及有能够确保激励员工创造性的激励体制和管理体制。在这里，企业的文化也是一个重要的因素。高技术的企业格外需要良好的创造性文化，鼓励技术人员大胆地创新。

（三）差别化战略存在的弱点

企业在实施差别化战略时，面临两种主要的风险：一是企业没有能够形成适当的差别化；二是在竞争对手的模仿和进攻下，行业的条件又发生了变化时，企业不能保持差别化。这第二种风险经常发生。

企业在保持差别化上，普遍存在着四种威胁：

1. 企业形成产品差别化的成本过高，大多数购买者难以承受产品的价格，企业也就难以盈利。竞争对手的产品价格降得很低时，企业即使控制其成本水平，购买者也会不再愿意为具有差别化的产品支付较高的价格。

2. 竞争对手可以推出类似的产品，降低企业产品差别化的特色。

3. 竞争对手推出更有差别化的产品，使得企业原有的购买者转向了竞争对手的市场。

4. 购买者不再需要本企业长期赖以生存的那些产品差别化的因素。例如，经过一段时间的销售，产品的质量不断提高，顾客对于电视机、录放机等家用电器产品的价格越来越敏感，这些产品差别化的重要性就降低了。

由于差别化与高市场份额有时是矛盾的，企业为了形成产品差别化，有时需要放弃获得较高市场份额的目标。同时，在进行差别化的过程中，企业需要进行广泛的研究开发、设计产品形象、选择高质量原材料和争取顾客等工作，代价是高昂的。最后，企业还应该认识到并不是所有的顾客都愿意或能够支付产品差别化后所形成的较高价格。

四、重点集中战略

重点集中战略是指企业把经营战略的重点放在一个特定目标市场上，为特定的地区或特定的购买者集团提供特殊的产品和服务的战略。

重点集中战略与前两个一般竞争战略不同。成本领先战略与差别化战略面向全行业，在整个行业的范围内进行活动。而重点集中战略则是围绕一个特定的目标进行密集性的生产经营活动，要求能够比竞争对手提供更为有效的服务。企业一旦选定了目标市场，便可以通过产品差别化或成本领先的方法，形成重点集中的战略。就是说，采用重点集中战略的企业，基本上就是特殊的差别化企业或特殊的成本领先企业。由于这类企业的规模较小，采用重点集中战略的企业往往不能同时进行差别化和成本领先的方法。如果采用重点集中战略的企业要实现成本领先，则可以在专用产品上或者复杂产品上建立自己的成本优势。这类产品难以进行标准化生产，也就不容易形成生产上的规模经济效益，因此也就难以具有经验曲线的优势。如果采用重点集中战略的企业要实行差别化，则可以运用所有差别化的方法去达到预期的目的。与差别化战略不同的是，采用重点集中战略的企业是在特定的目标市场中与实行差别化战略的企业进行竞争，而不在其他的细分市场上与其竞争对手进行竞争。在这方面，重点集中的企业由于其市场面小，可以更好地了解市场和顾客，提供更好的产品与服务。

（一）企业采用重点集中战略的动因

重点集中战略与前两个战略一样，可以防御行业中各种竞争力量。这种战略可以用来防御替代品的威胁，也可以针对竞争对手最薄弱的环节采取行动，从而使企业在本行业中获得高于一般水平的收益。

应当指出，企业实施重点集中战略，尽管能在其目标细分市场上保持一定的竞争优势，获得较高的市场份额。但由于其目标市场相对狭小，该企业的市场份额总体水平是较低的。重点集中战略在获得市场份额方面常存在着某些局限性。因此，企业选择重点集中战略时，应在产品获利能力和销售量之间进行权衡和取舍，有时还要在产品差别化与成本状况间进行权衡。

（二）重点集中战略的实施时机与条件

重点集中战略往往在下列情况下能够取得最好的效果：

1. 在目标小市场上，竞争对手很满足顾客在专业化或特殊性上的需求；

2. 企业拥有足够的资源和能力能有效服务于具体的目标小市场；

3. 目标小市场具有很好的成长潜力，而且足够大，企业可以再获得盈利；

4. 在目标小市场上，企业够凭借其建立起来的顾客忠实度，有效地防御行业中的挑战者。

一般来说，企业服务于目标小市场的专业化能力是其能够有效防御目标市场上五种竞争力量的基础。如果企业拥有了服务于该目标小市场的独特能力，就会形成一种有效的进入障碍，进入该目标细分市场就变得更加困难。因此，提高目标市场上的专业化水平可以阻止潜在的新进入者。同样，替代产品生产商要想进入这一小市场，也面临着上述专业化服务能力的障碍。对于购买者来说，由于他们不愿意转向那些不能如此满足自己期望和要求的厂商，从而在某种程度上削弱了讨价还价的能力。

企业实施重点集中战略的关键是选好战略目标小市场。一般的原则是，企业要尽可能地选择那些竞争对手最薄弱的目标和最不易受替代产品冲击的目标小市场。在选择之前，企业必须确认：

1. 购买者群体之间在需求上存在着差异；

2. 在企业的目标小市场上，没有其他竞争对手试图采取重点集中战略；

3. 企业的目标小市场在市场容量、成长速度、获利能力、竞争强度等方面具有相对的吸引力；

4. 本企业资源实力有限，不能追求更大的目标市场。

（三）重点集中战略存在的弱点

企业在实施重点集中战略时，可能会面临以下的风险：

1. 以较宽的市场为目标的竞争对手采取同样的重点集中战略；或者竞争对手从企业的目标市场中找到了可以再细分市场，并以此为目标来实施重点集中战略，从而使原来实施重点集中战略的企业失去了优势。

2. 由于技术进步、替代产品出现、价值观念更新、消费偏好变化等多方面的原因，目标小市场与总体市场之间在产品或服务的需求上差别变小，企业原来赖以形成重点集中战略的基础也就失掉效用。

3. 在较宽范围经营的竞争对手与采取重点集中战略的企业之间在成本差别上日益扩大，抵消了企业为目标市场服务的成本优势，或抵销了通过重点集中战略而取得的产品差别化，导致了企业重点集中战略的失效。

第二节　动态竞争战略

一、进攻战略

企业往往是通过自己的核心能力、资源优势和竞争能力，主动向竞争对手发起进攻，以此来获得自己的竞争优势。这些行动包括产生成本优势的行动产生差别化优势的行动以及产生资源或能力优势的行动。一般来讲，常见的进攻战略主要有攻坚战、侧翼进攻、全线出击、迂回进攻、抢先进攻、游击战等。

（一）攻坚战

攻坚战，就是企业凭借自己所拥有的卓越的资源和能力，瞄准竞争对手的优势，向竞争对手发起进攻，以求赶上或超过竞争对手。这是一个以己之长攻彼之长的竞争活动。常见的形式是企业打价格战。企业首先获得某种成本优势，然后通过以较低的价格但产品或服务的质量不变的策略，向竞争对手进行挑战。企业可以运用已有的成本优势，与竞争对手拼到底。如果企业的成本优势不足，但有足够的财务资源，也可以通过价格消耗战把竞争对手拖垮。

企业除了开发出某种成本优势以外，也可以通过开发出某种服务优势，开发出具有差别化特色的产品和服务，或者开发出独特的竞争能力等方面来打击竞争对手的优势。不过，企业要采取这种行动，必须在行动的成本与所获得的效益之间的做出抉择。如果企业不能通过这一行动而提高其盈利水平，不能增强其市场竞争地位，这种进攻行动就是不明智的。

（二）侧翼进攻

侧翼进攻，就是企业通过调研，寻找竞争对手的薄弱环节，并以此作为进攻的突破口，从而打击竞争对手，获得竞争优势。这是一个以己之长攻彼之短，寻找突破口的竞争活动。

企业采取这种进攻行动的形式可以是多样的。例如，企业可以关注市场份额与地理区域的分布，集中自己的资源，打击对手的薄弱环节，填补空白，夺取这些市场。企业也可以关注购买者群体，通过提供高质量的或具有特色的产品和服务，与竞争对手争夺顾客。此外，企业还可以通过有利的市场促销、推出新产品等活动来打击对手的不足之处。

(三) 全线出击

这是企业四面出击，八方进攻，分散竞争对手的注意力，打乱其阵脚的竞争活动。例如，企业在不同的地域上，采取如降价、加强广告力度、推出新产品、免费使用样品、店内促销、折扣等多种大规模的进攻行动，全面出击竞争对手，使之顾此失彼，最终处于崩溃的状态。

(四) 迂回进攻

迂回进攻，就是企业避免与竞争对手发生正面冲突，而采取周旋的竞争活动。此时，企业可以抓住那些没有被竞争对手占领或者竞争不够激烈的市场，改变竞争规则，使其对自己有利。例如，企业可以在竞争对手介入不深或者没有介入的市场上采取行动，建立自己的强大的市场地位；推出具有差别化的产品，更好地满足特定购买者的需要，创造一个新的细分市场；或者加速开发新一代的技术和产品。

(五) 抢先进攻

抢先进攻，是指企业率先采取行动，获得了独特的资源，使竞争对手处于被动地位，从而获取某种竞争优势。例如，快餐店抢占最佳的地理位置，在繁忙的交通线、新的购物中心、风景点等地布点，就可以获得先动优势。而竞争对手由于行动迟缓，延误了战机，又很难一段时间里跟进或复制这种行动，与企业已经形成的竞争优势抗衡，只能居末位。

(六) 游击战

游击战是“打一枪换一个地方”，出其不意地攻击竞争对手，有选择地获取市场份额等竞争优势。小企业由于有足够的资源向行业的领导者发起全面攻击，为此特别适合采取游击战。一般说来，企业可以通过多种方式发动游击战。例如，企业可以全力争取那些对主要竞争对手来说并不很重要的顾客；运用随机性降价等定价策略获取大宗订货或者争取竞争对手的关键客户；出其不意地采取一些临时而又集中的促销活动，以吸引那些如果不采取促销活动就会转向的顾客等等。

二、防御战略

企业选择防御战略的目的是要降低被竞争对手攻击的风险，减弱任何已有的竞争行动所产生的影响。一般来讲，防御战略通常不会提高企业的竞争优势，但它有助于保护企业最有价值的资源和能力，维护企业已有的竞争优势。在目标市场需求结构与增长没有多大的变化，企业沉淀在这个行业中的资本较大，并能取得持续稳定增长的盈利时，可以采取积极防御战略。

（一）防御战略的基本原则

需要进行防御的企业大致上有两类：一是行业领先企业，二是容易遭遇行业领先企业攻击的一般企业。对于行业领先企业来讲，竞争的威胁主要来源于产品和服务的差异化。而一般企业除了考虑差别化的问题以外，还要考虑低成本的问题。不管哪类企业，采用积极防御战略主要是为了保护具有领先优势的资源。从长远看来，无论是领先企业要保持领先地位，还是一般企业要提升竞争地位，其优势都是要谋求资源优势。没有有效的资源，企业就难以获得竞争优势。

不过，有时仅仅依靠单纯的防御是不能达到自己保护资源优势的目的，需要以攻为守，实行最有效的防御。因此，最好的防御战略一是要依靠低成本优势，提高自己的进攻能力；二是提高差异化优势，阻止挑战者的攻击机会。

（二）防御战略的形式

企业可以采用的防御战略有多种形式，最常用的防御战略方式有：

1. 堵塞进攻者的道路

企业可以堵塞进攻者道路的方式是多种多样的。例如，企业掌握先进技术，防止竞争对手以更好的技术发动进攻。企业还可以从企业外部的招聘新的员工，扩大或者加强企业在关键领域内的核心能力，战胜那些试图模仿其技巧和资源的竞争对手。企业也可以通过推出新的经营模式，延长产品线，降低成本等方式，堵住竞争对手可能进入的市场点或市场缺口。

当然，企业仅仅通过防御战略维持现状是不够的，必须能够对行业的变化作出迅速反应，利用先动优势，阻止竞争对手可能采取行动。

2. 向进攻者发出警告信号

企业可以向竞争对手发出警告信号，讲明如果他们敢于发起进攻，将会受到激烈的报复。这样做的目的是劝说竞争对手不要进攻，或者只采取威胁性小一些的行动。

企业对竞争对手发出的警告会包括：公开宣告企业的管理层将维持企业现有的市场份额；公开宣告企业将尽其最大地努力来满足而且可能会超过行业容量的预计增长；提前发布有关新产品、技术突破以及有关计划推出的重要新品牌的有关信息；公开宣告企业将执行能够与竞争对手的条件或价格相匹配的政策等。当竞争对手接收到这些信号时，要充分考虑自己的能力了。

三、先动优势与劣势

（一）先动优势

当企业选择适当的时机，率先成功地进入某个市场时，就会在某种程度上形成先动优势。例如，企业可以在企业形象与声誉、原材料、分销渠道、顾客忠实度等方面占有优势。具体讲，企业主要会形成以下几个方面的优势：

1. 经验曲线效应

先动的企业可以有较长时间积累相当的销售量，能够比竞争对手更早地降低生产成本；而且依靠自己的丰富经验，先动企业还可以采用价格策略来获得更多的利润，从而进一步增加产量，更加强成本优势。

2. 网络外部性效应

经济学中所说的网络外部性，是指产品购买者因为购买该产品所获得的利益会随着该产品的现有用户以及预期用户的增加而增加。例如，WPS办公软件的用户越多，他们就能更方便地在自己的同事与朋友中“遇到知音”，相互帮助。如果存在网络外部性，那么先入企业就能形成较大的客户基础，就会因为客户获得更大的利益而使自己获得相应的竞争优势。这种竞争优势又会进一步扩大企业与竞争对手的差距，使竞争优势进一步得到加强。

3. 购买者不确定性和品牌声誉效应

这一效应在销售经验型产品的过程中最为明显。所谓经验型产品，是指那种在购买和使用之前不能确定其质量的产品。在销售经验型产品的过程中，如果企业能够抢先树立起自身的质量信誉，它就会占有明显的先动优势，因为对某一品牌的产品有良好感觉的消费者很难轻易转向竞争性产品。一旦企业抢先树立了这种品牌声誉，它在吸引新顾客方面就有了优势，并且可以充分利用品牌的“保护伞”效应，不断扩大品牌的声誉和影响力。因此，企业如果能够将购买者的不确定性和品牌声誉效应两者结合起来，就会获得一种有效的“隔离机制”，促使其竞争优势不断地发展与巩固。

4. 购买者的转换成本效应

如果企业能够最先为顾客提供个性化的售后服务，并且顾客已经具有了使用其产品的技能，竞争对手又不能迅速模仿这种技能，那么，就出现了转换成本。这种转换成本也会给先动的企业带来很好的竞争优势。

（二）先动劣势

企业最先在市场上采取战略行动，可以获得先动优势；也可能因为孤军奋战，缺乏后续的资源，而导致先动劣势。

先动者的劣势主要表现为：

1. 缺乏必要的互补性资产

先动的企业可能因为缺少产品商品化所需要的互补性资产而不能获得竞争优势。

2. 赌注式投资

先动者在进入市场时，要投入大量资本。但经过一段时间实践以后，很有可能会发现所投入的资本并没有带来所预期的成功的产品或能力。

3. 技术变革迅速

过快的技术变革会使早期的投资很快地过时，造成后来者居上，使企业丢掉竞争优势。

4. 企业很难及早地形成顾客的忠实度

企业在最先进入市场时，由于种种原因，顾客在不断地观望与选择，没有能够形成真正的客户忠实度，反而给后来者铺平了道路，使他们比较容易地打开市场。

因此，企业在选择战略行动时，时机与资源对企业形成先动优势是同等重要的。

四、标杆学习

（一）标杆学习的概念

标杆学习是指企业以行业的领先企业或主要竞争对手的某项具有优势的活动作为基准，寻找差距，定出赶超策略，提高自己竞争力的活动。

（二）标杆学习的方式

标杆学习主要是从公开发表的行业报告、公司报告以及咨询公司等方面收集信息，来确定企业的特定职能和活动开展得是否有效，公司的成本是否与竞争对手的成本接近，需要改善哪些活动和流程等。

在学习过程中，价值链分析是非常关键的。一个企业的竞争力取决于他相对于竞争对手在价值链管理上的优秀程度。企业要将自己的价值链结构与竞争对手的价值链结构进行比较，从中发现彼此间的竞争优势与劣势，进而找出导致这种状况的因素。这种信息对于企业制定创造优势、消除劣势的战略是至关重要的。

例如，从成本上看，竞争企业之间可能会在三个主要领域上产生重大的差异，即行业价值链体系中的供应商部分，企业自己的活动部分，行业价值链体系的下游渠道部分。如果企业是由于行业价值链体系的上游部分或下游部分的缘故而缺乏竞争力，企业则需要不仅考虑内部的经营活动，而且要在企业外部建立自己的优势。这时，企业可以通过谈判，从供应商那里获得更有利的价格；或者进行后向整合，控制投入产品的成本。同样，企业可以通过再造业务流程和工作惯例，从而提高员工的生产率，提高关键活动的效率，提高公司资产的利用率等方式来解决企业内部价值链活动的问题。

第三节　互联网条件下的竞争战略

互联网与电子商务的出现，变换了市场的特性，产生了全新的驱动力，出现了新的成功的关键因素，改变了竞争的规则，孕育了新的战略群体，极大地影响了企业的竞争力。这说明网络经济为参与市场竞争的企业带来了全新的机遇和威胁，要求企业对此作出战略性反应，制定并实施新的战略。

一、互联网创立了新的观念

互联网为企业提供了一个虚拟世界。在这个世界中，许多战略理论建立的基础发生了重大的变化，导致了理论与实践上的重新思考。在互联网时代，企业需要充分考虑的因素有：

（一）打破旧的边界观念

由于市场一体化、相似替代、准智能化网络接口和持续增强的交叉弹性，地理方面的与心理方面的市场边界发生巨大变化，那些建立在行业进入障碍上的价值观念也难以维持。同时，由于不同市场之间界线的模糊，行业内各种创新的压力以及其他行业的创新压力，对顾客和竞争者作出一个评价并保持不变几乎是不可能的了。

（二）建立新的核心能力

时机、速度和一体化是互联网时代最关键的成功因素。因此，有竞争力的核心能力主要表现在学习能力、灵活性和反应能力。人力资本将会取代其他物质资本，成为成功的关键要素。

（三）形成柔性组织结构

知识和服务在全球范围内以电子流形式的移动，对传统的组织结构发生冲击，形成柔性更高，控制跨度更大，沟通路径更短的组织结构。

二、互联网改变了竞争环境

互联网与电子商务改变了传统的行业边界，使传统的竞争环境，特别是以地域为基础竞争环境发生了本质的变化。

（一）互联网加剧了不同地域间的竞争

互联网的兴起，使企业参与全球市场的竞争成为可能。特别是那些产品规格好、运输较为经济的企业更是如此。与传统零售方式相比，互联网为当代企业的零售活动提供了一个更为广阔的营销空间。地理区域对企业营销活动的限制越来越小，互联网所提供的虚拟的世界使得企业的产品可以在瞬间遍及全球各地市场。因此，互联网的兴起使得处于不同地域的企业之间的竞争日益加剧。

（二）互联网改变了行业的竞争力结构

行业内，电子商务价值链的许多活动可以外购，因此进入障碍较低。互联网可以使得企业能够在更广大的范围内找到最好的供应商，提高效率、降低成本。在线购买者可以对不同企业的产品、价格以及送货时间等方面进行比较，具有很强的讨价还价的能力。企业现有竞争对手采用了电子商务，以及新的从事电子商务的竞争者的进入，会使得行业内企业间的竞争日趋激化。因此，企业如果能够很好地利用互联网的特性，就能够企业赢得竞争优势。

（三）互联网重构了企业的价值链

由于电子商务的兴起，企业原有的价值链活动的结构也会发生变化。一些在传统商务条件下必要的价值活动的重要性减弱，甚至需要重新配置资源。因此，企业要按照网络经济运行的独特规律改变某些行为方式，去掉或省略一些不必要的活动，将有限资源配置到更需要的活动上。例如，电子商务使得企业营销的网络变得更直接、更广泛，能够“以互联网的速度”迅速行动，企业就需要改变传统的做法，以适应新的竞争的需要。

三、互联网改变了管理模式

企业应该认识到，互联网与电子商务的兴起，导致了竞争战略与管理模式的根本性变化，对企业的生存发展有着重大的影响，必须制定出新的适应电子商务的竞争战略。

表 4-2　　　　　　　　互联网条件下的商务模式

	传统方式	互联网方式
供应商	“保持安全距离”的关系： 电话、邮件、电子数据交换	电子联系： 电子支付、电子订单、发票以及付款的混合使用
企业	独立实体，单独的流程： 人工的和实时的信息交流的混合	企业联系的延伸，共享的流程： 实时信息交流顾客
顾客	与原厂家有一些沟通： 口头反映、电话访问的混合，信息复印件	与厂家有直接联系途径： 电子途径访问产品信息、信用等级和客户服务能力

在这种全新的商务模式下，企业战略必须做出相应的回应，才能在新的竞争性市场中赢得竞争优势。

三、互联网条件下的战略选择

互联网与电子商务的兴起，要求企业必须审时度势，制定并实施适应网络经济下的竞争的新战略。

（一）IT 系统集成供应链管理

传统上，企业努力在产品或服务上形成差别化，以获得竞争优势。在互联网条件下，品牌对顾客的作用正在减弱，价格优势也只有最具实力的企业才能长期维持。随着信息技术的发展与管理思维的创新，有效的供应链管理正在成为企业赢得竞争优势的重要源泉。

企业可以通过 IT 系统，优化其流通网络与分销渠道、减少库存量、加快库存周转来改进他们的供应链。同时，一个高效的供应链可以产生优良的顾客服务水准，最终也带给顾客更多的价值。企业必须采取创新的思维与方法，开发新的流程与系统，来改进供应链管理。

(二) 营销、沟通、服务一体化管理

在互联网技术的推动下，客户服务强调的是一个互动的客户服务理念和营销策略。随着互联网技术的发展，企业的营销网络得到了更深层次的拓展，并且具有了虚拟化、层次简单化、低成本、更强的价格灵活性，可以给客户提供更多产品和服务信息。因此，在互联网条件下，企业要提供一个完善的营销服务网络，实现自己的最优价值。

企业要实现营销、沟通、服务一体化管理，既要面向内部生产制造和管理，又要面向客户和市场，可以采取以下策略：

(1) 进行充分的市场调研和可行性分析，了解客户需求，最大限度为客户提供个性化的服务；最大限度的扩展营销网络覆盖面，提供多种与客户的互动方式；

(2) 实现运营系统的信息化，将新技术和现有业务紧密集成，将企业信息环境的紧密集成，加快信息流通速度，进一步发挥现有信息和资源的作用。

(3) 加强客户信息资源深度开发和利用，为企业创新和内部决策管理提供有力支持。

总之，通过网络化、电子化多种渠道，企业可全面观察其外部的客户资源，使企业的管理全面走向信息化。企业将按照网络经济运行的独特规律改变某些行为方式，去掉或省略一些不必要的活动。

本章小结

本章阐述了一般竞争战略与动态竞争战略。一般竞争战略，是指无论是在什么类型的行业里企业都可以采用的竞争性战略。美国哈佛商学院著名的战略管理学家迈克尔·波特在其 1980 年出版的《竞争战略》一书中，提出三种一般竞争战略，即成本领先战略、差别化战略和重点集中战略。企业在采用这三种战略的动机以及实施时机与条件上是不一样的。同时，还要注意这三种一般战略都有一定的缺陷。在动态竞争战略中，主要是进攻战略与防御战略。所谓进攻战略是企业通过自己的核心能力、资源优势和竞争能力，主动向竞争对手发起进攻，以此来获得自己的竞争优势。这些行动包括产生成本优势的行动、产生差别化优势的行动以及产生资源或能力优势的行动。一般来讲，常见的进攻战略主要有攻坚战、侧翼进攻、全线出击、迂回进攻、抢先进攻、游击战等。而企业选择防御战略，其目的是要降低被竞争对手攻击的风险，减弱任何已有的竞争行动所产生的影响。一般来讲，防御战略通常不会提高企业的竞争优势，但它有助于保护企业最有价值的资源和能力，维护企业已有的竞争优势。

企业在采用动态战略时，要注意到先动优势与劣势，以及标杆学习的问题。所谓先动优势，是指当企业选择适当的时机，率先成功地进入某个市场时，就会在某种程度上形成竞争优势。例如，企业可以在企业形象与声誉、原材料、分销渠道、顾客忠实度等方面占有优势。但是，由于战略行动实施不当，企业非但没有获得先动优势，反而会导致劣势。

标杆学习也是一种竞争战略，是指针企业以行业的领先企业或主要竞争对手的某项具有优势的活动作为基准，寻找差距，定出赶超策略，提高自己竞争力的活动。在学习过程中，价值链分析是非常关键的。

互联网与电子商务的出现，变换了市场的特性，产生了全新的驱动力，出现了新的成功的关键因素，改变了竞争的规则，孕育了新的战略群体，极大地影响了企业的竞争力。企业应该认识到，互联网与电子商务的兴起，导致了竞争战略与管理模式的根本性变化，对企业的生存发展有着重大的影响，必须制定出新的适应电子商务的竞争战略。

本章重点概念

竞争战略　低成本战略　差别化战略　重点集中战略　进攻战略　防御战略　先动优势　先动劣势　标杆学习

思考题

1. 探讨低成本战略的使用条件与不足。
2. 探讨差别化战略的使用条件与不足。
3. 探讨重点集中战略的使用条件与不足。
4. 采用各种进攻战略的条件与目的是什么？
5. 防御战略的目的是什么？如何运用？
6. 企业如何获得先动优势？如何避免先动劣势？
7. 根据企业自身的情况，确定标杆学习的方法。
8. 互联网如何影响传统的竞争战略，如何改进？

案例分析题

东来顺（1999）

北京“东来顺”饭庄建于光绪二十九年（1903年），是一个具有近百年悠久历史的中华老字号，以经营“涮羊肉”而享誉中外，多次荣获各种国内外烹饪大奖，人称“中华第一涮”。人们来到北京，都以能够品尝到“东来顺”的涮羊肉为一大快事。1988年9月，以东来顺饭庄为主体，组建了北京东安饮食公司，隶属东安集团。

为了进一步扩大中华老字号的影响，增加企业效益，早在1987年，东来顺就开始在外地设立分店，结束了“独此一家，别无分号”的历史。1987 年到 1995 年，北京东安饮食公司先后在全国开了 30 多家分店。但由于当时只开不管，各家分店在经营上各自为战，质量上无法保证，规模效益发挥不出来，亏损严重。到 1995 年为止，该公司只收到 80 多万元的牌匾费，不到应收款的 30%，贷款、亏损、挂账高达 1250 多万元。此外，品牌美誉度下降，很多传统菜品逐渐消失；职工拿的是固定的工资额度，人员素质差，人心涣散，士气不振，吃大锅饭现象严重；管理没有形成制度化、规范化、标准化。

1996 年，东来顺的新任总经理胡沛立对企业进行了改革，通过分析企业的优势和劣势，建立了新的管理、营销策略，取得了很好的效果。特别是在特许经营方面的成绩更加突出，四年来，在全国 21 个省市、自治区发展了 90 多家直营分店和特许加盟连锁店，实现营业收入 4.5 亿元，既提高了东来顺无形资产的含金量，又盘活了社会上的有形资产。

一、市场背景

餐饮市场变化快。我国餐饮市场的增长速度为年均 16%，发展势头较好。北京的餐饮业发展也很迅速，其特点是：大众化餐饮呈上升趋势，小吃、快餐、家常菜走俏；经营特色更加突出，顾客吃名牌食品的品牌意识明显增强；外卖业务发展迅速，成品、半成品、方便食品、速冻食品、超市食品等餐桌食品迅速增加；餐饮方式变化明显，生日、祝寿、团聚、宴请等餐饮走出家庭。餐饮食品逐渐走向休闲化、便捷化、商品化、社会化。

快餐业发展迅速。近年来，各地政府、各企事业单位都把发展餐饮业作为新的经济增长点加以扶植。特别是中式快餐业的《中国快餐业发展纲要》出台以后，确定了中餐产品标准化、生产工厂化、连锁规范化和管理科学化的发展方向，加快了快餐业的发展。快餐业以价位低、品种全、风味多、变化快、对胃口等特点，在餐饮市场中持强劲的发展势头。据有关方面统计，1998 年，我国快餐业网点比 1997 年增加了 7%，营业额增长了 20%左右，发展速度均高于餐饮业整体增长幅度。

竞争激烈。外国餐饮业陆续打入中国市场，与中国餐饮形成了两大竞争阵营，从而大大促进中国餐饮业由数量型向质量型、由品种型向品牌型的转变，多元化、多成分、多业态的发展趋势，进入了一个新的发展阶段。

竞争对手情况。餐饮业的快速发展，同业竞争对手越来越强。东来顺饭庄通过有关信息了解到：1998年，经中国农科院专家长达8年研究，利用澳大利亚多赛特羊与中国小尾寒羊杂交，已培育出质量上乘的“兴绿原羊”，并以现代化科学管理方式大规模生产经营。2000年，能仁居、华北楼、蜀王等饭店等已开始使用此品种的羊肉。此外，小包装标准化的羊肉卷、羊肉片、羊肉串、羊肉丸子等系列产品已进入百盛、万方、天客隆等超市。最近，有关方面又报出消息：原“四季青人民公社”又引进、养殖了产自南非的世界优良品种“布尔羊”，两三年之内将在市场上出现。此羊生长期短，半年就可达到四五十斤，产肉比例高，容易饲养，且对自然生态没有破坏作用，很容易在北京周边地区发展。这些都直接给东来顺带来了威胁。

老字号企业内部普遍存在的问题有：观念保守，思维老化，认为传统的东西不能变，一变就会失去本色，不能适应目前市场的需求；经验化、人情化管理，导致工作效率低，管理不到位；企业负担重，许多老字号是国有企业，人员、设备老化，缺乏市场竞争力；机制比较死，还存在着吃大锅饭的问题。

二、战略实施

1996年，以总经理胡沛立组成的新的领导班子通过对公司优劣势的分析认为，应充分利用东来顺的品牌、老厨师的技术和拥有多种传统菜品的优势进行具有东来顺特色的经营，“以软投入实现硬效益”。具体如下：

全方位进行商标注册。公司把“东来顺”商标由东来顺饭庄注册改为由公司注册，从法律上界清和规范了无形资产的所有权；先后投资40万元增加了羊肉加工、专用火锅、佐料、服务、企业名称和公司标识等11项商标注册；在马德里协定46国、美国、日本等共50多个国家和地区进行了商标注册。

变更了公司名称。新公司命名为北京东安饮食公司北京东来顺连锁总部。取消了东来顺所属各企业的法人资格，变两级法人为公司一级法人，所属企业的营业执照由原来的企业法人营业执照变为非企业法人营业执照，企业负责人为委托法人负责制。胡沛立介绍说，此招是一些大企业应该学习的好招数。比如，如果总公司以下有10家公司，各家都是企业法人，单独合算的话，5家挣钱，5家赔钱，挣钱的5家公司就要缴纳企业所得税。这样，总公司可能并没有挣钱，还白白损失了所得税款。合并后，因为是财务统一合算，企业就比较合理地解决了这个问题。

制定了《选定东来顺羊肉坯加工基地的有关规定》和《东来顺羊肉坯质量标准》。同时，公司走遍了历史上出产东来顺用羊的内蒙古草原，确定了惟一的羊肉基地。这种来自非疫区的羊，宰前经过检疫，宰后再经过检验，并专请有资格的阿訇主刀屠宰，严格按照伊斯兰生活食用标准加工，质量严格把关。

建立了东来顺羊肉基地，保证主要原材料的供应。东来顺对羊肉的质量，从羊的产地、种类、羊龄到用肉部位，都有严格的规定。用于切涮羊肉的羊，产自内蒙西林格勒盟的东乌旗、西乌旗的黑头白羊。这种羊是一种肉毛兼用羊，不仅产毛好，肉质也好。一只羊身上能用做涮羊肉用的只限于上脑、磨裆、大三岔、小三岔等5个部位，都是羊身上比较细嫩可口、切出肉片色彩鲜艳的地方，占净肉的35%～40%。

建立了东来顺火锅生产基地，生产专用火锅。火锅是展现东来顺涮羊肉风采的最佳用具，高效、美观、耐用、火旺是火锅的主要特点。1996年，总部建立了东来顺火锅加盟厂，专门为东来顺生产专用火锅，保证了连锁店的需要。同时，承接了旧火锅的维修与翻新。

建立了糖蒜生产基地，坚持传统工艺。随着东来顺连锁事业的发展，原有的大蒜基地产量有限，加之传统腌制工艺复杂，使供需矛盾十分突出。但总部在场地有限、人员紧张的情况下，坚决不到外面采购。近两年，总部根据连锁店的需求，克服种种困难，一方面扩大原有基地的种植面积，一方面寻找新的生产基地，不仅保持了传统腌制糖蒜的 20 多道工艺，而且使糖蒜产量翻了两番。

建立了东来顺调味品生产基地，开发经营空间。过去，东来顺用的麻酱、韭菜花等辅料，都是从生产厂家购进的。近两年，总部与食品工业联合，成立了东来顺调味品厂，自己研制、生产了具有东来顺特色的麻酱、韭菜花、酱油、果醋、腐乳、各种调味辣酱、肥牛调料和烧烤涮调料等调味品，还生产了东来顺矿泉水、牙签肉、羊肉串、糖蒜等，配送品种已达 40 多种。最近，又自制了“东来顺涮肥牛海鲜调料”，并在市场上推出。

建立了东来顺肥牛生产基地。近年来，随着人们生活水平的提高、习惯的改变和国内外交流的加强，肥牛火锅在北京及全国餐饮市场越来越被看好。东来顺连锁总部经过市场调研和实地勘察，在华北地区寻找了一家实力较强、牛源好、质量好、工艺精的生产厂家作为肥牛生产基地，为消费者增加了涮锅品种，受到了广大顾客的欢迎。

恢复与创新。主打产品涮羊肉恢复传统的标准。过去在一段时间里，一些下属分店为了降低成本，将原来的口蘑汤变成白水汤，现在要求所有下属企业都不能擅自改变原来的风味。并且恢复了一些深受顾客欢迎的小吃，如奶油炸糕、炸羊尾等。在恢复的同时鼓励创新，在观念上要做到跟时代合拍，鼓励创新一些符合现在顾客喜爱的创新菜。从 1996 年以来，东来顺恢复菜品小吃 50 多种，创新品种 1000 多种。在这些创新菜中得到顾客认可和满意的有 300 多个，如宫爆豆腐、铁板黄鱼、麻辣鸡块、翡翠尤鱼、生扒羊肉、蒜香鸭、菜胆鲍鱼翅、炸虾塔等，都很受欢迎。1997 年，17 种菜点被评为北京市名菜名点。

1999 年，根据总公司的发展品牌战略，配送部积极开发新产品，相继推出了东来顺普通型羊肉坯、羊杂系列和肥牛系列。最近，又适时推出了“普通小包装羊肉片”，得到了京城百姓的认可，仅一个月的时间，就销售了 2 万盒。同时，还与食品工业、煤炭工业联合，生产了“东来顺矿泉水”、“东来顺酱油”、“东来顺涮肥牛海鲜调料”、“东来顺粉条”等。

积极发展商业网点，扩大市场份额。为让东来顺的食品走进广大消费者的家庭，配送部还改变经营作风，主动走出去，开发了 80 多个商业网点，让东来顺的袋装食品、半成品走进京城的千家万户，并在双安、华堂等大商场设立了“当时切、回家涮”的现场展卖活动。这几年，配送部的销售额每年以 30% 的速度递增，成为了公司主要的效益增长点。

三、特许经营

随着全球经济一体化、特许经营作为一种较为科学的经营组织形式在营销中占有越来越重要的地位，发展速度迅猛，并已发展成为多行业、市场化、国际化的趋势。在美国的社会零售总额中，有近半数的零售额是通过特许经营方式实现的。餐饮行业是我国较早采用特许经营方式的企业，百年老店东来顺的特许经营较有特色。

公司在原有规章制度的基础上，根据规范管理和连锁发展的需要，编写了一部 27 万字的《管理指南》、《东来顺羊肉坯质量标准》、《员工手册》、《服务工作细则》、《服务程序》、《东来顺清真菜食谱》等，还录制了《餐厅服务行为准则》录像带，为企业实行规范化、科学化管理奠定了基础。

成立东来顺连锁总部。设立了 4 个中心：服务开发中心、配送中心、培训中心和信息中心，总部通过这 4 个中心向连锁店进行管理与提供服务。同时，确定了加盟连锁店的发展程序为：申请加盟、实地考察、签订合同、筹备开业和开业等 5 个步骤。

发展特许连锁经营，实质上就是利用名牌再去复制一个名牌，使名牌形成规模。有了名牌的规模经营，就能产生名牌的规模效益。

过去，东来顺开办分店失败的原因有多种，但其中一个主要原因就是只开不管。成立连锁总部后，首先在连锁经营中实行

"八统一"。凡加盟东来顺的企业，都要严格实行"八统一"的管理原则，即：统一牌匾、标志，统一羊肉坯、调料等原材料，统一服装及员工上岗卡，统一装修风格，统一餐具用具，统一服务规范，统一员工培训，统一广告宣传及促销形式。其次，采取了四项主要措施拉近与加盟店的联系：一是适应市场需求，为连锁店提供满意及时服务。配送中心打破旧框框，取消节假日、休息日，提出了"全年如一日"的工作标准，只要连锁店需要，都及时、准确、完好地把货送到，并免收服务费。二是定期召开连锁工作大会，评选先进连锁店，交流经验，切磋技艺，展示东来顺成果和配送品种；三是经常委派专人到连锁店进行走访、检查，强化总部与加强对连锁店的联络，提供信息、提供技术指导、提供无偿和有偿服务，帮助连锁店解决经营、技术上的困难和问题，帮助培训技术人员。同时，保证加盟连锁店的经营利益，千方百计降低费用，降低主要原材料成本。

目前，东来顺的加盟店基本都是盈利店。全国有30多家每年营业额在1000万元以上的店。唐山的一家投资400多万元的加盟店当年就收回了投资。东来顺现在正在研究"加盟店投资失败，总店赔付"的计划。

四、存在问题

从1996年以来，东来顺在发展特许经营的带动下，取得了很好的成绩，但同时也存在着需要亟待解决的问题。例如，有部分加盟连锁店为增加盈利，不完全使用总部配送的羊肉。全国假东来顺有几千家，有的还受到地方保护，法律意识淡漠，打假很难。企业机制没有很大改变，管理靠"感情凝聚"，工资水平一般，不能吸引高级人才。员工是企业的主人无从体现，比如企业很多项目是通过银行贷款才能运作的，还款人是企业职工，但企业职工根本没有股份。人员素质虽有所提高，但总体水平较低。

（资料来源：张辉，《中国经营报》2001.08.28）

复习思考题

东来顺公司在做了战略调整以后，得到了进一步的发展。需要根据案例中提供的基本情况和饮食行业的竞争情况，结合本章的内容，分析该公司的战略决策、应该采用的战略，以及需要进一步解决的问题。

不同行业的竞争战略

本章重点

- 了解新兴行业、成熟行业、衰退行业以及分散行业的特点
- 掌握新兴行业、成熟行业、衰退行业以及分散行业战略选择的模式
- 了解各种投资战略的概念
- 掌握各种投资战略的运用条件

引 言

行业是企业竞争的重要环境。企业在制定竞争战略时，要考虑自己生产经营所在行业所处的寿命周期阶段、行业的结构、

行业中五种竞争力量的状况、行业的驱动因素以及竞争的范围等因素。因此，企业在选择了一般竞争战略以后，还要根据自己行业的特色，考虑如何面对行业中的竞争对手，扩大自己的竞争优势。

第一节　新兴行业中的竞争战略

新兴行业是随着技术创新，消费者出现新的需求，以及促使新产品和潜在经营机会产生的经济和社会的变化而形成的行业。也就是说，新兴行业是由先驱性企业创造出来的行业。

一、新兴行业的特点

（一）技术与战略的不确定性

在新兴行业中，企业的生产技术还不成熟，还有待于继续创新与完善。同时，企业的生产和经营也还没有形成一整套的方法和规程，哪种产品结构最佳、哪种生产技术最有效率等都还没有明确的结论。此外，不同的新兴行业在环境结构上也存在着不同的差别。

企业技术的不确定性，导致了战略的不确定性。在新兴行业中，各企业在技术和战略上都处于一种探索阶段，表现为新兴行业时期的多变性，从而在战略选择上也是多种多样的。各企业的产品或市场定位、营销、服务方式都表现出这一特点。

从具体的经营活动来看，新兴行业生产规模小，但生产成本高。随着生产规模的扩大，经验的积累，生产组织的日趋合理化以及规模经济的形成，成本才会下降。同时，企业缺乏制定战略所必需的信息。例如，企业不了解竞争对手的数目、竞争对手的分布状况、其优势和劣势状态、购买者的需求偏好和规模，以及市场成长的速度和将实现的市场规模等。在相当一段时间里，该新兴行业的参与者只能在探索中寻找适当的战略与成功的机会。

（二）行业发展的风险性

在新兴行业中，许多顾客都是新购买者。在这种情况下，市场营销的中心活动是诱导他们的初始购买行为，避免顾客在产品的技术和功能等方面与竞争对手的产品发生混淆。同时，还有许多潜在顾客对新兴的行业的产品和服务持观望等待的态度，期望第二代或第三代技术能迅速发展，取代现有产品和服务。顾客们也等待产品的成熟与技术和设计方面的标准化，进一步降低销售价格。因此，新兴行业的发展具有一定的风险性。

二、新兴行业中公司面临的关键问题和挑战

（一）面临的关键问题

新兴行业中的企业多面临两个关键问题：(1)如何为业务的初创和初始运作筹集资金；(2)要获取并确保市场领导地位，企业应该瞄准哪些细分市场和竞争优势。

（二）面临的挑战

在新兴行业力，企业多面临一些特殊的挑战：

1. 企业所在的市场是新的、尚未成型，因此，其行业的运作方式、行业的成长速度以及行业的未来容量和规模有很多的不确定性。企业必须竭尽全力获取有关竞争对手、购买者对产品的接受速度以及用户对产品的经验等方面的信息。

2. 多数技术诀窍是企业在内部开发出来的，通常是专有的、受到严密的保护，以获得和保护竞争优势。

3. 几种相互之间存在竞争的技术哪一种将获胜、哪些产品属性将获得购买者最大限度的青睐，这些问题也是不确定的。

在市场力量将这些因素确定之前，各企业间的产品质量和性能一般都存在很大的差异。为此，企业竞争的核心是拼命使顾客认可自己的技术、产品设计、市场营销和分销等方面的战略活动。

4. 新兴行业进入壁垒一般比较低。如果行业有着快速增长的前景，那些具有很强财务资源、到处寻求机会的行业外的企业很可能要进入该行业，分享行业利润。

5. 很多潜在的购买者期望第一代产品能够得到很快的改善，所以他们会将购买延迟到该产品与服务所涉及的技术或产品设计更为成熟的时候。

6. 由于行业过新，行业生产链上的各项活动都会具有不确定性，就会直接影响到企业价值链上的其他活动。例如，在供应商没有增加生产能力满足行业需求之前，企业很难保证能够得到足够的原材料和零配件供应。

三、行业的战略选择

在新兴行业中，企业的战略选择必须与技术的不确定性和行业发展的风险性相适应。在该行业中，由于不存在公认的竞争对策原则、尚未形成稳定的结构、竞争对手难以确定等因素，都使得行业发展的新兴阶段成为战略自由度最大、战略影响程度最高的阶段。企业要利用这一特点，做出正确的战略选择，巩固和提高自己的竞争地位。企业在战略选择方面应该考虑：

（一）促进行业结构形成

在新兴行业的战略问题上，企业首先要考虑是否有能力促进行业结构趋于稳定并成型。这种战略选择使企业能够在产品策略、营销方法以及价格策略等领域建立一套有利于自身发展的竞争原则，从而有利于企业建立其长远的行业地位。

（二）改变供应商和销售渠道

随着行业规模的增长，新兴行业中的企业必须在战略上准备对付供应商和销售渠道可能出现的方向性转移。例如，供应商可能越来越趋向于满足行业的特殊需求，而销售渠道可能对一体化感兴趣等。这些方向性的转移，会在很大程度上使企业改变战略。

（三）正确对待行业发展的外差因素

所谓外差因素，是指企业效率与社会效率之间的不一致。在新兴行业中，关键问题是企业必须在行业所倡导的事物与企业所追求的自身利益之间寻求平衡。企业的整体形象、声誉、与其他行业的关系、行业吸引力、行业与政府以及金融界的关系等等都和企业的经营状况息息相关。行业内企业的发展，离不开与其他同类企业的协调以及整个行业的发展。企业为了行业整体利益，有时需要放弃暂时的自身利益。

（四）适应转变的流动性障碍

在新兴行业结构中，流动性障碍表现为获得适当的技术水平、销售渠道、低成本和高质量的原材料以及与机会相当的风险等方面的障碍。这些流动性障碍会随着产业规模的成长和技术的成熟，而迅速地发生结构性的变化。这种变化对企业最明显的影响是，企业必须寻求新的方法来维持其行业地位，而不能固守过去获得成功的优势。

（五）适当的进入时机

企业何时进入新兴行业是一个风险问题。一般说来，在具有以下特征时，企业进入新行业较为适宜：

1. 在企业的形象和声誉对该行业产品的购买者至关重要时，最先进入的企业可以提高企业自身的形象和声誉；

2. 经验曲线在该经营领域作用重大，先进入的企业所创造的经验使后进入者不易模仿；

3．先进入者可以优先将产品卖给第一批买者，可赢得顾客忠诚；

4．对于原材料供应商和销售商的优先承诺，可以使企业获得成本优势。

但是，最先进入的企业又往往面临巨大风险。例如，初期的竞争和市场细分可能会与行业发展成熟后的情况不同，企业在技术结构与产品结构等方面如果投资过大，在转变时就要付出高额的调整费用。技术变更也会使先进入者的投资过时，而后来的企业则可能拥有最新的技术和产品。当然，企业进入的行业必须是有吸引力的行业，即行业的最终结构将有利于企业获得超出平均收益水平的利润，同时使企业能够获得长期巩固的市场地位。

第二节　成熟行业中的竞争战略

正如产品存在寿命周期规律那样，行业也存在一个由迅速成长时期转变为增长缓慢的成熟时期的过程。行业成熟使得竞争环境和方式发生了变化，开始出现并购与国际化竞争的趋势。

一、正在成熟的行业的特点

随着行业由新兴逐步走向成熟，行业的竞争环境也会出现一些基本的变化：

（一）低速增长导致竞争加剧

由于行业不能保持过去的增长速度，市场需求有限，企业一方面保持自身原有市场份额，同时将注意力转向争夺其他企业的市场份额。这样，在向成熟转变过程中，行业内部形成两方面的竞争：一是众多企业对缓慢增长的新需求与新竞争，二是企业相互之间对现有市场份额的竞争。企业将根据自己的实力，要求对市场份额进行重新分配。

（二）注重成本和服务上的竞争

由于行业缓慢增长，技术更加成熟，购买者对企业产品的选择越来越取决于企业所提供的产品的价格与服务的组合。此外，在成本竞争的压力下，企业要增加投资，购买更加先进的设备。

（三）裁减过剩的生产能力

行业低速增长，企业的生产能力缓慢增加，有可能产生过剩的生产能力，企业需要在行业成熟期中裁减一定的设备和人力。

（四）研究开发、生产、营销发生变化

在成熟行业中，企业面对所出现的更为激烈的市场竞争、更为成熟的技术、更为复杂的购买。此时，购买者变得更加精明复杂，对各个相互竞争的品牌更加熟悉，能够更好地评价各个不同的品牌，逐步增强了他们讨价还价的能力。因此，企业必须在供、产、销等方面进行调整，将原来适应高速增长时期的经营方式调整为与缓慢增长相协调的经营方式。

（五）行业竞争趋向国际化

技术成熟、产品标准化以及寻求低成本战略等需求使企业竞相投资于具有经营资源优势的国家和地区，从事全球性的生产和经营活动。同时，在成熟行业中，企业所面临的国内需求增长缓慢而且趋于饱和。在竞争的压力下，企业转向经济发展不平衡、行业演变尚未进入成熟期的国家。在这种情况下，竞争的国际化便不可避免。

（六）企业间的兼并和收购增多

在成熟的行业中，一些企业利用自己的优势，兼并与收购，形成行业集团。同时，这种行业也迫使一些企业退出该经营领域。伴随着行业的不断成熟，即使是强有力的竞争企业也常因战略与环境的不适应而遭到淘汰。所有这些变化都迫使企业重

新审视其经营战略，进行战略调整和转移。

二、行业的战略选择

处于正在走向成熟行业中的公司，必须针对这一行业中的独特特点，审时度势，制定并实施能够培养并巩固竞争优势的战略。

（一）缩减产品系列

在以价格竞争为主要手段、以市场份额为目标的成熟行业里，必须对原有产品系列结构进行调整。公司要缩减利润率低的产品，将生产和经营能力集中到利润高或者有竞争优势的产品上。

（二）加速创新

随着行业的发展成熟，企业要注意以生产为中心的技术创新。通过创新，企业推出低成本的产品设计、更为经济的生产方法和营销方式，力争在买方价格意识日益增强的市场中具有独特的竞争能力。

（三）降低成本

价格竞争激烈是成熟行业的基本特征。为了获得低成本优势，公司在竞争中可通过多种途径，如从供应商那里获得更优惠的供应价、使用更低廉的零部件、采用更经济的产品设计方案、提高生产和销售的效率以及削减管理费用等方法。

（四）提高现有顾客的购买量

在成熟行业中，企业很难通过争取竞争对手的方式，扩大自身的销售量。在这种情况下，公司应采取更好的促销手段，提高自己现有顾客的购买数量。同时企业也应该开拓新的细分市场，以扩大顾客的购买规模。

（五）发展国际化经营

当国内行业已经成熟时，公司应谋求国际化经营。原因在于：

1. 同一行业在各国的发展是不平衡的，在一国处于成熟期的行业，可能在其他国家正处于迅速成长期；

2. 进行国际化经营，可以充分利用各国的经营资源，使自己的生产经营更为经济；

3. 进行国际化经营，可以避免饱和市场上的激烈竞争。另一方面应该认识到，随着国际化经营的展开，行业内的国内竞争也会形成国际化的竞争。行业内公司开始争夺海外市场，同时开展与该市场所在国公司的竞争。

总之，公司应当根据行业具体情况和自身的优势与劣势，选择上述其中一种或几种战略形式。同时，公司自身也要注意运用战略的难点。不要为短期利益而牺牲长远利益，不要为了一时销售额增长而做出过分的投资，要对削减价格作积极反应，要在需求出现停滞时减少生产能力等。不过，公司所面临的最危险的战略难点是，不能做出明确的战略选择，在成本领先、差别化和重点集中战略之间徘徊，使自身丧失竞争优势。

第三节　衰退行业中的经营战略

许多行业迟早会进入衰退阶段。在这个阶段上，行业的总体市场需求低于经济增长，开始缩小。企业的产品需求也开始减少，利润开始下滑。

一、衰退行业的特点

总体上看，这种行业竞争结构发生的变化呈现出以下特点：

（一）衰退原因多样化

可以说导致行业衰退的原因多种多样。常见的主要有：

1. 技术替代

新技术和新工艺代替了落后的技术和工艺，导致顾客对传统需求的衰退。

2. 需求转移

消费者偏好发生转移，从而引起行业的衰退。

3. 人口因素

人口发生变化时，由人口因素引起的某一行业的衰退，也必然会对其上游行业需求发生影响。

（二）衰退的方式和速度不确定

企业对未来需求继续衰退的估计，存在不确定性。如果企业认为需求可能回升，将会继续保持其市场地位，继续在该行业中经营。如果企业确信该行业将继续衰退，则要转移其生产能力，有步骤地退出该行业领域。有时，由于衰退缓慢，又被某些短期因素干扰，企业很难估计未来的衰退状况。同时，企业也难以判断行业是平稳地衰退，还是由经济的周期性波动造成的短期现象，从而难以采取适当战略。

（三）形成新的需求结构

在行业总体衰退的情况下，企业原有的一个或几个细分市场需求可能会保持不变。甚至由于其他细分市场的变化，导致这些细分市场的需求有所增加。因此，在衰退行业中，企业应当选择具有吸引力的细分市场，从而获得竞争优势。

（四）退出障碍的影响

衰退行业也存在退出障碍，会迫使经营不佳的企业继续留在行业中从事生产经营活动。在考虑推出时，要妥善处理与退出障碍有关的事宜。

二、行业的战略选择

在衰退行业中，企业可以选择的战略有：

（一）定位战略

在衰退行业中，企业要找寻能够生存与发展地细分市场甚至是更细分地市场，集中资源占领或垄断该细分市场，获得竞争优势。

（二）领先战略

在衰退行业中，企业通过提高产品质量，增加销售规模，在质量和成本上形成领先战略，建立差别化优势。

（三）回收战略

企业在考虑退出衰退行业时，可以通过削减新投资，减少现有设备，压缩销售渠道等方法实现回收战略，收回大量资金。

（四）放弃战略

在衰退加剧的行业里，企业应该考虑及早出售经营不善的单位或整体退出，以收回其投资。何时放弃其经营单位，取决于企业对未来需求的估计。

三、衰退行业中的战略主题

一般来说，那些在衰退行业中取得成功的企业所采取的战略主题有下面三个：

（一）充分利用和挖掘正在成长的细分市场

停止或衰退的市场与其他各类市场一样，也包括众多的细分市场或小的市场点。虽然整个行业可能已经处于停止状态，但其中一个或多个细分市场也会快速地增长。企业要能够捕捉到这些有吸引力的成长细分市场，避免销售和利润的停滞，并且在目标市场上获得竞争优势。

（二）通过改善质量和革新产品形成差别化

不管是改善的质量，还是革新，企业都可以通过创造新的细分市场，使需求恢复活力。企业的这种成功除了可以在价格方面与竞争对手竞争以外，主要是形成竞争对手难以模仿差别化，从而获得另一种竞争优势。

（三）不懈地追求降低成本

如果企业不能通过增加销量来增加收益的话，企业则要不断地提高生产率和降低成本，以提高利润和投资回报率。企业可以采取的降低成本的行动包括：

1. 积极寻求便宜的外部资源；

2. 对内部的业务流程进行重新设计；

3. 合并没有被充分利用的生产能力，保证低成本生产所需要的单位产量；

4. 增加更多的销售渠道，关闭低销量和高成本分销点；

5. 砍掉价值链中盈利很薄的活动。

这三个战略主题并不相互排斥。推出新的革新性的产品型号可能会创造一个快速增长的细分市场。同样地，不懈地追求提高经营和运作的效率可以降低成本，唤回那些对价格很敏感的顾客。

需要指出的是，在停滞或衰落市场上企业所犯的最常见的错误有：

1. 陷于无利可图的消耗战之中；

2. 从业务之中太多太快地抽走现金流，影响了发展；

3. 对行业的未来过于乐观，还在不断地投资，是的企业在不久的将来陷于困境。

第四节　分散行业中的竞争战略

分散行业是指由大量中小型企业组成，竞争力量分散的行业。在这种行业中，企业的市场占有率没有明显优势，既不存在规模经济，也没有一个企业能够对行业的运行发生影响。

一、行业分散的原因

一个行业成为分散行业的原因很多，既有历史的原因，也有经济的原因。主要有：

（一）进入障碍低

行业障碍低，企业就比较容易进入这个行业。结果，大量的中小企业成为该行业中竞争的主导力量。

（二）缺乏规模经济

有的行业生产过程比较简单，难以实行有效的机械化和规范化。在这类企业中，尽管生产规模会不断扩大，其成本并不会下降，或者下降幅度很小。同时，企业的储存成本高，而且销售额的变化无规律性可循，使企业难以发挥规模经济的作用。因此，在一定程度上，行业内专业化程度低的企业要比专业化程度高的资金密集型的大规模企业有较强的竞争性。

（三）产品的差别化高

产品的差别化高，可以有效地限制企业规模，使效率不同的小企业得以生存发展。

（四）讨价还价能力不足

在分散行业里，供应方与购买方的结构决定了行业中的企业在与价值链上相邻的企业进行交易时，不具备讨价还价的能力。同时，供应方与购买方也有意识地鼓励新企业进入该行业，使行业保持分散状态，并使企业维持小规模的生产经营。

（五）运输成本高

高额的运输费用，往往限制企业的有效生产规模以及生产布局，使得该行业不能形成整体的规模效应。

（六）市场需求多样化

在某些行业中，由于地域的差异，顾客需求是分散的，而且形式多样化，结果导致行业分散化。

（七）行业初期阶段

在行业发展的初期阶段，所有的企业都处于发展状态，没有能力扩大生产或进行兼并，以至于还没有哪一家企业拥有足够的资源和竞争能力可以占领一个很大的重要市场份额。因此，这时的行业处于一种分散的状态。

（八）产品/服务趋向国际化

行业的产品/服务市场日益走向国际化，是的越来越多国家的企业进入同一个地域上的竞争市场。

二、行业的战略选择

针对行业分散的状态，企业应该考虑如何采用整合的战略，改变分散的产业结构，运用一般竞争战略获得竞争优势。在分散行业中，常见的企业战略主要有：

（一）连锁经营

连锁经营改变以往零售店的分散布局的状态，建立连锁网络，形成规模经济，拥有更大的购买力量。同时，连锁经营可以建立区域性的供货配送中心，克服运输成本高的现象，减少库存成本，快速反应商店和客户的需求，以及分享共同的管理经验。企业采用连锁经营，可以大幅度地降低企业的成本，形成成本领先的竞争优势。目前，国内出现的百货连锁店就是很好的例证。

（二）特许经营

在特许经营中，一个地方性的企业常常既是所有者又是经营者，可以有很强的事业心管理该企业，保持产品和服务的质量，满足顾客的需求，形成差别化。企业通过特许经营，还可以减轻迅速增加的财务开支，并获得大规模广告、分销与管理的经济效益，使企业迅速成长。必胜客（Pizza Hut）快餐店就是这样一个例子。在分散行业里，企业要形成差别化，一般采取特许经营的方式，来获得竞争优势。

（三）横向整合

分散行业中，企业规模比较小，使得它们在与强大的供应商和购买者进行谈判的时候处于较弱地位。这时，企业可以价值链的某些活动上进行一定程度的整合，实现规模经济，从而降低成本，提高讨价还价的能力。

（四）重点集中在细分市场上

在分散行业中，企业可以采用重点集中的战略，尽力占领某个地区市场或细分市场，提高经营运作的效率，加速送货及顾客服务，提高品牌认知度，以形成自己的竞争优势。

三、战略运用的难点

分散行业可以为企业的战略选择带来机会，也可以给企业带来失误。在战略运用的过程中，应当避免以下误区：

（一）避免全线出击

在分散的行业中，企业要面对所有的顾客，生产经营各种产品和提供各种服务是非常困难的，很难获得成功，而且会削弱企业的竞争力。

（二）避免随机性

在战略的实施过程中，企业不要总在调整以往的资源配置。在短期内，频繁的调整可能会产生效果，但在长期的发展中，企业过于随机执行战略，会破坏自己的资源，削弱自身的竞争力。

（三）避免过分集权化

分散行业中，企业竞争的关键是在生产经营上对需求的变化做出反应。因此，在组织结构上，企业应当做出适当的选择。集权型组织对市场反应差，企业管理人员缺乏主动性，难以适应分散行业的竞争。

（四）避免对新产品做出过度反应

在分散行业中，新产品会不断出现。企业如果不考虑自身的实力，做出过度的反应，必将会削弱自身的竞争力。

第五节　经营单位的投资战略

企业的经营单位要获得竞争优势，一般要考虑其产品、市场和特殊竞争力的组合形态，从而选择其竞争战略。除此之外，企业还需要考虑选择适当的投资战略，以实现已经选好的竞争战略。

一、投资战略的基本形式

投资战略是指企业或经营单位根据在自身经营组合的性质和水平，在人力、财力和物力资源方面的投入，以形成竞争优势的战略。

与企业的竞争战略不同，企业的投资战略通过投入不同的人力、财力和物力资源，维持与发展已经选择的竞争战略，保证所需要的竞争优势。从所述的三种一般竞争战略来看，差别化战略需要企业在许多职能上投入资源。特别是，企业要在研究开发和营销上投入众多的资源，以维持和发展其特殊竞争力。因此，要维持和发展差别化战略的代价是十分昂贵的。而重点集中战略由于只服务于某个细分市场，所需要投入的资源就少些。

企业在决定投资战略时，必须以维持与发展竞争战略的成本作为标准，评估投资于某个竞争战略的潜在回报，判断其获利能力。为此，企业应从其在行业中的竞争地位以及所在行业的寿命周期阶段这两个因素出发，准确地选择适应自己条件的投资战略。

从这一矩阵出发，可以有六种常用的投资战略供企业选择，即增加份额战略、增长战略、盈利战略、市场集中和资产减少战略、转变战略以及财产清算和撤退战略（见图 5－1）。在不同的寿命周期阶段上，各投资战略有着明显的投资特征（见表5－1）。

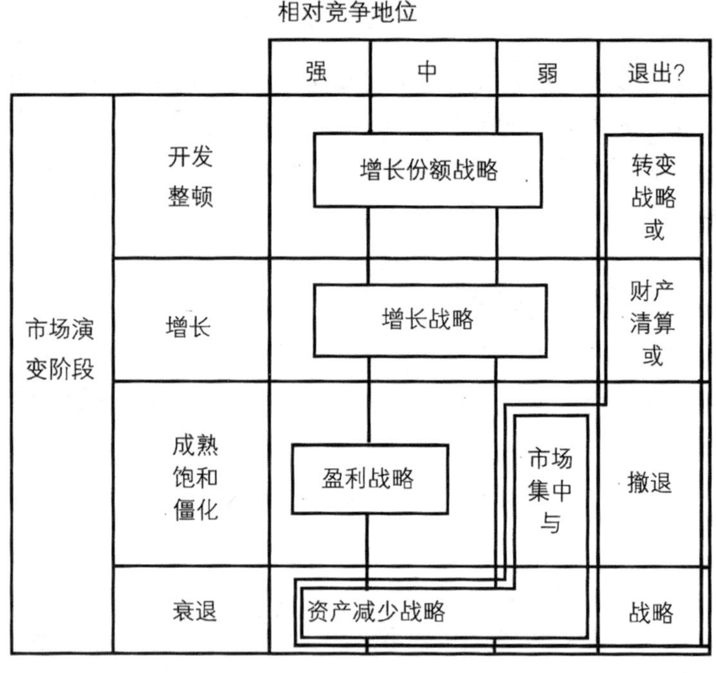

图 5－1　常用投资战略

二、增加份额战略

增加份额战略是要大幅度地而且持续地增加企业的市场占有率的战略。

这个战略一般要求企业改变原有的竞争地位。例如，该战略会要求一个竞争能力差的企业成为一个具有中等竞争水平的企业，或使一个具有中等竞争水平的企业成为一个市场领先企业。

表 5-1　　常用投资战略的特征

战略类型	竞争定位	投资状况
1. 增加份额战略		
开发阶段	增强地位	适当投资
整顿阶段	增强地位	高投资
其他阶段	增强地位	极大投资
2. 增长战略	维持地位	高投资
3. 盈利战略	维持地位	适当投资
4. 市场集中和资产减少战略	将目标地位降到最低的防御水平	适当回收投资
5. 转变战略	改善地位	极小到中等投资
6. 财产清算或撤退战略	地位为零	负投资

企业改变市场份额的幅度一般是根据企业所在行业的结构而定。在正常情况下，这种变化应是企业目前市场份额的 100%～150%左右，最低不少于目前市场份额的 50%。为了达到这个标准，企业则需要投入高于行业内同样规模企业的正常水平的投资。在具体做法上，企业除了自筹一部分资金以外，还必须能够吸引更多的外部资金。此外，企业还可以进行某种形式的联合，或在某些方面形成可以超越现有竞争对手的主要优势，促成市场份额的变化。

在一般情况下，市场份额会在产品—市场发展周期的开发阶段或整顿阶段发生变化。在这些阶段里，行业的竞争基础常常会发生变化，同时，行业的产品—市场发展阶段常常也表明企业有可能建立的竞争优势的类型。例如，在开发阶段上，许多行业里的竞争基础离不开产品设计、产品定位和产品质量。而在整顿阶段里，行业的竞争基础通常转向产品特性、市场细分、定价、销售和服务的效能上。

当然，企业即使了解了产品—市场阶段上的这些变化，也还需要有一个创造性的决策过程才能形成有效的增加份额战略。这主要是因为：

1. 企业即便知道行业中存在着新的竞争基础，仍需要有创见地找出在这些新领域里进行竞争的最有效的方法。就是说，企业要了解在这些阶段上市场上所需要的产品设计、产品定位和产品特性，才能更好地竞争。例如，在计算机市场上，386 的微机曾畅销一时，但当 586 计算机投入市场后，很快就取代了 386 计算机的市场份额。如果企业仍坚持生产 386 计算机，则会遭到经营上彻底的失败。

2. 上述所有的阶段性变化只是一般性变化，并不适用于所有的行业。例如，高技术产品的寿命周期较短，在市场上增长得快，衰退得也快，成熟阶段和饱和阶段可能会很短。因此，当它们处在产品—市场发展的初级阶段，它们的价格、生产能力和销售渠道都要比其他产品设计和产品质量更为重要。

3. 如果在这些阶段上，行业中发生了重大的变化，也会影响市场份额的增长幅度。例如，行业领先企业出现失误，产品生产技术上发生重大突破，或者企业有意进行重大投资等都会使企业的市场份额发生大幅度的变化，甚至可能会影响到产品—市场发展的其他阶段上的竞争地位。

三、增长战略

增长战略是企业在迅速扩张的市场上用来维持现有竞争地位

的战略。

重大的市场增长一般都发生在产品—市场发展的初期阶段。这种战略具有两种同等重要的特征：一是，随着市场的增长，企业能取得所需要的资源，保持住现有的竞争地位。二是，随着增长迅速降慢，企业进入整顿阶段时，则需要开发新型的竞争方式，进行有效地竞争。

在实际生产经营中，许多企业只注意到了增长战略的第一个特征，而对整顿阶段上会发生的各种类型的竞争毫无准备。结果，企业在增长阶段为保持竞争地位的各种努力常常会在整顿阶段上丢掉。例如，美国喷雾剂技术有限公司在喷雾剂市场增长阶段里是浓缩喷雾剂生产的领先企业。在行业处于整顿阶段的最初几年里，该公司仍坚持不懈地开发新产品。但是，此时喷雾剂生产技术已日臻成熟，竞争的重点已转向价格竞争，要求企业在生产工艺技术、价值工程和总成本效能等方面做出改进。该公司恰恰在这些方面缺乏改进的能力，从而失掉领先企业的地位，仅仅依靠自己廉价的销售网络才得以生存。

企业在这个阶段上不能全力以赴地开发新的战略技能也是有一定的原因：

1. 企业为了达到市场发展的增长阶段所需要的 15% 到 50% 的增长率，已花费掉了大量的战略努力去获得新的资源。

2. 只有极少数的企业可以依靠自己的力量，获得能够满足增长阶段所需要的流动资金和固定资产。大部分企业则要花费很多的管理时间去获得新的负债和产权。此外，企业还必须花费额外的管理时间建设新的工厂、扩建仓库设施、增加销售人员等等。结果，企业只有很少的管理时间和财务资源，可以用来考虑和开发在整顿阶段里用以维持生产所需要的各种组织资源和技能。

管理人员的经验主义也会对此有所影响。例如，企业过去所获得的成功，往往会使企业高层管理人员很难看到自己决策上的问题，对新出现的情况往往也反应迟钝。

因此，企业要想在将来的生产经营中不断保持成功，则需要创造出新的技能。

对于多种经营的企业来说，如果它在管理产品—市场发展初期阶段上的新业务有着丰富的经验的话，就会利用协同作用，向这些战略经营单位提供它们所需要的管理技能和必要的财务资源，或者使他们能够比较容易地开创新的技能。

单一经营的企业没有这种优势，但可以采取其他的替代办法。例如，企业可以从刚刚度过整顿阶段或正处于成熟阶段初期的企业里招募一些有经验的专业人员，获得所需要的技能。此外，企业还可以采取横向整合的方法来获得所需要的技能。不过，企业在整合时应确保是用被整合企业的技能和资源来补充本企业所需要的技能和资源，而不是全盘接受被整合企业的技能和资源。单一经营的企业还可以采取合资或接受投资等方式来扩大自己的技能，促进发展。

四、盈利战略

盈利战略是指企业处于产品—市场发展的成熟阶段时所需采取的战略。

正如前面所说，任何行业在初期发展阶段，其竞争基础主要是在市场与产品、工艺与销售方式等方面。随后，这些方面的变化会变慢，行业间的竞争也会相对稳定起来。紧接着，这些行业的市场发展速度也会变慢，企业所需要的投资随之大幅度地减少。在这种情况下，许多企业便把投资的重点放在自己规划的项目上，夺取竞争对手的市场份额。有时，企业这样做会取得成功。但在一般情况下，企业会遭到行业中尚存的竞争对手的强烈反击，再加上行业内也已经没有可再获得重大竞争优势的新领域，使得企业很难获得成功。

同时，随着竞争趋于稳定，企业内大部分职能领域里追加投资的收益一般都很差。在这种情况下，企业应将经营的注意力从增长率转向获利能力，即从市场开发和资产联合转向市场细分化与利用资产上，最大限度地依靠现有的资源和技能获得收益。企业的这种转变战略就是盈利战略。

（一）战略实施的条件

企业要实施这种战略需要有三个条件：

1. 企业应该充分地认识到在这一产品—市场阶段上，应该采取盈利战略，而不是其他的战略。

2. 企业要改变现有的资源配置状况，充分利用尚未利用的协同作用，以便更好地满足市场的目前需要。

3. 企业要预测即将到来的环境变化，努力减慢那些会改变现有竞争实力的发展趋势。

由于在市场预测里缺乏精确的判断机制，企业在确定市场发展阶段，特别是各个阶段的转折点时会有较大的困难。不过，企业可借助于图 5－1 来评价某一个具体行业所处的发展阶段。在使用这张图时，为了避免通货膨胀影响对企业位置的判断，企业应以销售量或不变价格来衡量销售的增长，而不应以现行价格作为衡量标准。例如，某一行业在过去 5 年里，销售额平均每年增长 14%，通货膨胀率平均每年约 8%。在这种情况下，如果不考察通货膨胀率，就会使人误认为该行业正处于市场发展的增长阶段或整顿阶段。但是，人们考察了通货膨胀率以后，就会发现在这个时期里，这个行业目前的销售额即使已经翻了两番，但它的实际增长率每年大约也只有 6%。根据这种增长率，该行业已经进入市场发展的初期成熟阶段。这时，处于此行业内的企业就应该着手考虑各种形式的盈利战略。

（二）资产效能分析法

在产品—市场发展的成熟、饱和与僵化三个阶段中，企业的竞争关系要比其他阶段更趋向稳定。因此，这类企业可以运用下述三种分析方法判断企业资产的效能。

1. 敏感性分析

这种分析方法与可变分析和弹性分析一起运用时，识别出那些可以削减成本或增加利润的领域。表 5－2 列举了企业在进行这种分析时，应该考虑的各种类型的缩小差距的选择方案。不过，这里所列的选择方案是在假定其他因素不会发生变化的情况下制订的。例如，价格增加的选择方案是在假设数量、销售组合、成本、资产等方面不会发生变化的情况下制订的。所以，企业在具体运用时，还要根据自己的情况有所变化。

表 5－2 **经营层缩小差距的选择方案**

选择方案	影响差距的类型		
	收入	利润	投资收益率
价格增加	+	+	+
单位数量增加	+	+	+
销售组合变化	+	+	+
产品削减	−	+	+
成本削减		+	+
资产削减			+
联合	+	+	+

2. 标准分析法

这种分析法主要是根据市场战略对利润的影响而设立的一种分析模型。该模型详细地说明了各种企业应该取得的标准投资收益率。在实际的生产经营活动中，企业可以用自己的实际投资收益率与标准投资收益率相比，比较自己在其他条件相同的情况下所具有的改进潜力。然后，再通过模型进行计算，确定企业在缩小差距上所应采取行动的程度。例如，企业通过模型计算向后整合的程度，或者提出改进协同作用的建议。

3. 增值判断

在从原材料到最终产品的生产链上，企业可以运用增值判断的方法在产品—市场发展的成熟阶段和饱和阶段里改进资产的使用和效能。企业将价值增值和经验曲线结合起来进行考虑，可以指明企业节约的机会以及具有削减成本潜力的领域。

在正常情况下，企业利用这三种分析可以更充分地利用资产，形成超过再投资所需要的流动资金。这些超额的流动资金一般用于向处于增长阶段上的战略经营单位进行再投资。但是，在行业的成熟或饱和阶段上，在经济周期下降或通货膨胀剧烈的时期，行业领先企业的地位会下降。在这种情况下，企业则应把超额的流动资金用于处在成熟阶段或饱和阶段上的战略经营单位。

五、市场集中和资产减少战略

市场集中和资产减少战略的目的是，重新组合企业的经营范围和资产配置水平，改善企业短期盈利和长远的前景。这种重新组合一般涉及到企业缩小经营范围，大幅度地减少投资水平。

这种战略一般适用于两种情况：

（一）成熟阶段的选择

在产品—市场发展的成熟阶段与饱和阶段里，企业竞争地位弱。在这种情况下，企业应该根据自己竞争地位弱小的程度，选择一种资产减少战略来改善自身的地位。例如，企业的市场销售量如果是行业领先企业销售量的 15% 以上，该企业仍可以作为一个相对完整的生产者经营下去。只不过在这时，企业应重新组合自己的资产，集中力量开发自己具有最大优势的细分市场。例如，在二次大战后的经济繁荣时期，美国凯斯公司大力扩张公司在农场设备方面的生产能力。结果，该生产能力大大地超过了该公司用来保持农用设备长期市场份额所需的能力。到了50年代中后期，该公司为了利用这些生产能力，增加了新的生产线；而且为了提高市场份额，发动了一场猛烈的市场攻势。结果却适得其反，该企业濒临破产。因为，在农场设备行业中需要有三个成功的关键因素，即生产能力、销售和服务。凯斯公司只具有较强的生产能力，而在销售和服务上却没有竞争优势。到了60年代，经过新的管理咨询诊断，使凯斯公司确定了自己的基本战略地位。根据这一战略，凯斯公司卖掉或关闭了近50%的农场设备生产能力，余下的生产能力集中在最有竞争能力的重型拖拉机和各种轻工设备上，最终使企业获得了新的活力。

企业的销售量如果不到行业领先企业销售量的5%，是不适宜采用市场集中战略。在这种条件下，企业可以采取另外四种战略：

1. 企业将经营注意力集中在目标小市场上。在这个市场里，顾客的需求、偏好与使用产品的模式都与其他的细分市场不同。企业只要在这种目标小市场上投入有限的资源，就可以获得竞争优势。同时，企业在保证目标小市场需要的前提下，尽量减少企业资产。

2. 整合或兼并几家类似的企业，把销售量增加到上面所述的15%的地位。

3. 如果大型多元化企业能够提供必要的资金，使企业销售达到15%的水平，可以考虑将该业务出售给这个多元化的企业。

4. 撤消这个企业或经营业务。

不过，当行业的产品市场发展到成熟阶段与饱和阶段的后期时，企业一般不适于再采用第二种或第三种战略。这时，多元化企业很少会对亏损的经营单位再感兴趣。而且，企业在考虑整合和兼并时，也很少能找到收支略抵的企业或经营单位。在这种情况下，企业唯一的选择就是将资源集中在一个虽小但能防御竞争的目标小市场上。例如，英国名牌轿车罗伊斯—罗尔斯就曾占据了豪华型汽车的市场，而在很长一段时间内立于不败之地。

（二）衰退阶段的选择

在市场发展的衰退阶段里，企业唯一可选择的战略就是将资源集中在难以消亡的细分市场上。在大多数情况下，产品和市场衰退时，有些细分市场和产品便会一齐消失，但有些细分市场和产品则会继续维持下去。例如，当晶体管和集成电路取代真空管时，有些顾客和用户还会对某种功率管有所需求。这种功率管的市场便维持了下来。

这种细分市场一般不是处于市场的中心部位，而在市场的边缘。因此，在这种细分市场上，无论企业实力的强与弱，都可以采取这个战略。为了更好地发挥战略的作用，企业应认真地评价将会延续下去的细分市场的规模，判断该市场上存在的产品类型，集中主要的资源在该市场上确定自己的地位。例如，在电子手表的竞争波冲击下，机械表的生产呈衰退状态。但是，还是有许多机械表生存下来。关键是它们找到了自己发展的空间。

六、转变战略

转变战略的目的一般是尽可能地阻止和扭转企业衰退的命运。当然，只有当企业本身值得挽救时，才应该采取转变战略。企业在判断是否需要采取转变战略时，需要考虑两个相辅相成的问题：第一，该项经营业务或企业还能长期盈利吗？第二，若能盈利，该项经营业务或企业在长期继续经营中所获的价值比清算的价值大吗？

（一）转变战略的目标

要回答上述两个问题，首先，企业需要评价企业竞争所在的市场所具有的吸引力，以及企业在该市场内潜在的竞争地位；其次，企业需要选用适当的方法评估继续在该市场经营的价值与清算的价值。企业应尽可能精确地回答这两个问题，否则便是浪费时间和资源，去拯救本应清算或更早关闭的企业。

如果该企业值得挽救，下一步工作则是评估企业近期的健康状况。如果企业即将面临大幅度亏损，则无论采取什么样的转变战略都无济于事。如果时间允许，企业需要解决的主要战略问题是确定导致企业衰退的原因：究竟是企业采用了无效的战略造成的结果呢？还是仅仅由于执行战略不得力的缘故？如果是战略本身无效的话，企业只能重新制定一个适合于在市场上竞争的战略。如果企业面临的主要问题是企业对现行战略执行不力，则需要改变执行战略的方法。从经营的具体措施来看，最常见的反应方式是削减成本，提高价格，加强推销，以及增加新的预算和控制。当企业的高层管理发生变化时，这些反应也随之出现。这里需要注意的是，在战略转变时期，企业即使主要是要在战略执行方面做出改变，但在长期的过程中，战略本身也常常会发生一些变化。

当企业面临破产时，即使企业衰退的主要原因是战略问题，企业仍需要优先考虑的多是战略执行的性质问题。这主要是由于时间紧迫，企业不可能作出更多的战略反应。不过，在此时，企业也还是要尽可能地找出衰退的原因，以便能够较为全面地指导转变过程的具体行动。例如，如果衰退的原因是执行战略不力，在转变的过程中，企业就要特别注意，不要破坏了战略所需的资源和技能。如果衰退的原因是由战略本身引起的，企业则需要考虑战略转变的类型，以便在某种程度上保护形成新战略所需要的资源。

（二）转变战略的选择

企业在确定了需要保护的资源和技术以后，还需要详细地说明在短期内所要采取的转变战略的类型。企业可以选择的转变战略基本上有四种，即增加收入战略、降低成本战略、减少资产战略和混合战略。

企业在选择这些战略时，主要应该考虑企业可以运用的资源、价格和成本结构，以及企业目前经营低于盈亏平衡点的程度。

如果企业直接人工成本高，或者固定费用高，或者经营状况相对接近盈亏平衡点，企业则最好在短期内采取降低成本战略。因为，降低成本的活动要比提高收入的活动见效快。

如果企业直接人工成本低、固定费用低，或者经营状况远离了盈亏平衡点，企业一般应采取增加收入或减少资产的战略。在这种情况下，企业一般不可能通过大幅度削减费用而形成一个新的盈亏平衡点，也不可能有充裕的时间和资源去实行更为复杂的整合战略。企业只有对战略转变后的中长期潜力做出评价以后，才能在增加收入和减少资产这两种战略之间作出选择。企业如果在 2 年内还可以利用现有的能力，则应采取增加收入的战略；如果在 4 年或 5 年以致更长的时间里不能利用现有的能力，企业则应采取减少资产的战略。

如果在 2 年到 4 年之间，企业可以利用现有的能力，最有效的办法是采取混合战略。在这种战略的指导下，企业增加收入、降低成本与减少资产的活动都会以相对均衡的比例进行。在这种情况下，企业采取最佳的降低成本与减少资产的活动以后，它的短期成本利润率要高于企业进行增加收入活动的成本利润率。这样，企业均衡地实行这三个战略，就可以获得最大的流动资金。

在濒临破产、资源极度有限的情况下，企业无论采取哪种类型的转变战略，都要把注意力放在能在近期内对流动资金产生重大影响的行动上。在这方面，各个企业可以根据自己的情况而定。例如，延长应付款、收回应收款、减少存货、提高价格或增加销售数量、改变销售组合、出售剩余的生产能力、降低商品损耗率、提高劳动生产率、增加或减少广告等促销活动。此外，企业还需要运用敏感性分析、可变性分析和弹性分析来确定上述每个行动对流动资金产生的影响程度。

七、财产清算和撤退战略

财产清算和撤退战略的目的是从竞争地位弱的经营业务中撤出时，尽可能多地获得一些资金。

企业退出的时机，应该把握在企业对退出的后果仍能有影响力的时候进行。不然，亏损的经营单位会耗尽企业的长期利润。

企业要从市场上成功地退下来，可以采取两种方法：一是，企业挤榨该项经营业务后大幅度退出；二是，通过撤退或停止经营该项经营业务，及早退出。

（一）收获战略

收获战略是指企业尽可能地从经营单位中收回现金的战略。实施收获战略的方法一般有三种形式，即削减经费和成本，减少资产与削减产品，企业为了更好地识别出有可能进行削减经费和成本的领域，需要综合利用敏感性分析和可变性分析。在可能的情况下，企业也可用标准投资收益率分析法，或者通过分析本行业的成本结构，找到减少资产的潜在领域。

对于所要削减的产品，企业可以根据全部费用的成本分配来确定。在计算的过程中，企业必须评估削减该产品对其他产品销售会造成损失的程度，以及削减该产品后仍然存在的固定费用。一旦某种产品被确定为准备削减的对象时，企业还需做最后的努力尽力进行挽救。例如，企业采取降低成本、减少资产的办法，或者提高产品的价格，尽力维持该产品。这种办法比较适合于毛利高而且可控固定成本也高的产品。

（二）迅速放弃战略

迅速放弃战略是指企业在衰退的初期就把有关的经营业务卖掉，以便能够最大限度地回收投资的战略。对于毛利低或固定成本低的产品来说，企业很难通过大幅度降低成本或提高价格的手段保持盈利。在这种情况下，企业应采取措施及早地退出市场，把注意力集中在具有更大潜力的产品和市场上。早些退出不景气的市场会比晚些退出更有利。

在某些情况下，迅速放弃战略甚至要求企业在衰退之前或在成熟阶段中就放弃该项经营业务。因为一旦衰退明朗化，行业内外的资产买主将处于更有力的讨价还价地位，使企业处于不利的谈判地位。当然，企业如果放弃得太早，也会面临较大的风险，企业有可能因预测失误而承受巨大的机会损失。

总之，企业应根据自己竞争所在的产品—市场周期的阶段，自己目前所处的竞争地位，自己所具有的资源和竞争优势，选择一个投资战略。不过，企业在选择具体的投资战略时，仍需注意两个方面：第一，产品和市场是不断发展变化的，企业不能认为自己目前的竞争地位不会发生变化，而对这种变化掉以轻心。行业的领先企业如果作出这种错误的判断，就会忽视产品和市场上所发生的变化，使自己的竞争地位下降。相反，如果亏损企业善于抓住这种变化所产生的机会，也会转败为胜。

第二，行业结构一般是在开发阶段、整顿阶段和衰退阶段等三个发展阶段上发生大的变动。在这种情况下，企业应及时作出反应，选择适当的战略。不过，企业不要认为有了合适的投资战略，就一定能够保证企业获得成功，还必须继续努力识别和开发自己的资源，建立起超越竞争对手的竞争优势。这是企业战略制定中最有创造性但又最困难的方面。

本章小结

本章是从处于不同寿命周期的行业角度，探讨新兴行业、成熟行业、衰退行业以及分散行业的特点，阐述各类行业的战略选择的模式。在新兴行业里，企业可以采用促进行业结构形成、改变供应商和销售渠道、正确对待行业发展的外差因素、适应转变的流动性障碍和适当的进入时机等策略，使企业获得竞争优势。在成熟行业里，企业应该考虑缩减产品系列、加速创新、降低成本、提高现有顾客的购买量和发展国际化经营等策略行动。在衰退行业里，企业为了生存发展，可以实施定位战略、领先战略、回收战略和放弃战略，在一定范围内获得与保持自己的优势。在分散行业里，企业要尽快形成集合优势，为此，可以采用连锁经营、特许经营与横向整合等战略行动。

在本章的最后一节，重点阐述了经营单位的投资战略，这是从不同寿命周期的另一个角度来看企业的战略。所谓投资战略是指企业或经营单位根据在自身经营组合的性质和水平，在人力、财力和物力资源方面的投入，以形成竞争优势的战略。这其中包括增加份额战略、增长战略、盈利战略、市场集中和资产减少战略、转变战略以及财产清算或撤退战略。每个战略都有他们各自的特点和适用条件。

本章重点概念

行业发展的外差因素　增加份额战略　增长战略　盈利战略　市场集中和资产减少战略　转变战略　财产清算或撤退战略

思考题

1. 分析新兴行业的环境以及所应采取的战略。
2. 分析成熟行业的环境以及所应采取的战略。
3. 分析衰退行业的环境以及所应采取的战略。
4. 分析分散行业的环境以及所应采取的战略。
5. 根据本企业的条件，制定投资战略。

案例分析题

通达汽车电器股份有限公司（1990年）

秋天是北京的黄金季节，天高气爽，景色宜人。然而1989年的秋天，对北京的大多数厂长、经理来说，可能是最难过的季节——市场呈现严重疲软，企业流动资金陷于枯竭，订货减少引起开工不足，产品积压导致工资拖欠……大好秋色除了引起他们对过去兴旺时期的追忆外，剩下的是对即将来临的漫漫寒冬的忧心忡忡。9月15日，南郊的通达汽车电器股份有限公司董事会办公室中，董事长常恩年正紧锁眉头为企业如何渡过90年代而大伤脑筋。

眼下，他的企业虽不像其他厂家已到了山穷水尽的地步，而且政府的紧缩政策和经济大调整他也不仅经历过一次，但常恩年感到，90年代要比他预料的还难过。种种迹象表明，出口产品的北美市场已经基本关闭；国内几家大的汽车厂已出现大量成车积压，配套供货合同久议不决；由于行政经费开支压缩，汽车维修市场进一步萎缩，合同变小且更趋分散。时至今日，1990年的订货量还不足企业3个月的生产能力，这在近10年都是从未有过的事情。面对这种环境，常恩年需要对企业经营方向、目标、方针、策略和年度计划进行十分慎重的决策。

一、70年代的艰苦创业

1972年京郊的一个集体小厂，由于“三废”治理不了，被迫停止了电镀生产，准备转产汽车微电机。当时厂内仅有几十间车房和百十名家庭妇女，“最佳秀才”是两个高中毕业生。在这样的条件下，常恩年从“五七干校”被县工业局召回，任命为达兴微电机厂厂长。一个40出头，从未摸过微电机的人开始了他的创业生涯。

常恩年，1931年出生于冀北平原一个农民家庭，平津战役那年他参了军，在部队中分管军械和通讯设备，从此和技术结下不解之缘。当时只有小学文化的他，与一位电机系毕业的老技师一道工作，向他学到了很多东西，还把他一箱子的书一本一本地“啃”了下来。艰苦的环境，锻炼、塑造了常恩年。

汽车微电机主要用于挡风玻璃刮水器和水箱风冷电扇的驱动。70年代初，我国汽车的刮水器都采用汽动，不仅体积大、噪音高，而且刮水器的定位也不理想。因此，发展我国的微电机工业，是实现汽车行业技术进步的重要环节之一。然而从当时条件看，我国要生产与国外相同的永磁直流微型电动机的确有一定的困难。常恩年想看一看国外车上使用的这种微电机都找不到。他们上至一机部、汽车局，下到上海、长沙等地的专业电机生产厂，跑断了腿磕破了头，得到的回答是：你们技术条件太差，搞不上去。

可是，百十口人的吃饭问题是最尖锐的矛盾，求天也没用了，只有自己动手干。常恩年与两个“秀才”拆开了他们跑了大半个中国才求来的一台旧微电机，铺开了那几份参差不齐的国外资料，一边测量尺寸，一边照猫画虎地描绘图纸。经过数日的奋斗，他们终于绘出了自己第一代的产品图纸；然后又经过几十天的努力，他们按图纸加工出了所需的零部件。在1974年劳动节前夕，他们连装带修终于使我国第一台汽车用永磁直流微电机诞生了，各种技术指标居然接近成品要求。

1975年，当常恩年带着他的样机走进清华大学电机系时，他的奋斗精神和创业成果感动了当时身处逆境的教授们，清华电机系决定以达兴微电机厂为基地进行永磁电机的教学试验。对样品经过了3个月的实验、测试和研究，在分析了上千个数据的基础上，厂校双方成功地确定了产品的各项性能参数及质量控制范围，生产出了我国第一批第一代永磁直流微电机，并同时开发了ZDL31、ZDL32、ZDLL4三个系列6个品种的微电机，各种主要参数性能已接近国外进口产品的指标，超过了上海、长沙、天津等国营大厂同期生产的永磁微电机的同类指标，真正填补了国家空白，为企业发展奠定了雄厚技术基础。

二、80年代的开拓进展

常恩年面对累累科技硕果，并没有仅仅沉浸于自慰与喜悦中，1980年他在企业内办了个汽车微电机研究所，借助研究所的设备条件，达兴微电机厂组织了60多位专家和工程技术人员到厂进行合作研究，解决了ZDL32电机的生产技术问题。仅用了半年时间就使小功率永磁直流电机达到了日本同类产品先进标准，促使企业利润比上年增长57%，并在第二年使产品首次进入泰国市场。

1982年经北京市委、清华大学党委同意，由各方组织成立了科研、教学、生产联合体——北京通达电器公司。公司成立当年就研制开发了多项新成果，直接为企业增利近20万元。

1983年，常恩年又在公司内办起了自己的中等专科技术学校，聘请清华、北工大的教师授课，为厂里先后培养了机械加工工艺、电机、自动控制等方面的专业技术工人。昔日以家庭妇女为主体的人员结构已一去不复返了。1985年公司又成功开发出国际80年代新型产品——线绕盘式永磁直流电机，并于1986年通过美国通用公司的试验鉴定，首创我国汽车电器出口美国的先例。

经过十余年的艰苦创业和开拓发展，常恩年和他的企业通过技术创新的道路，冲破重重艰难险阻，终于使企业走上了现代化征途。1985年产品配套26万多台，比1980年的6.4万台增长了4倍多。产品品种包括各种微型电机、电动刮水器、洗涤器、暖风器等，并成功地打入二汽、北京汽车厂（现在的北京吉普有限公司）和天津客车厂，成为中国汽车微电机、电器、电动附件行业中产量最大、品种最全、质量最佳、开发力最强的专业厂家。

三、通达汽车电器股份有限公司

1986年，正当通达电器公司踌躇满志想进一步发展的时候，全国性的经济紧缩使若干个汽车大厂都陷入了困境，产品积压、订货锐减，使通达的产量由26万多台一下子掉到19万台，利润下降近30%。面对着经常动荡的经济环境，常恩年觉得，不仅要从产品系列化、多样化的角度发展，而且还要寻求一个更大、更稳定的市场，即要走向国际市场。常恩年设想新型的公司至少应解决两个方面的问题：一是资金问题，二是国际市场的销售系统。经过一年多的酝酿、谈判，终于在1988年4月与一家香港投资公司、一家美国信息公司签约，成立了通达汽车电器股份有限公司。5月经国家工商行政管理局审核批准登记，注册资本为人民币900万元，其中中方投资占75%，合营期20年。

常恩年成为公司董事长，外方派人任总经理，企业内部实行事业部制管理。由于外方总经理对企业及行业不熟，企业重大决策及战略问题仍主要由常恩年负责，日常运营则由中方执行副总经理负责。董事会决定将企业承租给以执行副总经理为班组的3人领导小组，致使企业经营完全控制在中方领导下。

走合资企业之路，除去为了求得一个更大的生存空间外，也为企业争得了更大的自主权和利益。通达公司不仅在税收、职工工资奖金分配、福利制度等方面可以享受国有企业所享受不到的种种优惠，而且在产品销售、定价、原料购置、对外经营等方面也都有好处。常恩年这十几年一直在积极主动地调动职工的积极性，自己拼命苦干，也要求每个职工能像他那样为企业拼命；同时又十分注重职工生活福利，目前，1983年进厂的职工都住上了设施齐备、电扇、热水系统十分方便的套房，通过办厂内中专解决了大批职工子女待业、求学上的困难。但企业也出现了一些过去不曾有过的矛盾，比如加班加点的任务难以布置，职工中抱怨待遇不公的人也有所增多。常恩年在企业内享有绝对权威，企业内所有的人都服他，也怕他，干部都听他的话。

四、通达的经营目标和发展战略

通达成立后，董事会的头一件事便是组织企业力量，对经营发展战略进行论证。企业为此成立了一个“2000年通达战略研讨小组”，另外还专设了“战略咨询委员会”，主要是董事会成员和外方代表，常恩年试图通过两套班子的交流，形成多方案的优化决策。

两个小组对2000年前中国汽车的发展都是抱着极为乐观态度

的。这是因为北京市把汽车行业作为重要支柱产业，通达有一个较稳固的发展基地。根据总结的有关资料表明，1990年至2000年全国刮水器及电机需求量预计将以10%的上升率连年增长。结合企业1979年到1988年产量及市场占有率分析，企业决定分别以9.6%和11.74%作为力保和争取的产量增长率，并确定相应的产值利润目标。其中，1995年要在生产制造技术方面达到国际80年代水平，争取有10%的产品进入国际市场；到2000年争取进入国家一级企业单位行列，20%产品打入国际市场。为达到这些目标，常恩年要求各职能部门分别制定出各自战略计划与竞争策略。

常恩年对企业的发展前景是很乐观的，而且也有很多他自己的打算，“我想还是两条腿走路，在国内市场上我以我的技术领先，产品开发为主，争取在质量信誉方面形成竞争优势；在国际市场上我则以我的灵活和低成本为优势，而且对于国际市场我还只想把它作为一个缓冲器，不让我国国内政策对我影响太大。为了达到这两重目的，我看主要是加强对小轿车的配套，目前的北京切诺基、上海桑塔纳、广州标致、一汽奥迪等高档车市场，我们都没进去。所以今后还是要走技术创新之路，否则在竞争日益激烈的市场上难以迈步。”

五、1989年企业具体情况

“今年我们厂的生产情况应该说基本正常”，电机制造部主任董小舟进一步解释道：“所谓正常是指与过去相比大致相同。一方面没有像周围企业那样感到日子难熬，另一方面企业内原来的那些问题依然如故，没什么改观。”由于近10年每年的生产任务都压得很满，工厂内部的管理人员总是日复一日、月复一月地超负荷进行工作，很难有心思静下来分析一下应该改进些什么？“单从生产能力上说，我们厂近几年都是在超能力7%～15%的情况下进行生产的。明明知道生产技术水平落后，却一直不敢下决心进行现代化工艺改造，时至今日还一味强调要内部挖潜。”

在指导思想上，常恩年是有不愿意太快更新设备、完成向自动化流水线生产方式转变的想法。这是因为目前市场条件仍不成熟，企业间的竞争、政府的政策等难以驾驭的因素太多，过多的投资只会招致过大的风险。另一方面，常恩年仍觉得企业尚有潜力可挖，他认为企业的总体能力是受到某些局部的限制。为了解决这些矛盾，制造部门想了很多办法，包括压缩额定工时，但这些方法大都导致了工人不满。

通达公司由于过去产品销路好，1988 年 5 月前一直没有成立能协调全厂的计划部门，计划职能主要由生产科承担。合营后设立了经营计划部，负责企业的年度综合经营计划与季度计划；电机制造部下属的生产科负责安排月度计划并协调各车间的生产进度情况。企业由于过去没有计划的习惯，养成一种往车间压任务的做法，一有订货就先下达任务，不管完成完不成、何时能完成，先干起来再说。

生产科下达给车间的计划包括了 3 个月的任务，并按月滚动。目前由于生产科的计划中，没有对各批次投入产出期的具体要求，各个车间因此可自行其是，总装车间任务极不均衡。主任每次调度会上都抱怨："前方车间没有一个时间观念"。种种协调方面的困难导致许多订货逾期难交，如 1988 年底的一批出口任务因原料不齐到现在仍未发货。

面对内部管理的落后，执行副总经理兼承包组组长金海旺曾经与常恩年谈到他想进一步实行科室、车间承包的想法，对此常恩年未作答复。他虽说当了董事长理应"超脱"一些，但仍坚守着财权和干部权，凡涉及重大决策的事，各个经理少不了主动请示。目前他倒不是为那些小事发愁，"1990 年的经营目标是否应调整？目标市场是否要转移？年度经营计划如何安排？"总之，如何度过困境，这对常恩年来说是当务之急。

复习思考题

通达公司的管理显得比较混乱，常规管理水平低，企业战略管理处于刚刚起步阶段，这反映了现实中很多国有企业的状况。

企业摆脱困境的出路就在于加强战略管理，一切从头做起，找出优势、弱点、机会、威胁，进行战略分析。但是，首先要明确通达公司所处的行业的地位；然后要明确通达公司周围的战略群体图，最后指出通达公司应该采取的战略。

1. 通达公司处于行业寿命周期的哪个阶段？

2. 汽车微电机行业的战略群体图是什么样的结构？

3. 通达公司应该采取什么样的战略走出困境？

第6章 跨国经营战略

本章重点

- 掌握国家竞争优势的分析模型，特别是各要素的内涵以及其相关关系
- 了解不同的市场进入模式以及各种模式的内涵
- 掌握企业国际化的战略类型以及运用这些战略的条件

引　言

从20世纪20年代开始，许多国家为了保护本国的经济利益与企业，设立了许多国际贸易和外国直接投资壁垒，从而产生了许多报复性贸易政策，最终导致了30年代的全球经济大萧条。二战后，关税及贸易总协议（GATT）努力消除贸易壁垒，降低了外国投资的壁垒和限制，世界贸易组织（WTO）更是积

极推行贸易自由化与全球经济一体化的措施。随着改革开放，特别是中国加入WTO以后，我们的许多企业将会直接面对国际市场，乃至全球的市场。为此，在这样的一个全球化竞争的时代，企业掌握分析全球行业环境的能力与选择适当的跨国战略，是获得成功的关键。

第一节　国家竞争优势的分析

一、企业进入国际市场的动因

企业进行跨国经营，可以使企业充分地利用国外资源、资金、技术、信息和管理经验，进一步扩大对外经济技术交流与合作，促进国内经济发展。具体讲：

（一）为企业的产品或者服务寻找新的顾客

进入国际市场销售产品或服务有助于提高企业的销售收入和利润，保证企业获得较高利润率，并保持长期的发展。

（二）充分降低成本

有些企业在国内市场上不能形成规模经济，希望进入国际市场，获得区位经济效益，即在那些劳动力、原材料或技术成本比较低的国家扩大生产与市场，从而大幅度地降低企业的成本。

（三）充分利用企业的能力和资源强势

企业如果拥有着特殊能力和核心能力资源，就可以充分利用这个优势，转移其特殊竞争力，既在国内市场上建立优势的竞争地位，也可以在国外的市场上建立优势的地位。

（四）在其他国家可以获得宝贵资源

那些以自然资源为基础的行业（如石油和天然气、矿产、橡胶以及伐木）中的企业常常需要到国外获得原材料供应，以便发展完善自己。

（五）在更广泛的市场基础上分散商业风险

企业往往在很多不同的国外市场上进行经营和运作，其目的主要是要在国际市场上分散企业的商业风险。

不管企业到国外进行经营和运作的动机是什么，其制定并实施国际竞争战略都必须要考虑所在国的具体形势，特别要关注国内和国外市场存在的差异，如购买者的习惯和需求、分销渠道、长期的增长潜力、市场驱动因素以及竞争压力等。

二、国际竞争特有的形势性因素

（一）国家之间的成本变动

工资率、劳动生产率、通货膨胀率、能源成本、税率以及政府管理条例等因素往往会导致国家之间在制造成本方面产生巨大的差异。因此，有些国家的企业由于投入成本低（尤其是劳动力成本）、宽松的政府管理条例、独特的自然资源等原因，形成较低的制造成本优势。在这种情况下，一些公司就趋向这些国家，将成本低作为生产选址的主要考虑因素。

（二）外汇汇率的波动

外汇汇率的多变性会对区域性成本优势产生消极影响。汇率的波动可能会将一个国家的低成本优势完全抵消，也可能使一个原来成本很高的地区成为一个很有竞争力的地区。例如，美元坚挺会使得美国公司积极向国外发展，而美元的贬值，外国市场的成本优势就不足，甚至可能会促使外国的公司到美国设立生产工厂。

（三）东道国贸易政策

各国政府制定的贸易政策和措施会影响到国际贸易以及在其国内市场上进行经营活动的外国公司。东道国政府可能利用进口关税和配额，对进口的商品进行管制，对在本国市场进行生产经营的外国公司进行某种程度的限制。另外，外国公司还可能会面临一系列有关技术标准、产品证书、投资项目的批准以及环境标准的要求，不利于这些外国公司的投资。还有些国家会给本国公司各种补贴和低息贷款，来帮助本国的公司与外国的公司展开竞争。

三、国家竞争优势的分析模型

企业在进行跨国经营时，仅仅分析一些国家宏观政策性的问题是不够的，还需要了解国界的竞争力，特别是行业在国际竞争力的作用。根据这样的需要，美国哈佛商学院的波特(M.E.Porter) 教授在1990年研究了10个国家100个行业成功和失败原因，提出了国家竞争优势的概念，并出版《国家竞争优势》一书。在这个分析框架里，波特提出，企业在国际化经营中所遇到的国家的竞争环境主要由四大因素构成。这些因素可以促进或阻碍一个国家建立自己的竞争优势。这四个要素分别是:

（一）要素禀赋

要素禀赋，是指一个国家在生产要素所处的地位，包含基础要素（自然资源、地理位置、气候和人口等）以及高级要素(通信设备、掌握熟练的高技术的劳动力、科研设施和技术诀窍等)。基础要素和高级要素都能为一个国家提供竞争优势。例如，日本缺乏矿产等自然资源，但政府在高级要素上进行了大量投资，创造出高技术的新的资源，弥补了基础要素的不足，使得它在许多制造业领域里获得竞争优势。

（二）需求状况

需求状况，是指国内市场对该行业的产品或服务的需求特点。如果一个国家的消费者精明而挑剔，则能对该国内的企业造成压力，促进产品质量的提升和创新，从而使得该国内的企业获得竞争优势。以日本的照相机工业为例，由于日本的顾客精通有关照相机产品的知识，从而刺激了照相机制造商改进产品质量和开发新产品、新技术。因此，需求状况也是构成竞争优势的一个来源。

（三）相关行业和支持行业

相关行业和支持行业，是指国内是否有具备国际竞争能力的供应者行业以及相关的行业。以本国为基础的具有国际竞争能力的供应者行业可以以各种形式为下游产业创造竞争优势。例如，20世纪80年代中期以前，美国在半导体工业的领先地位为美国在个人计算机以及其他技术先进的电子产品的成功发展提供了基础。同样的，瑞士的先进的特种钢行业使得钢铁成品行业获益匪浅。此外，瑞士的制药业的成功也与过去其染料工业的国际性成功息息相关。

（四）公司的战略结构和竞争

公司的战略结构和竞争，是指在一个国家里公司的战略、组织结构以及竞争情况。在这方面，波特指出两个重要观念：

1. 不同国家有不同的管理观念

有些管理理念对建立竞争优势有帮助，有些则没有。在德国和日本公司里，工程技术人员处在公司高层管理的领导地位，因而相当重视工艺生产和产品设计的改进。而在美国公司里，特别是在20世纪70、80年代，公司的高层管理相当重视公司的财务，造成过于强调短期收益，进而导致在以工程技术为基础的产业中（如汽车工业）失去竞争力。

2. 竞争

在某行业中激烈的国内竞争会促使公司设法提升自身的生产效率，也因而能够增强公司的国际竞争力。

这四个决定因素构成了一个分析国家竞争优势的模型框架

(见图 6－1)，各因素彼此之间互相影响，并决定了某个行业在国家中的国际竞争地位。在国家竞争力的分析中，企业还要注意政府的政策与偶发的重大事件也会对这个模型产生影响。

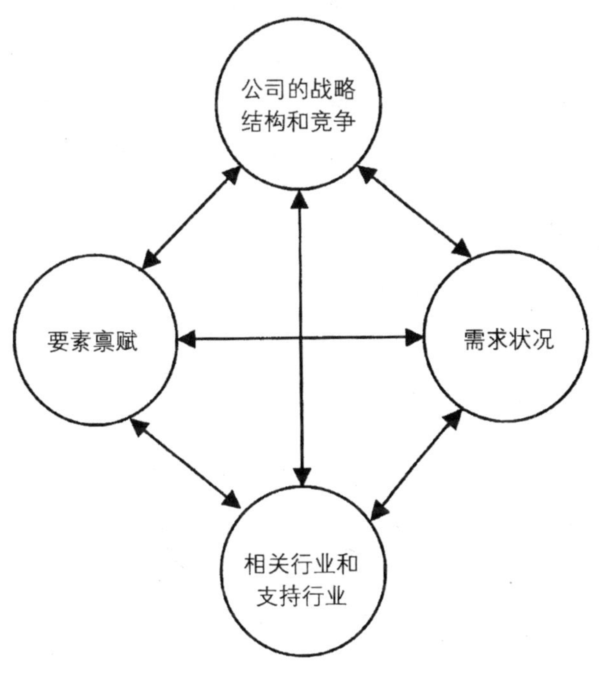

图 6－1　国家竞争优势决定因素

进行跨国经营的公司可以利用波特的国家竞争力的钻石模型分析方法，判别企业在国内拥有的竞争优势与劣势，充分利用已有的竞争优势，并利用在其他国家中所拥有的竞争优势，弥补本身的劣势，从而在全球市场上获得具有竞争力的领先地位。

第二节　国际市场的进入模式

企业的目标市场选定之后，市场进入模式主要回答两大问题：一是产销活动的布局问题，也就是“在哪里生产，到哪里销售”；二是产销活动的控制问题，也就是“谁来组织，谁来协调”目标市场的产销活动。根据产销活动的布局和组织协调方式的不同，企业进入国外市场的模式一般有出口、技术授权、特许经营、合资以及独资五种模式。每一种进入模式都有自己的优势和劣势。企业可以根据自身的条件选择最符合产品特性、企业实力和目标市场环境要求的模式进入国际市场。

一、出口

（一）企业出口的阶段性

在企业的出口的发展过程上，有一种渐进论的观点，认为企业的出口是一个逐渐完善的过程，一般要经历5个阶段：

1. 国内营销阶段

在很多国家，企业即使是其产品具有出口潜力，也会在其成长过程中经历一段“纯国内营销”时期。处在国内营销阶段的企业，对国外市场非常陌生，甚至对国外业务有一种盲目的恐惧感。例如，有些企业从未跟日本企业打过交道，对日本市场也没作过任何调查，并不了解日本企业的实际竞争能力，也没有作过出口的努力，但总觉得日本同行的产品质量更高，价格也更有竞争性，自己的产品无法与日本企业竞争。在处于国内营销阶段的企业中，这种对外界环境的无知而造成的“出口恐惧症”是很常见。

在这种情况下，企业的管理部门往往会因为国内市场供不应求，或是因为忙于处理企业的日常业务，对跨国经营的机会视而不见，听而不闻，对出口销售持完全消极的态度。他们往往认为，出口业务得不偿失，即使能够出口也未必能够收回货款。在这种情况下，即使收到国外客户送上门来的出口订单，他们也不积极对待。

2. 前出口阶段

随着企业经营活动的发展，原先处于国内营销阶段，既没有出口业务活动，对国际市场也一无所知的国内营销企业，会受到来自企业内外关于跨国经营的种种信息的刺激，逐渐对跨国经营的机会引起注意，发生兴趣。这时，企业的管理人员开始有意识地收集有关信息，研究跨国经营的可行性，企业也就相应进入前出口阶段。

在前出口阶段，企业并不做任何努力去积极开拓海外市场，只是偶尔做一些业务出口。最常见的是收到了“送上门来的出口订单”。所谓“送上门来的出口订单”，主要是指未经出口企业自身努力偶然收到的国外客户要求供货的出口订单。可见，这种出口的原因和动力完全是来自外部，企业自身是消极、被动的。

无论如何，在这个阶段上，企业的管理人员开始留意跨国经营的机会，着手研究跨国经营的可行性。但是，他们还不拥有跨国经营所需要的基本知识和市场信息，既不知道跨国经营将会遇到哪些问题，也不知道各项成本如何估算，没有完善的可行性报告的分析手段，常凭自己的主观印象进行产品出口决策。因此，在这一阶段上，出口市场的选择往往容易受到外界信息的影响，集中在所谓的“热点”国家，形成市场选择上的“一窝蜂”现象；或者是受企业现有关系网的影响，哪里有熟人，就向哪里出口。

3“试验性卷入”阶段

经过前出口阶段，企业的出口业务获得了成功，管理人员对跨国经营的态度会从“一般兴趣”转变为“值得一试”的探索欲望，企业也相应地从前出口阶段进入试验性出口阶段。

所谓试验性出口，还是一种投石问路式的尝试。这时，企业的出口业务往往是小批量的，出口量一般不超过企业总产值的

10%。企业出口的目标国家也少，往往集中在企业管理人员比较熟悉的国家。从出口的出口业务来看，只是停留在国内业务的附属的地位，企业对产品本身一般不作改动，只是对产品包装做一些简单的语言翻译，基本上是以现成产品供应国际市场。出口的渠道通常是利用中间商间接出口。出口动机也比较短视，主要是利用出口市场增加现有产品的销售，对出口活动的投资规模也控制在尽可能低的程度。

4. 积极出口阶段

随着企业与世界市场接触的增加，跨国经营出现“市场选企业，企业选市场”的双向选择的过程。一些试探性出口的企业被世界市场淘汰或主动退出世界市场，而那些在试验性阶段取得成功的企业则会更积极地进行跨国经营，进入积极出口阶段。

在这一阶段上，企业管理人员已经对世界市场的竞争态势和企业自身的竞争能力有了比较完整的认识，对自己的出口经营能力有了很强的自信心，开始主动积极、有系统地寻求开发国际市场。企业积极进入过去所不熟悉的遥远的新市场，增加国际营销的投入，扩大促销活动的手段和范围，运用过去所不熟悉的更为复杂的各种直接营销渠道，促使出口额大幅度上升。

企业出口业务的扩大，使企业相应地增设许多新的功能。不过，这时企业的基本组织和管理方式还停留在国内企业组织结构的状态。随着出口业务量的扩大，出口业务开始与国内业务争资源。企业跨国经营的要求与原先在国内经营基础上建立起来的管理方式开始发生冲突。企业需要把跨国经营与国内业务统一起来，从企业战略管理的高度统一协调，组织企业在全世界范围内的经营活动。

5. 国际战略阶段

跨国经营进入战略出口阶段以后，企业把出口业务纳入了企业的战略计划，成为企业业务的有机组成部分。这时，企业开始增强对国外渠道的控制和信息反馈，为国外市场专门设计新产品，在国外设置独立的生产与销售事业部。这时企业本身也开始向跨国公司演化。

应当指出，上述这种渐进论有一定的局限性。首先，它主要是以中小企业的知识水平和信息处理能力为前提的，描述中小企业跨国经营的过程，对于在世界各国都已设有分支机构的大型跨国公司或者在世界各国已经建立了固定经销关系的大型贸易公司并不适用。其次，随着信息技术的发展和企业对外部环境了解能力的上升，随着通晓外语和外经外贸人才不断增加，上述走向世界的许多中间阶段是可以跳跃的。

（二）间接出口

间接出口，是指企业通过设在本国的各种外贸机构或国外企业设在本国的分支机构出口自己的产品和服务。间接出口的特点是经营国际化与企业国际化相分离。就是说，企业的产品走出了国界，但企业的营销活动却几乎完全是在国内进行的，并不直接参与自己出口产品的国际营销活动。

间接出口是所有市场进入模式中风险最低的一种，既不要求新增投资，也不牵涉到跨国经营的种种商务、外汇和政治风险。从某种角度来看，企业的间接出口与向国内其他用户销售没有什么不同，只是在产品数量上有了简单的增加，不需要特殊的管理知识，企业的管理也没有发生本质的变化。间接出口的有利因素是可以以很低的投入有效地增加企业的产出，进入国际市场。而不利的因素是，企业对国际市场了解甚少，不能控制海外营销活动。企业产品在国外的销售价格、渠道、广告促销手段等各种营销方式的决策权都掌握在外贸机构或国外企业手中。

根据间接出口的这种特点，企业可以选择间接出口作为走向世界的跳板，作为一种探索学习、逐步发展的方式。有经验的企业也可以利用间接出口方式的投资少、管理容易的特点，作为覆盖大面积次要市场的手段，或者作为推销企业次要产品的一种辅助手段。

间接出口的形式有很多种，比较常见的有：

1. 通过国外公司、机构驻本国的采购处、分公司、分支机构销售

2. 通过大型贸易公司出口

与通过某一特定跨国公司分部出口自己的产品相比，大型贸易公司覆盖面很广，企业可以渗透更大的市场。不足的是，大型贸易公司可能会同时经营几家互相竞争的产品，不能对企业提供很好的服务，提供的目标市场的信息既不完全也不直观，难以保证企业产品大量的营销。同时，企业的谈判地位也较弱。

3. 通过各种出口管理公司出口

出口管理公司通常是小型的、按地区或产品专业化分工的管理公司。它们通常以生产厂家的名义，代表生产厂家向目标国的中间商和用户推销产品和服务。与通过大型贸易公司的形式相比，企业采用这种方式，可以对价格和营销方式有一定程度的控制权。对于人手和资金都不足的多数中小企业来说，通过出口管理公司出口，等于企业设立了一个“出口业务处”。如果挑选得当，企业可以利用出口管理公司的现成分销渠道，更快地渗透到外国市场。但是，出口管理公司的经营越成功，则越可能被企业的直接出口所取代。因为随着出口数量的上升，利用中间商的经济效率相对下降，企业就会在其产品成功地打入了国外企业之后，开始考虑自行出口。

4. “搭便车”出口

“搭便车”出口是指一个企业利用另一个出口企业在国外已经建立的分销渠道和经营能力出口。就是说，一个企业承担全部海外营销活动，成为“车头”企业；另一个则为“拖车”企

业。对“车头”企业来说，拉拖车可以填补其产品缺口，丰富其可供产品种类和花色品种，方便海外用户，增强自身整体竞争能力，或交叉弥补“淡旺季”的渠道不足的现象。对于依靠车头企业出口的“拖车”企业来说，搭便车的方式提供了现成的出口渠道，而且“车头”企业与“拖车”企业的产品之间往往具有互补性，对双方扩大销售、降低流通费用都有好处。但是，“拖车”企业也要注意不要因此而忽略了建设自身的出口能力，结果影响了企业的长期发展。

（三）直接出口

直接出口，是指企业把产品直接卖给国外的客户或最终用户，而不是通过国内的中间机构转卖给国外顾客。直接出口要求企业有自己的国际营销渠道，有专人负责出口营销的管理工作。与间接出口相比，直接出口投资较大、风险较大，但潜在的报酬也较高。直接出口有以下几种形式：

1. 企业驻外办事处

这种机构直接负责本企业产品的销售，并兼有收集市场信息、提供维修服务等职能。海外办事处一般都设在市场潜力较大，并有希望向更高经营阶段过渡的国家和地区。

2. 建立国外销售子公司

它与驻外办事处在职能上相似，但彼此的区别是在法律上和赋税方面都有其独立性，企业可以更深入地介入国际化经营活动。

3. 直接卖给最终用户

这种出口方式往往是大型设备或专有技术的出口，如航空航天设备、大型成套水利、电力设备、高技术产品等。

4. 国内出口部

它是附属于国内销售部门的分支机构，专门从事国际营销活动。按专业化分工，企业的出口活动全部由出口部承担。这种部门往往可发展成为专营进出口业务的分公司或子公司。

直接出口弥补了间接出口的缺陷。企业从事直接出口活动，可以进一步提高国际化经营水平，对调整经营战略、占领国际市场、树立企业的形象都具有重要意义。但是，直接出口要求企业投入的资源多，对企业内部专业人才和管理水平的要求也比间接出口高得多，因此，直接出口的风险要比间接出口的风险大得多。

二、技术授权

技术授权，是指技术许可企业通过签订合同的方式，向技术受许可企业提供所必需的专利、商标或专有技术的使用权以及产品的制造权和销售权。受许可企业应向技术许可企业支付使用费，并承担保守秘密等项义务。相对来说，技术许可方一般不需要进行大量投资或参与管理，主要是帮助技术受许可方掌握技术，协助组织初始生产，帮助选购合适的设备、原材料，协助指导安装调试、工艺流程设计等。企业的参与和资源投入的程度介于直接出口与间接出口之间。

（一）技术授权的类型

根据使用技术的地域范围和使用权的大小，技术授权可以分为：

1．独占许可

许可方允许受许可方在合同的有效期限内、在规定的地区内，对所许可的技术享有独占的使用权。许可方不得再在该地区使用该项转让技术制造与销售产品，更不得将该技术转让给第三者。

2．排他许可

许可方允许受许可方在规定的地区在一定的条件下享有使用该技术制造和销售产品的权利。但是，许可方仍保留在该地区内使用该技术的制造和销售产品的权利。

3. 普通许可

受许可方可以在合同有效期内，在规定的地区享有使用技术制造和销售产品的权利。但是，许可方保留在该地区合作该技术以及将该技术转移给第三者的权利。

4. 分许可

受许可方有权在规定的地区内，将其所获的技术合作权转售给第三者。

5. 交叉许可

交易双方以各自拥有的技术进行互惠的交换。双方的权利可以是独占的，也可以是非独占的。

（二）技术授权协议的基本内容和主要条款

1. 基本内容

在序言中说明当事人双方签约的目的、签约的基本前提、双方责任的基础以及应遵守的基本准则。

2. 定义条款

严格界定合同中使用的关键名词、术语，如“专利”、“商标”、“专有技术”、“技术资料”、“第三方”、“净销售价”等等，以避免双方因语言障碍、法律差异而产生解释上的分歧和争议。

3. 技术内容和范围条款

包括转让技术的名称、内容和范围、技术资料的详细内容和清单、技术培训、专家指导、技术服务、科研协作、销售范围等具体内容和安排措施。还要明确许可证协议的种类，是独占的还是排他的等。许可证这一条款是许可方的义务和受许可方的权利所在，往往是日后双方发生争吵的根源，所以必须详尽、明确地予以规定。

4. 价格与支付条款

确定转让技术的价格和费用的支付方式、货币币种、付款办法等内容。

授权虽然有上述的好处，但也有弱点。首先，企业无法在国外严格地控制受许可方的生产经营活动，难以形成规模经济和地区效益。其次，企业在授权上有丢失技术诀窍的风险。

三、特许经营

技术授权是制造业追求的战略，而特许经营主要是服务业追求的战略。特许的方式是企业卖给被特许经营企业以有限的权利，可以使用企业的商标品牌等资产，而收取一次性付清的费用和被特许经营企业的一部分利润。同时，被特许经营的企业要严格遵守许可方的经营规定。例如，麦当劳在全世界的经营方式是完全统一的。

特许经营的优势与技术授权类似，特许者不需要承担开发的成本和打开国外市场的风险，但要下大气力抓好质量控制。

四、合资经营

合资经营企业，是指两个或两个以上不同国家和地区的投资者共同投资组成的具有法人地位的企业。其基本特点之一是投资方共同管理、共负盈亏、共担风险，而不是由任何持股比重大的一方完全控制整个企业。因此，在这种方式中，合作各方持股比重相差不会太大，一般25－75%之间。

（一）合资的原因

第二次世界大战后，随着跨国公司的出现和国际资本的流动，合资经营得到了迅速发展，其原因有：

1. 各国政府的支持。发达国家急于扩大外投资，为其过剩的资本、设备和技术寻找出路；发展中国家则需要利用外资以解决资金不足、技术短缺和管理不良等问题。

2. 国际企业为避免关税壁垒和取得东道国的支持与合作，

愿意采取与当地合资的形式。这种形式由于受东道国法律的管辖和保护，许多国家特别是发展中国家也乐于采用。

3. 有利于在不同国家、地区以及行业之间分担风险。

4. 许多中小型企业通过合资经营可以形成规模经济，与其竞争对手相抗衡。

5. 科学技术的迅速发展，促进了技术转移，推动了国际间资本流动。

6. 对外合资经营也是一种有效的融资渠道。

与技术授权等介入国际市场程度较低的方式相比，合资经营企业的潜在利润更高一些，对生产和经营的控制更严一些，能更多更快地获得当地市场的信息，更直接地获得国际营销经验。合资经营的缺点主要是需要更多的资金和管理资源，而且风险也较大。

（二）合资经营的形式

合资经营的主要方式包括合资生产原材料、零部件和成品，合资科研、营销等等，一般有：

1. 合作生产原材料和零配件

在很多行业里，中小企业势单力薄，很难单独承担生产和开发任务。通过合资，新的联合体可以共同开发价值链上游环节的某些活动，利用规模经济效率与行业中占主要地位的企业相抗衡。

这种合资企业的主要问题是，对技术和市场的变化反应通常较慢。其原因，一方面是由于双方或更多的母公司必须对共同部件的各项指标取得一致意见，另一方面是由于合资企业因产品全部返销母公司而不与市场直接发生关系。因此，在技术更新换代快的行业，母公司的产品在市场上的竞争性可能受到影响。

这种合资的另一问题是难以制订划拨价格。如果划拨价偏低，则利润主要体现在最终产品经营者的母公司。因此，向合资企业采购量大的母公司就相对获利多。另一方面，如果划拨价高估，则利润主要体现在合资企业本身，然后以股息的形式返回母公司。而股息是按投入资本的比例分配的，因此，这种安排对于在初始投资中投资高的一方有利。此外，划拨价的高低，也直接影响到税利在国家之间分配的问题。如果划拨价订得高，税利收入主要体现在合资企业的所在国，企业的所得税也就都进了所在国的国库。

2. 合作科研

合作科研是合资各方的母公司向合资企业提供科研人员、科研经费和科研设施，合资公司向母公司提供科技成果。

与各母公司按照一定的协议分头进行科研，然后交流成果的协议科研方式相比，这种合资企业科研的方式，为来自各公司的科研人员提供了一种共同工作的环境。这种合资形式可以在研究人员中形成了许多正式和非正式的“面对面”交流渠道，可以有效地促进信息沟通，全面增加交流机会，往往对新技术、新工艺起到很大的推动作用。

组建这种合资企业的一个敏感问题是，双方或所有参与方派什么样的科研人员到合资企业工作。在很多情况下，被派到合资企业的科技人员往往不是母公司中最优秀的。关于科研合作的程度也是一个敏感问题。实践证明，科研问题离商用性应用阶段越远，母公司之间的合作愿望越高；等科技开发进入到产品开发的阶段，母公司各自对竞争性因素考虑得越多，合作也越困难。因此，许多科研合资企业往往采取基础技术合作研究，产品开发各自为政的办法，把合作领域限制在“前竞争”阶段。

3. 营销性合资

营销环节在价值链上是国际化经营过程中最初级、也是最重要的市场进入方式，是世界各国经济在国际分工的基础上相互联系、相互依赖的主要形式。组建营销性的合资企业，往往要求合资的一方提供生产技术或资金，另一方出市场营销经验和渠道网络。很多跨国公司与中国企业组建的合资企业主要是为了在中国市场销售。北京的可口可乐公司、上海的施乐复印机都属于这种类型。

（三）进入企业对合资企业的控制

一般来说，进入企业与东道国企业在建立合资企业中的战略目标方面总是有所不同。因此，合资企业中经常发生管理和控制权纠纷。大多数东道国，尤其是发展中国家，从本国的各种经济、政治或其他利益出发，非常重视对合资企业的控制。例如，一些发展中国家规定外国企业在合资企业中的股权份额不得超过49%。而美国规定，美国航空公司75%的控股权或投票表决权必须掌握在美国居民手中；从事沿海和内陆水域航运的航运公司75%的股权必须归美国所有；对1/5以上股本掌握在外国人手中的公司一般不颁发广播与电视转播的营业执照。在瑞士，一个由十个州签署的协议规定，外国人不得在石油开采经营中获得25%以上的利益。这些规定都限制了进入企业对合资经营企业的管理和控制，使其国际化经营的战略目标难以实现。在通常情况下，进入企业经常通过管理、技术、合同安排来控制合资企业，主要做法有以下几种：

1. 当进入企业在股权、董事会及管理部门的控制上处于劣势时，可以通过其他方法架空董事会等权力机构，如设立管理委员会、技术委员会或加强总经理的职权范围，达到控制企业的目的，也可以通过行使否决权来迫使对方妥协。

2. 加强对合资企业管理部门的控制。公司的决议都要通过管理部门来执行，他们左右企业的能力很强，当进入企业不能通过董事会控制合资企业时，可以加强对管理部门如总经理、业务、财务、产品销售等关键岗位的控制。

3. 通过提供服务来间接控制，如咨询、工程技术、质量控制等。例如，合同中如果规定必须使用某一种专门技术，这样，合资企业不仅要买某公司的技术，还要买该公司的产品。

4. 通过合同限制产品种类，既可以维持进入企业的全球战略，也可以加强对合资企业的控制。

5. 通过采购和销售实行间接控制。进入企业往往在协议中要求购买特定的产品和技术，要求规定销售额，限制销售地区。

五、国外独资经营

国外独资经营是企业国外生产经营活动的最高阶段，意味着企业在国外市场上单独控制着一个企业的生产和营销。

独资经营可以使企业获得百分之百的所有权，全部利润归自己所有。此外，独资经营可以摆脱合资经营在利益、目标等方面的冲突问题，从而使国外子公司的营销战略与企业的总体战略融为一体。企业采取独资经营的方式进入国际市场还可以更直接、更全面地积累国际营销经验。不过，这种进入方式投入的资金最多，风险也最大；东道国政府和公众可能不欢迎外来企业，不能得到当地合作者的帮助；灵活性也最差。

六、其他进入模式

在其他进入模式中，非股权安排是一种最常见的形式。所谓非股权安排，又称非股权投资、或合同安排，是20世纪70年代以来被广泛采用的一种新的国际市场进入方式。进入企业在东道国的企业中没有股份投资，而是通过合同为东道国提供各种服务，与东道国的企业建立起密切联系，从而控制技术、管理、销售渠道等各种资源，获得各种收益。

非股权安排是一种非常灵活的投资方式。联合国跨国公司中心在一份研究报告中称其为“直接投资的代替物”。非股权安排主要有以下几种基本形式：

（一）管理合同

又称经营合同，在拉美国家称风险合同，是指某国一个企业由于缺乏技术专门人才和管理经验，以合同形式交由另一个国家某国际企业经营管理。这种经营管理权只限于企业日常的经营管理。企业的重要问题，如决定新的投资、所有权安排以及基本的政策等仍由董事会决定。管理合同不用投资就可以取得对外国企业的控制权，可以为进入企业的总体战略服务，风险较小。但这种形式直接收益也较小，而且占用稀缺的经营管理人才。

（二）国际分包合同

是指某个国家的总承包商向其他国家分包商定货，后者负责生产部件或组装成品，由总承包商负责出售。这种方式基本类似于来料加工、来样加工、来件组装等加工贸易形式，东道国的企业不承担风险，而总承包商可以在一个较长的时期内以低于市场价格购买所生产的一定份额的产品。

（三）工程承包合同

是指企业按照合同要求在东道国从事水利、交通、通讯等设施建设或为东道国政府和企业提供成套设备、大型主机设备及其设计、安装、调试和管理。工程完成后由东道国政府或企业验收接管。工程承包合同分单项合同和整体项目合同两种。单项合同，是指承包商只承接整个工程项目部分内容。这种方式在国际承包中比较普遍。整体项目合同，又称交钥匙工程，是指承包商负责整个工程项目从设计、施工、安装、调试到验收的全部建设内容，试车成功后，一次性移交当地政府或企业管理。交钥匙工程对资金、技术、施工管理等方面要求较高，承包商必须具备较强的实力才能获得这种合同。这种合同利润丰厚，而且有利于带动成套设备出口。其主要缺陷是在合同执行过程中，遇到东道国的干涉和阻力较多。

此外，经常出现的合同安排形式还有销售合同、劳务输出合同等多种形式。

第三节　国际化经营的战略类型

企业根据对国家竞争优势的判断，以及所要采取的市场进入模型，可以选择的国际化经营的战略基本有以下几种类型（见图6－2）：

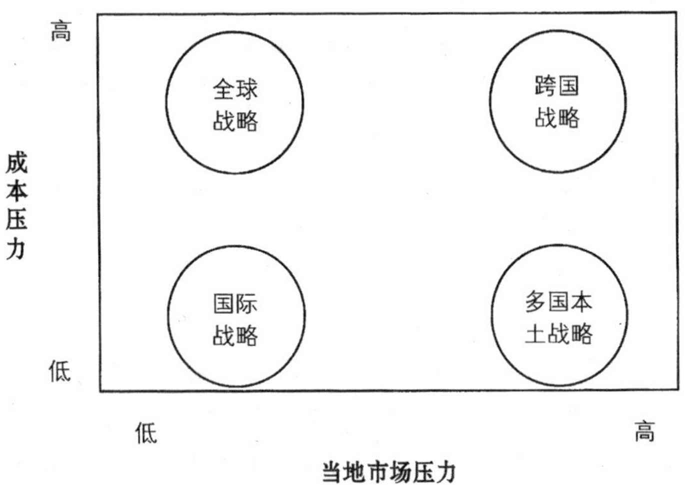

图6－2　国际化战略的选择

从图6－2，可以看到在成本压力与当地市场压力的两个条件的约束下，企业可以根据发展的需要选择自己的战略。

一、国际战略

国际战略是指公司将具有价值的产品与技能转移到国外市

场，以创造价值的举措。大部分公司采用国际战略，是将其在母国所开发出的具有差别化产品转移到海外市场，从而创造价值。在这种情况下，公司多把产品开发的职能留在本国，而在东道国建立制造和营销职能。在大多数的国际化公司中，公司总部一般严格地控制产品与市场战略的决策权。例如，美国宝洁（P&G）公司在美国以外的主要市场上都有工厂。这些工厂只生产由美国母公司开发出来的具有差别化产品，而且，根据美国开发出来的产品从事市场营销。

当公司的核心能力在国外市场上拥有竞争优势，而且在该市场上降低成本的压力较小时，企业采取国际化战略是非常合理的。但是，如果当地市场要求能够根据当地的情况提供产品与服务，采取这种战略就不合适了。同时，由于公司在国外各个生产基地都有厂房设备，形成重复建设，加大了经营成本，这也是不利的。

二、多国本土化战略

为了满足所在国地市场需求，企业可以采用多国本土化战略。这种战略与国际战略的不同是，企业将在不同国家的市场上，提供更能够满足当地市场需要的产品和服务。两者的相同点是，企业将自己国家所开发出的产品和技能转移到国外市场，而且在重要的国家市场上从事生产经营活动。因此，这种战略的成本结构较高，无法获得经验曲线效益和区位效益。

在当地市场强烈要求根据当地需求提供产品和服务，并且不考虑成本的问题时，应当采用多国本土化战略。但是，由于这种战略生产设施重复建设并且成本结构高，成本压力大的行业就不能适应。同时，过于本土化，会使得在每一个国家的子公司都过于独立，总公司最终会无法有效指挥子公司，无法将自己的业务向子公司转移。

三、全球战略

全球战略可以分为以下几种不同的类型：

（一）全球低成本战略

企业竭尽全力成为全球绝大多数或所有具有战略重要性的市场上的购买者的低成本供应商，其战略行动必须在全球范围内进行协调，以获得相对所有竞争对手的低成本地位。

（二）全球差别化战略

企业对自身的产品在一些相同的属性上进行差别化，以创造一个全球一致形象和全球一致的主题，其战略行动必须在全球范围内进行协调，以获得全球一致的差别化。

（三）全球重点集中战略

企业在每一个有着重要战略意义的国家市场上为同一个相同的清晰小市场点提供服务，其战略行动必须在全球范围内进行协调，以在全球范围内获得一致的低成本或差别化竞争策略。

四、跨国战略

跨国战略是要在全球激烈竞争的情况下，形成以经验为基础的成本效益和区位效益，转移企业内的核心竞争力，同时注意当地市场的需要。为了避免外部市场的竞争压力，母公司与子公司、子公司与子公司的关系是双向的，不仅母公司向子公司提供产品与技术，子公司也可以向母公司提供产品与技术。企业采取这种战略，能够运用经验曲线的效应，形成区位效益，能够满足当地市场的需求，达到全球学习的效果，实现成本领先战略或产品差别化战略。

跨国战略的显著特点是业务经营的多样性和国家市场的多样性。多元化跨国公司的管理者们不仅要制定和执行大量的战略，还要据各国市场条件的需求进行调整变化。此外，他们还面临着另外的挑战，即要寻找好的方法来协调公司跨行业和跨国家的战略行动，从而获得更大的持续的竞争优势。这种优势要比仅仅将公司的资源和生产能力用到在每一个国家市场和每一项经营业务中所建立强大的竞争地位要大得多。

（一）跨国多元化经营的出现

直到 20 世纪 60 年代，跨国公司在每个东道国经营着各自相对独立的子公司，每个子公司要符合其所在国家市场的特殊需求。公司总部的管理任务只是执行财务职能、进行技术转移和出口协调。即便他们的产品和竞争战略与每个国家的市场条件都非常符合，一家跨国公司仍然可以通过学会在国与国之间有效地转移技术和生产秘诀、品牌、营销和管理技术等实现其竞争优势。标准化的行政管理程序能够使一般管理费用最小化，一旦公司成立了管理在国外子公司的机构，就可以以很少的增加成本进入其他国家的市场。

到了 70 年代，在某些产品上，购买者偏好非常集中，跨国公司可以在不同国家的市场销售同样的产品了，不再需要根据某些国家市场内占优势的顾客偏好和竞争条件来设计特殊战略和产品。同时，越来越多行业中的相关的竞争市场已从国内移到国际，又转移到全球。传统的跨国公司为取得更高效率和降低生产成本，开始对它们的跨国业务进行整合。公司不再在每个国家中独自生产完整系列的产品，而是使工厂的生产运作更加专业化，生产流水线超越了国界，同时使用更快的自动化设备，获得经验曲线效应和规模经济。

在 80 年代，跨国公司开始用相关多元化战略来获得竞争优势，力图同时在几个相关的全球行业中建立更强的竞争地位。在全球性竞争的行业中存在战略匹配关系的情况下，成为一家多元化的跨国公司比作为一家单一经营的跨国公司更具竞争力。多元化的跨国公司希望将一项核心技术中的专门技能能应用于不同的行业的生产经营中，并且在这些行业发展相关经营组合时产生重要的范围经济性和品牌优势。

（二）多元化跨国公司的竞争优势

以相关多元化战略进入全球性竞争为主的行业可以获得的竞争优势主要有：

1. 多元化跨国公司可以将其在某项核心技术中的专长转移到其他可因技术秘诀和能力获利的业务中，以实现竞争优势。

2. 多元化跨国公司可以协调使用核心技术专长的一组经营业务，使之通过战略合作式的研究开发，获取竞争优势。

3. 多元化跨国公司如果拥有可在全世界使用相同的分销商和零售商的业务，那么，它就能够以相对较少的费用进入使用相同的分销能力的新业务中，并且利用销售方面的范围经济，获取成本优势。同时，该公司还能增强与零售商讨价还价的力量，保证某些新产品和新业务处于货架上富有吸引力的位置。

4. 多元化跨国公司可以利用在其他国家的业务所拥有的财力和组织资源，来对抗某一国的竞争对手，获得所需要的市场地位。

当然，多元化跨国公司可以采用跨国、跨业务的方法开拓出有吸引力的新市场，或者超过某一个特别的对手，但它使用这种方法的能力要受到保持整体可观利润的限制。因此，多元化跨国公司与其他类型的公司一样，要经常进行业务重组，保持持续的盈利与发展。

本章小结

本章阐述了企业进入国际市场的动因，主要是为了充分地利用国外资源、资金、技术、信息和管理经验，进一步扩大对外经济技术交流与合作，促进国内经济发展。在对于进入市场的选择上，企业要会运用国家竞争优势的分析模型，充分研究各个国家的要素禀赋、需求状况、相关行业和支持行业以及公司的战略结构和竞争。要素禀赋，是指一个国家在生产要素所处的地位，包含基础要素（自然资源、地理位置、气候和人口等）以及高级要素（通信设备、掌握熟练的高技术的劳动力、科研设施和技术诀窍等）。基础要素和高级要素都能为一个国家提供竞争优势。需求状况，是指国内市场对该行业的产品或服务的需求特点。相关行业和支持行业，是指国内是否有具备国际竞争能力的供应者行业以及相关的行业。公司的战略结构和竞争，是指在一个国家里公司的战略、组织结构以及竞争情况。

在此基础上，企业可以根据自身的情况，选择挤入国际市场的模式与战略。进入市场的模式一般有出口、技术授权、特许经营、合资与独资五种模式。每一种进入模式都有自己的优势和劣势。而根据成本压力以及当地市场压力两个因素来考虑，国际化经营的战略基本有4种形式，即国际战略、多国本土化战略、全球战略以及跨国战略。

本章重点概念

要素禀赋　基础要素　高级要素　需求状况　相关行业　直接出口　间接出口　技术授权　特许经营　合资　独资　国际战略　多国本土化战略　全球战略　跨国战略

思考题

1. 运用波特的国家竞争力模式，分析某个国家的竞争力。

2. 分析企业采取合资方式与独资方式的区别和利弊。

3. 分析特许经营的优势与劣势。

4. 分析四种类型国际化战略的运用条件，以及各自的优劣势。

案例分析题

宜家公司

宜家（IKEA）公司，是1940年代在瑞典创立的。近几年，该公司快速成长为全球最大的家用饰品零售商之一。公司在进入全球市场初期时，坚持在全球市场销售具有瑞典风格的产品，并在市场促销活动中突显瑞典特色。在当时，这样的做法与重视各地市场偏好的传统成功方法完全不同，很多人怀疑是否能够在国际市场上获得成功。

事实上，宜家公司的这种做法十分有效，得到了迅速的成长。在1974年时，IKEA只有十几家连锁店，每年收入2.1亿美元。但到了1994年，该公司已经在26个国家有125家分店，年销售额达50亿美元，来自海外的收入占公司年总收入的89%。

宜家公司的成功之道是为客户提供物有所值的产品。该公司由67国家2700家公司所构成的全球供货商网络是保证成功的关键。通过这一供货网络，宜家公司获得低价的产销合同；作为回馈，宜家向供货商提供长期合同和技术咨询，并提供租赁设备。彼此间的合作十分密切，甚至在产品设计之初，双方贯彻低成本的原则。

不过，在北美市场的开拓并不如预期的顺利。1990年，公司的高层管理发现了美国客户需要不同品味的产品，并且汇率的变动也影响到宜家产品的竞争力。于是，在北美，宜家调整了公司的战略，重新设计产品，以符合美国顾客的口味，并且尽量使用当地原材料，以降低汇率变动风险。经过4年的努力，1994年，宜家公司在北美的销售额达到4.8亿美元，是1990年销售额的两倍。

复习思考题

宜家公司选择跨国经营战略，从早期突出瑞典特色的国际战略，到后来重视北美市场顾客差别的跨国战略，反映了该公司能够根据不同时期不同市场的需求，战略性地加以调整，从而获得了所需要的竞争优势。

通过宜家公司战略转换的方式，分析该公司的竞争地位与优势。

公司战略与优势

本章重点

- 了解公司进行多元化经营的原因
- 了解进入战略的模式
- 掌握企业并购的基本形式及其内涵
- 掌握相关多元化战略的优劣势
- 掌握不相关多元化战略的优劣势
- 了解合作战略与竞争优势

引　言

竞争战略主要是考虑单业务企业组织或公司的一个战略经营单位的战略。而公司一般是由若干个单业务经营单位组成的多元化经营的企业。所以，公司战略要在更多更大的业务范围内制定。就是说，企业要运用公司战略帮助其各个经营单位建立起独特的竞争能力，获得竞争优势。一般来讲，公司战略主要考虑两个问题：一是企业应该选择在哪个行业里从事生产经营活动，以使其长期利润最大化；二是企业应该选择那种战略进入与退出某个行业领域。

第一节　公司战略的形成

一、公司战略形成的过程

多元化经营的公司一般是从以下几个方面考虑它的战略形成问题：

（一）制定进入新的经营领域的步骤

多元化经营需要考虑的第一个问题是进入哪个新的行业。这个问题涉及到公司的经营范围是在少数几个行业中，还是在众多的行业里。进入的方式也会有所不同，公司可以是在一个行业里建立起一项新的业务，也可以通过并购来进入目标行业。

（二）提高所进入的经营领域的联合业绩

当公司在所选择的行业中占据一席之地后，其战略重点则在于提高所投资业务的经营利润，加强长期的竞争地位。为此，公司可以向子公司提供财力资源、经营技巧或技术诀窍，或者提供能使关键的价值链活动更加良好运作的管理技能。公司还可以并购同一行业中的其他公司，将其与自己的子公司合并成一个更强大的公司，以形成规模经济。

（三）实现相关业务单元的协同作用

当公司在具有相关技术、相似的价值链活动、同样的销售渠道、共同的顾客的业务中进行多元化经营时，就可以很好地利用这些协同作用，在各个业务之中转移技术，分享专有技能或设施，从而降低总体成本，获得竞争优势。

（四）建立投资的优先次序，将公司资源投入到最有吸引力的业务单元

从增加投资的角度来看，多元化经营公司中的不同的业务所具有的吸引力也不同。公司高层管理层要决定对不同业务进行资本投入的优先顺序，要将资源投入到盈利潜力较高的领域，剥离运营逐渐恶化的或者处于日益缺乏吸引力行业的业务单元。同时，将剥离运营不善的业务所结余的资源，再投入到有前途的业务单元中，或者用以资助新的有吸引力的并购。

二、公司进行多元化的内部原因

（一）实现企业的规模经济

规模经济，是指企业平均成本会随着产品和服务的数量的增加而下降。

规模经济有单点经济性和多点经济性之分。单点经济性常常存在于物理生产过程之中，并且主要与制造单位的规模有关。例如，如果存在技术规模经济，那么生产能力就会以高于工厂和设备成本的速度获得增长。在水泥制造、石油提炼、矿石冶炼和其他许多加工产业都存在这种效果。此外，在其他职能领域也可能会存在这种经济性。例如，由更多数量的产品来分担固定成本的情况。规模也能通过促使公司实现专业化而带来大量好处。由于生产数量的增加，单个工人可以把注意力集中在较窄的范围之内，从而开发出或利用更多的专业化技能。而且，只有达到足够的生产规模，高技能和高成本的劳工才能得到充分的利用。

在大多数产业，处于主导地位的公司常常经营多个工厂或设

施，这就可能是公司存在多点经济性。与物理生产过程相比，在研发过程及市场营销过程中存在这种经济性的可能性更大。例如，公司可以利用自己的分销系统销售来自多个不同地点的产品和服务。

规模经济性也在一定程度上决定了在某一产业中进行竞争并能获利的公司数目的上限。当最小有效生产规模与需求高度相关时，产业中所能容纳的竞争者相对较少。同时，重要的多点经济性也增加了每个竞争者为了继续生存所必须占有的市场份额。

企业规模是一种经营资源。为了实现规模经济，企业要考虑是使用职能要素还是产品要素获得最低单位成本，即实现最佳使用密度。为此，企业从事多种经营，扩大企业规模，能在质量和数量方面占有丰富的经营资源，也就能享受规模经济效益。同时，企业进行多种经营，可以弥补企业规模不当的弱点，提高企业的盈利水平。

但是规模经济也存在一些局限和风险。第一，存在规模不经济，即在大多数生产过程中都会从某一点开始出现一种随着产量的增加，成本非但不降反而上升的现象。出现这种现象可能是后勤瓶颈、协调成本增加或员工激励问题等因素作用的结果。第二，存在战略风险，开发利用规模经济，往往要求公司进行大量的投资，特别是专用资产的投资。但是，一旦顾客的偏好和原材料的价格出现变化，或者竞争战略发生转移，这些沉没成本很可能会把一家公司锁定在毫无吸引力的业务之中，造成亏损。最后，规模经济也会随着产业生命周期阶段的发展而发生变化。当技术获得发展、产业渐趋成熟的时候，规模经济也常常随之增加。然而，相反的情况也会发生。

（二）在众多业务中形成范围经济

范围经济，是指公司同时生产和出售多种产品的成本会低于单独生产和出售同样数量的单一产品的成本的现象。

从寻求范围经济的角度出发，企业希望在两个或多个经营单位中分享如制造设施、分销渠道、研究开发等资源，减少在各经营单位的投资，降低成本。最近，无形资源在范围经济中的作用日益明显。例如，公司的多个产品可以同时使用一个已经建立起良好声誉的品牌，从而大大降低了公司的市场开发费用。

范围经济可以说明公司与众不同的能力。这些能力是公司进行大量投资的结果，并且其中可能包括那些蕴涵着隐性知识的程序和多年来的经验与过失。通过把这些能力长期运用于许多产品和市场之中，公司就能够收回在培育这些能力时所发生的成本。所以，公司创造的能力能够产生大量的范围经济，并因而成为多种产品的竞争优势的有价值的源泉（见图 7－1）。

范围经济也存在着战略风险。一是范围经济依赖于以前独

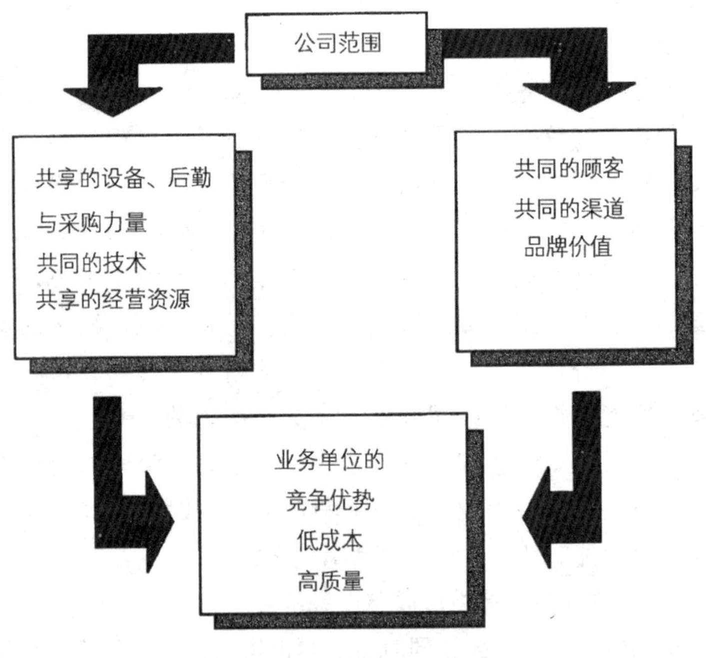

图 7－1　范围经济优势

立的单位之间的资源共享和一定程度的协调活动，并且会导致组织结构与组织体制的深刻变化。这就要求更加科学的管理，避免增加成本。二是如果公司的竞争战略长期保持不变，那么公司开发出的并与实施的战略相适应的资源就会逐渐导致惯性，阻碍变革，不再给公司带来核心能力。

（三）建立进入障碍

企业实行整合，特别是实行纵向整合，可以控制关键的投入资源或控制销售渠道，从而对行业的新进入者建立了进入障碍，防止竞争对手进入企业的经营领域。这时，企业不仅保护了自己原有的经营范围，而且限制企业所在行业的竞争程度，使企业可以在较高的价位上制订价格，获得较大的利润。

（四）增加对市场的控制能力

企业通过横向并购和纵向并购，都会增加企业的市场控制能力。横向并购，特别是把竞争对手并购过来，可以减少竞争，增加市场份额。纵向并购可以在某种程度上提高企业对市场的垄断性，如通过并购形成对原材料或销售的垄断等。

（五）降低经营风险

企业通过并购，能增加企业生产的产品种类，实行经营的多样化，从而有可能减少企业的风险。此外，企业进入新领域，如果投资新建，不仅要开发新的生产能力，还要花费大量的时间和财力以获取稳定的原料供应，寻找合适的销售渠道，开拓和争夺市场，导致不确定性因素较多，风险成本较高。企业通过并购，则可以避免这些风险。对于小企业来讲，通过并购，可以解决资金短缺问题，避免发生财务困难的风险。

（六）保证产品和服务质量

企业为了保证自己主导产品或服务的质量，形成自己的差别化，常常进行纵向整合。例如，烟厂为了保证生产出高质量的香烟，会对生产烟叶的烟农进行扶持，保证为该烟厂提供高质量的烟草。葡萄酒厂拥有自己的葡萄产地也是这种整合的例证。同样，有些企业在销售自己技术复杂的产品时，也需要拥有自己的销售网点，以便提供标准的售后服务。当然，在其他零售商可以为本企业提供满意的售后服务时，企业便没有必要再进行纵向整合。

（七）促进企业加强内部管理

通过并购，管理完善的企业可以改善被兼并企业的内部管理问题，使企业资源得到充分利用，转亏为盈，从而提高经济效益。

（八）纠正企业目标差距

企业制订有关增长率、收益率目标，并根据这些目标的实际完成情况决定下一段的行动方针。当实际完成情况低于原订目标而产生目标差距时，往往不得不从事多种经营来弥补，以实现预期目标。一般地说，目标差距越大，企业从事多种经营可能性越大。

三、公司进行多元化的外部原因

（一）产品需求趋向停滞

当企业的原有产品处于其寿命周期的衰退期时，产品由于需求停滞而无法满足企业发展的要求，企业必须寻求需求增长快的新产品和新市场，从而开展多种经营。

（二）市场的集中程度

这里所说的集中程度是一个卖方结构指标。计算这个指标时，将企业按规模（销售额、资金等）大小顺序排列，然后合计几个主要企业占行业总体的百分比。集中程度高时，产品由少数卖方企业控制。在集中程度高的行业中，企业要想得到更高的增长率，一般是用降低价格、扩大供应能力、支付高额广告费等方法蚕食对手企业的市场占有率，但用这些方法既增加费用又有风险。因此，在集中程度高的行业中，企业想追求较高的增长率和收益率，只有进入本企业以外的新产品、新市场。企业所在行业的集中程度越高，越能诱发企业从事多种经营。

（三）需求的不确定性

由于市场需求的不确定性，企业经营单一产品或服务便会面临着很大的风险，其增长率和收益率会为该产品的需求动向所左右。如果，该产品的需求动向有很大的不确定性，企业为了分散风险，便要开发其他产品，从事多种经营。即使原来已从事多种经营的企业，当原有产品市场需求有很大风险时，为了分散风险，也会积极从事多种经营。

无论何种原因促使企业采用多种经营战略，企业都应该清楚地认识到成功的多种经营不是经营单位或企业的简单聚合。在多种经营中，企业要获得成功，需要考虑：

1. 新行业的经营业务要与本行业的经营业务有共同的经营基础，即要有共同的市场或共同的技术。

2. 在多种经营中，新经营的业务要处于产品/市场发展的初级阶段；至少不超过成熟阶段，否则便达不到实行多种经营的目的。

3. 构成多种经营需求的原因是有一定的时间性。过了这段时间，企业所面临的市场和竞争环境都会发生变化。

4. 加强企业内部的协调。多种经营的企业由于所辖的经营单位数目过多，使得企业高层管理人员难以了解企业经营的全貌，也难以协调。因此，企业必须加强管理，作好内部协调，减少混乱。

四、公司战略的基本框架

公司战略包括进入新行业的战略、相关多元化战略、不相关多元化战略、剥离和清算战略、转变、紧缩和重组战略、跨国多元化战略以及合作战略。图 7－2 描述了多元化公司战略的基本框架，以及各战略之间的相互关系。

前三种是进入多元化经营的三种方式；后四种是加强已经实行多元化经营的公司的地位和业绩的战略。

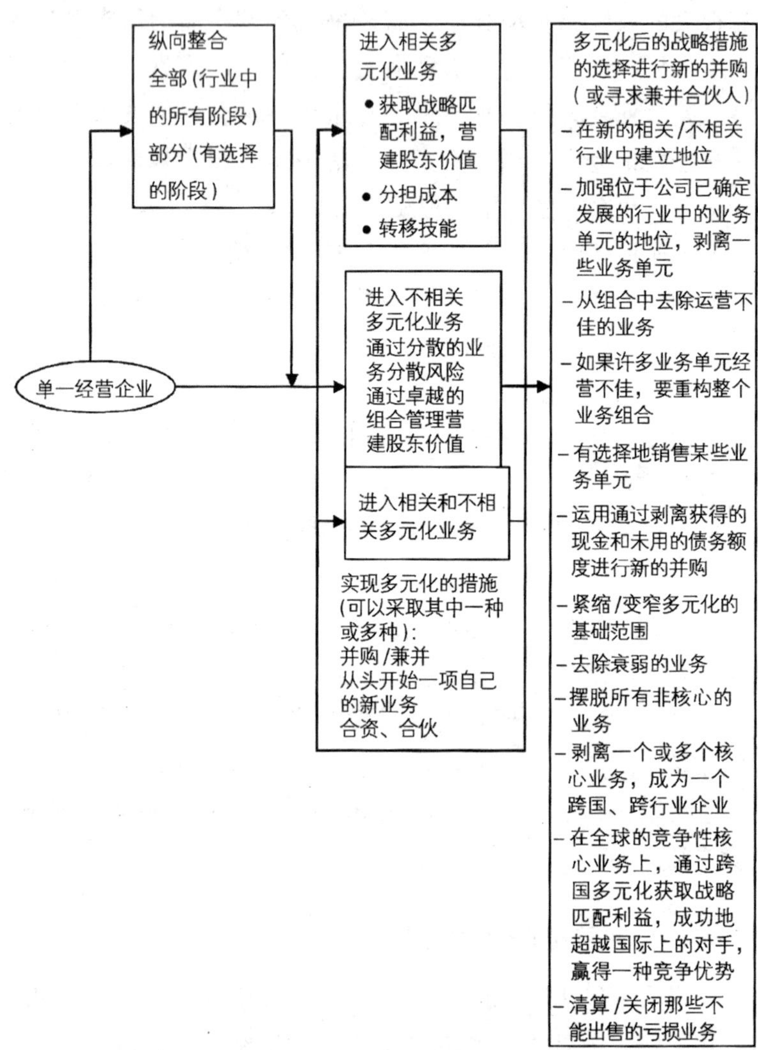

图 7－2　公司战略的基本框架

第二节　进入战略

企业要进入一个新的领域，首先要考虑两个问题：一是进入哪个行业的业务经营领域；二是进入的方式。前者需要行业进行分析评价。有关行业分析的内容，前面章节已经作了介绍。公司需要分析影响行业动向的因素、决定行业竞争状态的因素以及行业内各公司所采用战略的差异。在这里，重点介绍企业的内部创业、合资与整合等主要的进入战略类型。

一、内部创业

内部创业，是指企业通过内部的研究开发，创造出不同于企业所在行业的产品或服务，形成一个新的市场或行业。美国硅谷的高科技的发展，就是内部创业的典型例子。

（一）内部创业战略的应用条件

企业选择内部创业战略进入新的经营领域，需要考虑以下的条件：

1. 行业处于不平衡状态，竞争结构还没有完全建立起来。例如，新兴行业就是这种情况。

2. 行业中原有企业所采取的报复性措施的成本超过了由此所获的收益，使得这些企业不急于采取报复性措施，或者所采取的措施效果不佳。

3. 企业由于现有技术、生产设备同新经营项目有一定的联系，可以保证进入该领域的成本较低。

4. 企业进入该经营领域后，有独特的能力影响其行业结构，使之为自己服务。

5. 企业进入该领域，有利于发展企业现有的经营内容。例如，进入以后，可以提高企业形象、改进分销渠道等。

（二）内部创业战略的特性

企业采用内部创业战略时，需要注意它的两个特性：

1. 时间性

根据实证研究，采用内部创业战略而组成的新的经营单位一般要经过 8 年的时间才有获利能力；经过 10 年到 12 年的时间，该单位的效益可达到成熟业务的水平；12 年以后，该单位将会获得最高的效益和很高的市场占有率。因此，企业在进行内部创业战略时，前几年的战略目标应放在建立市场占有率上，而不要只看重短期的获利能力。

2. 进入规模

进入规模的大小，对企业采用内部创业战略有着很重要的影响。从长期来看，新的经营单位以较大的规模进入要比较小的规模进入容易更早地获得效益。企业大规模进入新的经营领域，需要大量的资金，以便承受前 8 年中利润负增长。如果规模过小，该经营单位的风险就更大。

（三）内部创业战略的成功与失败

1. 企业内部创业战略的成功

企业要成功地运用内部创业战略，主要抓好高层的战略认识与职能层次的研究开发。具体讲，企业要：

（1）确立战略目标，从总体上把握运用内部创业战略的时机、规模、资源和周期；

（2）有效地运用企业的研究开发能力，使企业的研究开发与总体的战略目标保持一致；

（3）加强研究开发与市场营销的联系，确保企业的研究开发是为市场需求而进行，不是为研究而研究；

（4）改善研究开发与生产制造的联系，提高企业生产新产品的能力；

(5) 严格筛选与监控内部创新活动，保证实现预期的创新产品的市场份额目标。

2. 内部创业战略的失败

内部创业失败率较高，主要来自三个方面：

1. 企业进入规模过小

许多企业认为，大规模进入一旦失败，损失会很大，于是愿意采用小规模进入的战略，结果会造成大错。在这种情况下，企业无法建立起长期立足的市场占有率。前面讲过，从短期来看，规模小会损失少，规模大则成本高且损失大。但从长期来看，规模大的收益高。

2. 商品化程度过低

采取内部创业的企业多为高技术企业，其研究开发多属于高技术领域。公司如何将高技术的研究成果进一步商品化，满足市场的需求，是成功地运用内部化战略的关键。许多企业的失败在于过分追求科技成果领先，忽略市场的实际需求。

3. 战略实施不当

在战略执行的过程中，企业要考虑组织管理的问题，要将科研项目的研究与内部创业战略的关系处理好。企业如果同时支持多项不同的内部创业战略，则会导致财力分散，不能保证创新成果获得最佳的市场效果。同时，企业还应注意，研究开发的成果并不一定都具有战略价值与市场价值，对此要作出正确的决策。企业还要考虑内部创业的业务何时能够真正获利的问题。

二、合资

合资也是企业进入新经营领域的一种公司战略的选择形式。企业通过合资经营的形式，进入对方的经营领域，共同经营，共担风险，使双方在生产经营上具有的紧密联系，实现双方资源和能力互补，达到共同发展的目的。

企业根据需要，所选择的合资经营对象可以是国内的合作者，也可以是国际合作者。至少在三种情形下合资是进入一种新经营领域的有用的方式。第一，对于一个企业单独运作时不经济或有风险的经营，合资是一种较好的方式。第二，当通过集合两个或更多个企业的资源和能力能够为一个企业带来更多的资源和竞争性资产，使之成为一名强有力的市场竞争者时，合资是有意义的。在这种情况下，每个合伙人带来其他人所不具备，但对成功又非常重要的特殊才智或资源。第三，与外国合伙人合资有时是克服进口份额、关税、国家政治利益和文化障碍的唯一的或最好的方式。各国经济的、竞争的和政治的现实经常需要外国公司与国内合伙人结盟，以进入国内合伙人所在国家的市场。国外合伙人提供资金、技术等，国内合伙人提供当地知识、管理和销售队伍、销售渠道等方面的利益。这样的合资经常会产生如何在合伙人之间进行分工与谁持有有效控制权等复杂的问题。在外国和国内合伙人之间，也会在是否使用当地的资源力量、出口多少产品、运作过程等方面应与外国公司一致还是服从于当地的偏好、谁控制现金流量以及如何分配利润等诸方面也会产生冲突。

三、整合战略

企业整合，是指企业在同一行业生产链上不同阶段上的不同方向的一体化活动，或者是不同行业同一阶段上一体化活动。不同方向的活动是纵向整合，而同一阶段的活动是横向整合。

（一）企业整合战略的类型

企业整合战略基本有四种形态（见图 7－3）：

1. 纵向整合战略

企业的纵向整合战略有两种形态：一是，企业自行生产其生产链上的上游产品，实现后向整合；二是，企业自行生产其生产链上的下游产品，实现前向整合（如图 7－4）。例如，钢铁公司从自己拥有的铁矿山获得铁矿，就是一种后向整合；而汽车制造厂通过自己的销售网点销售自己的汽车，则是一种前向整合。

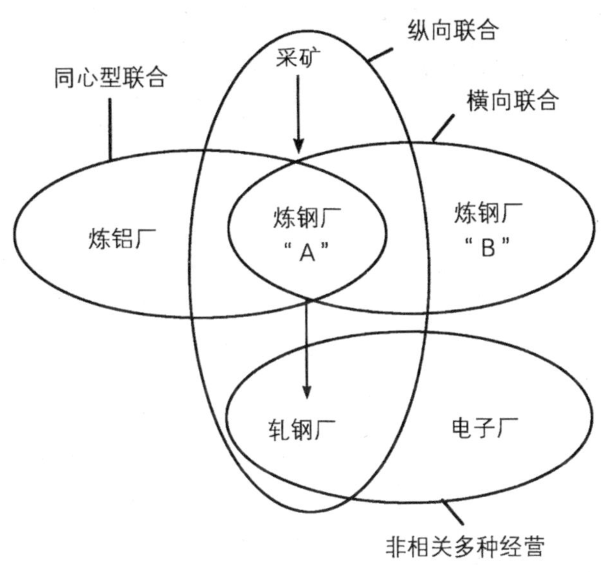

图 7－3 企业整合战略的类型

图 7－4 所显示的是典型的从原材料到消费者的生产价值链。在链上的每一个阶段，价值被附加在产品上。例如，处于装配阶段企业将前一阶段所生产的产品经过某些转换，然后以较高的价格销售给处于生产链下一阶段的企业。那么，装配阶段企业在投入时所支付的价格与产品销售的价格差异便是装配阶段所产生的附加价值。附加价值高，企业就具有竞争优势。

在纵向整合战略中，除了前向整合与后向整合以外，还有完全整合与锥形整合两种形式（如图 7－5）。

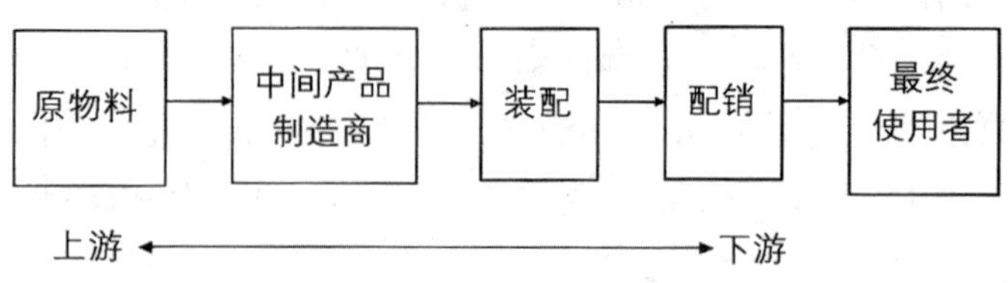

图 7－4　行业的生产价值链

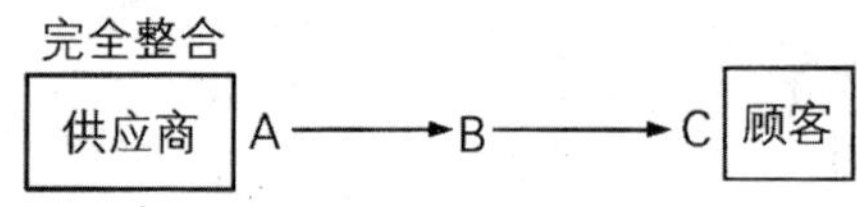

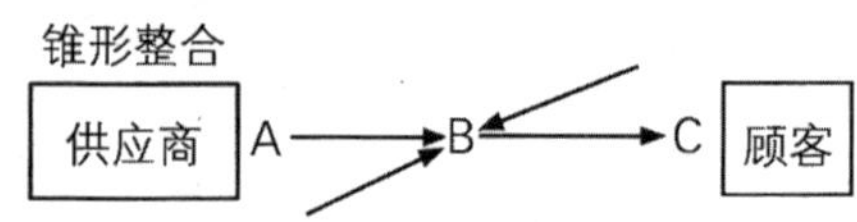

图 7－5　完全整合与锥形整合

完全整合是指企业在生产流程中制造出自己所需要的投入品，或者通过自己的运作处理所有的产出。锥形整合是指企业向自己所拥有的供应商以外的独立供应商购买所需要的投入品，或者使用非自己所拥有的独立销售网点销售企业的产品。

企业在采用锥形整合时，会促使企业自己所有的供应商产生经营成本的动机，从而获得较低成本的投入品；同时，也会增加企业对需求变动情况反应的能力。当企业组织机构庞大，效率低下而引起成本增加时，锥形整合会有效地冲减其中的一部分成本。

不过，企业仍会受到原有市场和行业波动的影响。

2．横向整合战略

横向整合战略，是指企业与处于同一经营领域的企业或经营单位进行整合的战略。例如，从图 7－2 可以看出，炼钢厂“A”与炼钢厂“B”在具有相同工艺、技术和技能的基础上实行横向整合。企业在实行横向整合以后，会扩大资源，增加各种资源和熟练的技能，提高市场占有率。

同纵向整合战略的问题一样，横向整合战略也存在着整个经营业务仍限制在原行业的范围内，不得自由发展的问题。

3. 同心型整合战略

同心型整合战略，是指分处在不同行业的两个企业或经营单位在共同的经营主线支配下而进行的整合。例如，图 7－3 所示，炼铝厂与炼钢厂实行同心型整合，可以分享双方的冶炼技术，或者使用同一市场销售渠道。

4. 多元化整合战略

多元化整合战略，是指企业通过多种经营的形式，进入与本行业不相关的行业和市场而实行的整合。这种整合战略有两种类型：一种是紧密型整合，使企业的各个经营单位成为一个统一体。另一种是松散型整合，每个经营单位是相对独立或独立的经营实体。在紧密型整合的企业中，企业总部除了考虑企业总体发展方向外，还负责研究开发、市场营销与原材料采购等职能；而松散型整合的企业总部则不具体负责这些职能，只考虑企业总体发展方向，以及为实现这些目标而需要进行的整合方式。

（二）企业整合的过程

企业在与其他企业进行整合之前，首先要弄清楚这种整合是否适合于本企业所经营的业务。然后，企业要考虑整合的计划过程与实施过程两个阶段。

在整合的计划过程中，企业高层管理人员需要确定企业进行增长与多种经营的方向，并根据环境评价企业的实力与弱点，制定进行整合的指标。这些指标包括计划达到的市场增长率、市场占有率、进入行业的难易程度、资金密集或劳动密集的程度，管理的质量、获利能力和规模等。

根据所定的整合指标，企业战略经营单位需要分析所要整合的行业以及行业中的战略群体，同时考虑相关型多元化与非相关型多元化的指导原则。对于相关型的多元化，企业要确定原有的经营业务与被整合企业的经营业务在职能和资源上的协同作用以及战略性吻合的程度。而对于非相关型的多元化，企业则要考虑改善流动资金、资源部署、降低经营风险等问题。

在实践中，企业的整合一般是通过企业并购实现的。

第三节　企业并购

一、企业并购的含义与类型

（一）企业并购的含义

企业并购，也是企业取得外部经营资源、谋求对外发展的公司战略之一。通过并购，并购公司（受让公司）使目标公司（出让公司）经营资源的支配权发生了转移，获得了对被并购方企业资产的支配权。具体讲，企业并购包括企业兼并、企业收购与企业划转等三个方面的产权重组行为。

企业兼并，是指并购公司购买目标公司的产权，使目标公司丧失法人资格或改变法人实体的产权交易行为。其基本特征时，一旦兼并行为成立，目标公司原有的法人资格便立即结束。

企业收购，是指并购公司购买目标公司的全部或部分股份，获得目标公司的控制权的产权交易行为。

企业划转，是指政府（目标公司的所有者）通过行政手段改变企业产权在不同部门、不同地区与不同企业之间的所有者关系，采取无偿形式进行国有经济内部产权重组的行为。这是我国产权重组的特有形式。

（二）企业并购的意义

通过并购其他企业，企业可以迅速进入另一行业，获得新的经营资源、扩大经营规模、开拓新的市场。但是，要发现适合并购的企业有时也是一种挑战。一个想进行并购的公司会面临的两难境地：是为一家成功的公司支付高价，还是通过讨价还价收买一家境遇不佳的公司。如果并购方拥有充足的资本，但对新行业所知甚少，那么购买一家有能力的、有较强地位的公司比较好。对于经营不善的公司，企业要看到该公司是否有发展前途，或仍拥有可以利用的资源，而且本企业又拥有这样做的资源、专有技术和耐心，就可以将这种弱的公司作为一种较好的长期投资。

另一方面，被并购的企业可以用不需要的经营资源换取新的资金，并可通过把不需要的经营单位出售来调整企业的结构，改善企业的经营状况，把企业的人力、物力和财力投入到更有吸引力的经营领域，使企业更好地发展。

企业并购目前已经成为我国企业深化改革、调整经济结构与盘活资产存量的重要环节。

（三）企业并购的类型

企业并购战略按照不同的标准可以有以下的分类：

1. 并购的对象

按照并购的对象，企业的并购可以分为作为并购公司的并购与作为目标公司的并购两种形式。

2. 并购的方式

按照并购的方式，企业的并购可以分为整体并购、投资控股并购、股权有偿转让、资产置换并购、二级市场并购与产权无偿划拨等六种形式。

3. 并购的方向

按照并购的方向，企业的并购可以分为横向并购、纵向并购与混合并购三种形式。

4. 并购的市场

按照并购的市场，企业的并购可以分为场外并购与二级市场并购两种形式。

5. 并购的资金性质

按照并购的资金性质，企业并购可以分为国内资金并购与外资并购两种形式。

6. 并购的出资方式

按照并购的出资方式，企业并购可以分为现金并购与股份并购两种方式。

7. 并购的关联交易程度

按照并购的关联交易程度，企业并购可以分为构成关联交易的并购与不构成关联交易的并购。

8. 并购的有偿性

按照并购的有偿性，企业并购可以分成有偿并购与无偿并购。

9. 并购的意愿

按照并购的意愿，企业的并购可以分为善意并购与恶意并购两种形式。

二、企业的并购方式

（一）整体并购

企业的整体并购，是指企业以资产为基础，确定并购价格，受让目标公司的全部产权的并购行为。例如，粤美雅公司以承担长沙纺织厂 8700 万银行借款作为并购价格，并购了长沙纺织厂。

整体并购的特点是：

1. 企业以资产来确定并购价格，而不是以股权来确定；

2. 并购行为结束后，企业拥有目标公司的全部产权；

3. 在并购后，企业一般会将目标公司改组为自己的分公司，分厂或全资子公司；在有可能吸收投资的情况下，企业还会将目标公司再改组为控股子公司。

目标公司的总资产包括净资产与负债。因此，整体并购又可分为总资产并购与负债并购两种形式。总资产并购，又称为净资产负债并购，是指企业以目标公司总资产（净资产与负债的和）为目标价格，受让目标公司全部产权的并购行为。负债并购，是指企业以承担目标公司的债务为条件，受让目标公司全部产权的并购行为。

整体并购的主要优点是，目标公司成为企业的分公司，分厂或全资子公司。为此，企业可以在不受任何股东干预的情况下，对目标公司进行改造。

整体并购的主要缺点是，在并购过程中以及并购后要投入大量的运营资金，不宜发挥低成本并购的资金效率。

整体并购的适用条件是：

1. 目标公司的规模较低，同时并购价格也较低；

2. 企业并购目标公司的目的是为了获得目标公司的土地，或大规模地改造目标公司；

3. 企业计划在适当的时机利用目标公司来吸引外来资金，将目标公司从分公司或全资公司改组为控股子公司；

4. 目标公司要求企业偿还负债的付款方式比较宽松。

（二）投资控股并购

投资控股并购，是指企业向目标公司投资，将目标公司改组为自己的控股子公司的并购行为。例如，牡康模式就是典型的投资控股并购。1993 年，牡丹江电视机厂已经亏损了 5000 多万元，濒临破产。当年 2 月，深圳康佳公司与牡丹江电视机厂合资成立了牡丹江康佳实业有限公司。深康佳投入 1800 万现金，占 60%的股份；牡丹江电视机厂以厂房、设备作价 1200 万元，占 40%的股份。

投资控股并购的特点是:

1. 目标公司的所有者以目标公司的净资产作为并购后公司的产权持股;

2. 企业向目标公司追加投资，以此作为持股的基础;

3. 并购后，目标公司成为上市公司的绝对或相对控股子公司。

投资控股并购的关键在于，企业在并购时必须向目标公司投资，达到控股目标公司的目的。

投资控股并购的主要优点是，企业运用较少的资金达到控股目标公司的目的，这是一种高效率的低成本并购。同时，由于并购后，目标公司的原有股东仍是股东，使得企业与原有股东甚至当地政府形成一个利益共同体。

投资控股并购的主要缺点是，由于目标公司被并购后原有股东不变，企业在运营管理上会有许多的制约因素。

投资控股并购的适用条件是:

1. 企业为了减少竞争对手，迅速占领市场;

2. 企业对目标公司所在的行业并不熟悉，需要借助目标公司的资源开拓该行业。

(三) 股权有偿转让

股权有偿转让，又称为股权有偿协议转让，是指企业根据股权协议价格，受让目标公司全部或部分股权，从而获得目标公司控制权的并购行为。例如，轻骑集团与桂林洋农场原来分别是新大洲公司的第一大股东与第二大股东。两股东之间在股权上发生过很大的争执。最后，通过股权转让，两大股东达成持股比例一样的协议。

股权转让包括股权有偿转让与股权无偿划转两种形式。股权有偿转让的对象一般是国家股和法人股及其配股权。其形式又可分为并购性股权有偿转让与非并购性股权有偿转让。并购性股权转让是指股权转让后，企业对目标公司具有控制权。非并购性股权转让是指企业的主要目的是投资，而不是控股。但不排除在股份增多的情况下，企业会考虑并购问题。

股权有偿转让的特点是：

1. 股权转让一般是善意并购，在并购前要征得目标公司的同意；

2. 股份出让方的主要目的是兑现非流通股，减少公司负债，调整投资方向与投资结构，优化资源配置。

3. 股权转让的关键是股权转让价格的确定。

（四）股权无偿划转

股权无偿划转，是指政府通过行政手段将上市公司的产权无偿的划归并购企业的产权重组行为。例如，地处江苏但隶属不同主管部门的仪征化纤集团、金陵石化公司、扬子石化公司和南化集团公司在1997年合并，组建了石化产业集团。这就是一个股权无偿转让的典型。

股权无偿划转的特点是：

1. 这是我国产权重组中的一种特殊的并购形式，一般由地方政府和行业主管部门实施；

2. 无偿划转的股权性质是国有股；

3. 股权的持有者变动对政府或控股公司没有利益损失。

（五）资产置换并购

资产置换并购，是指企业用一定价值的资产，并购等值的优质资产的产权交易行为。例如，农垦商社受让前卫柑橘公司51%的净资产，说明该公司的主营业务是农业。

资产置换并购的特点是：

1. 资产置换是为了置换出企业不盈利或盈利少的资产，注入优质资产，提高资产质量。

2. 资产出售的企业资产并不一定是绩效差的资产，而是一种资本经营的理念。

（六）二级市场并购

二级市场并购，是指企业通过二级市场收购上市公司的流通股，从而获得对该上市公司的控制权的并购行为。最典型的是“宝延风波”。

二级市场并购的特点是：

（1）并购成本比较高；

（2）完成并购的时间长；

（3）不能获得豁免全面收购。

三、企业的并购方向

企业的并购方式是要回答“如何并购”的问题，而并购方向则要回答“并购什么”的问题。

（一）横向并购

横向并购，是指企业对与其生产产品相同或相近的企业的并购行为。例如，一汽集团对金杯公司的并购。

横向并购的主要优点是：

1. 并购竞争对手，获得现成的生产线，迅速扩大生产能力，实现规模经济；

2. 利用规模经济降低成本，获得竞争优势。

横向并购的主要缺点是：

1. 横向并购容易形成行业垄断，不利于市场竞争；

2. 企业的发展过于集中在某个行业，提高了行业的风险性。

（二）纵向并购

纵向并购，是指企业对与其生产过程或经营环节相互衔接的企业的并购行为。例如，古井贡公司对几家工厂的并购，实现了将主营业务范围扩大到葡萄酒行业和啤酒行业。

纵向并购的主要优点是：

1. 可以在原有的生产经营的基础上，扩大生产经营范围；

2. 提高企业的专业化规模，有利于专业化协作；

3. 前向或后向的纵向并购会降低企业的交易成本。

纵向并购的主要缺点是：

1. 企业集中在一个行业发展，提高了行业的风险性；

2. 企业如果和目标企业同在一个地区的话，发展空间将会较小。

（三）混合并购

混合并购，是指企业对与其在产品和市场上或者生产过程和经营环节上都没有任何联系的企业的并购行为。例如，深宝安公司收购马应龙的主要目的是向医药业扩张。

混合并购的主要优点是：

1. 帮助企业克服进入新行业的障碍，降低进入成本；

2. 可以充分利用企业间的协同作用，发挥资源效应；

3. 混合并购是典型的多元化经营，可以降低在单一行业经营的风险。

混合并购的主要缺点是：

1. 企业会面对不同的经营领域，出现新的风险；

2. 增加管理跨度，带来新的管理问题。

四、企业并购决策的基本原则

企业并购是一种很有利的投资，但需要很好的决策。因此，在并购现有企业时，一定要对该企业的发展前途、经营风险、获利能力、资产负债等项内容有一个正确的评估，然后再做出抉择。

（一）企业的发展前途

每一种产品都有其生命周期。如果被并购企业产品的市场需求萎缩，在市场上属于饱和或淘汰产品，企业则很难有发展余地，这样的结果不符合企业当初并购的设想。

（二）进入成本的检验

企业是希望在并购后，被并购业务的预期利润流入能够回报全部并购成本，并能够保持或扩大生产经营活动。有时，并购价格过高，可能使公司很难或不可能满足这项检验的要求。例如，假设并购一个公司的价格是 300 万元。这项活动能在 100 万元股权投资基础上，获得 20 万元的税后利润（年回报率 20%）。通过简单的计算可知，被并购业务的利润必须是原所有者以 100 万元投资所带来的利润的 3 倍，才能使并购企业在 300 万元并购价格基础上获得 20% 的回报。这样，将目标公司的年盈利额由 20 万元提高到 60 万元，需要几年的时间才能实现。所以，这样的并购通常不能通过进入成本检验的。并购企业很难在一个具有很强吸引力的行业中并购一家大有希望的企业。

（三）获利能力的评估

企业并购的目的是要使利润最大化。因此，企业要对被并购企业的获利条件，进行认真地评估，将损益表上的收入和成本逐项分析，了解其盈亏的实际情况。

（四）资产评估

资产分为两种，一种是有形资产，包括土地、建筑物、机器设备、存货、应收账款、现金、有价证券等；另一种是无形资产，包括商业信誉、技术、配方、专利权、商标等等。有形资产的评估可参考市场市价，比较容易做到客观评价。无形资产评估的难度和出入较大，可根据其品牌知名度、消费者对该品牌的偏爱程度、市场地位、技术的独占性等因素来决定其价值。

目前，在我国主要的评估方法有收益现值法、重值成本法、现行市价法和清算价格法。

（五）经营风险

目标企业是否先天就具有许多不可克服的风险，对并购企业来说至关重要。在美国，大部分中小企业的失败都发生在创立后5年之内。企业存在的时间越长，失败的风险就越低。在这里，企业经营不善的主要原因是管理者的能力不够。因此，在并购之前，企业还需要对目标企业的管理者进行全面的考察。

美国著名管理学者彼得·德鲁克在其《管理的前沿》一书中论述到，企业进行成功的并购，需要把握5项简单的原则：

1. 并购企业只有彻底考虑了它能够为被并购的企业作出什么贡献，而不是被并购企业能为并购企业做出什么贡献时，并购才会成功。并购企业的贡献可以是多种多样的，包括管理、技术或销售能力，而决不仅仅是资金。

2. 企业要想通过并购来成功地开展多种经营，需要有一个团结的核心，有共同语言，从而将它们结合为一整体。就是说，并购与被并购的企业之间应有共同的文化，或者至少在文化上的有一定的联系。

3. 并购必须是情投意合。并购企业必须尊重被并购企业的产品、市场和消费者。

4. 并购企业必须能够向被并购的企业提供高层管理人员，帮助被并购的企业改善管理。

5. 在并购的第一年内，要让双方企业中的大批管理人员受到破格晋升，使得双方企业的管理人员相信，并购为他们提供了个人发展的机会。

第四节　相关多元化经营战略

企业一旦做出了进行多元化经营的决策，就必须选择是进入相关的经营业务，还是进入不相关的经营业务，或者同时进入这两种业务。

一、相关多元化的含义

相关业务，是指各项经营业务的价值链活动之间存在着有价值的竞争性联系。反之，如果各自的价值链中没有共同的相似点或互补性，那么，这些业务就是不相关的。

相关的多元化经营，是指企业进入与现有业务在价值链上存在有价值的竞争性的新业务的活动。

相关的多元化经营战略，是指企业在多元化经营中在相关业务中寻找“战略匹配关系”的计划与方案。

二、战略匹配与竞争优势

企业进行多元化的关键在于，要进入存在战略匹配关系的经营业务中。战略匹配关系可以存在于整个价值链，但多数发生以下四个方面：

（一）技术匹配

企业不同的业务之间存在着可以分享共同的技术，或者可以将技术秘诀相互转移时，彼此间就存在着技术匹配。在这种情况下，企业可以在技术开发和新产品的研究开发上更好地节约成本，可以使新产品进入市场的时间更短，可以使两种业务的销售都得到增长的，提高企业整体效益。

（二）运作匹配

企业不同的业务之间在原材料、研究开发活动、生产过程、成品装配等活动方面可以进行合并或者可以转移技术时，就存在运作匹配关系。各业务间存在运作匹配关系可以节约成本。例如，有些活动可以合并成大规模的运营，形成规模的经济。有些则将各种经营合在一起，产生范围的经济。

（三）市场匹配

企业不同业务的价值链活动高度交叠，它们的产品具有相同的顾客群，可以通过共同的中间商和零售商进行销售时，这些业务间就存在与市场相关的战略匹配。这种市场匹配也可以创造范围经济。例如，对所有相关产品使用同一个销售队伍、同样的广告和宣传材料、共同的品牌名称、共同的促销性手段等，从而降低了企业在市场开发上的成本。

（四）管理匹配

企业不同业务在行政管理或运营管理上具有可比性，可以将在一种业务经营中的管理方法转移到另一业务经营中去的时候，彼此间就存在着管理匹配关系。管理技能的转移可以发生在价值链的任何阶段上。例如，沃尔马特公司就是将其在廉价经销方面的管理技巧转移到新建的山姆会员店的经营中，并获得了成功。

企业强调战略匹配，是要获得范围经济，降低经营成本。但是，企业在重组的过程中，实际上是要支付一定的费用，而且一些业务会丢失原有的利益。因此，企业在进行这种战略集中时，要用所获得利益对他们进行弥补。

三、相关多元化的形式

相关多元化最通常的一些方式是：

1. 进入能够共享销售队伍、广告、品牌和销售机构的经营领域；

2. 探求密切相关的技术和专有技能；

3. 将技术秘诀和专有技能从一种经营业务转移到另一种业务；

4. 将产品的品牌名称和在顾客中建立起的信誉转移到一种新的产品或服务中；

5. 并购有助于巩固或提高企业目前经营地位的新业务。

在企业实践中，这种相关多元化的例子非常多。例如，索尼公司，作为一家领先的消费电器公司，采用了技术相关、营销相关的多元化战略进入了电子游戏行业，并将其在电子技术、营销技巧方面的能力和生产能力以及其品牌的信誉转到游戏机的生产、销售和电子游戏的营销方面。

第五节 不相关多元化战略

相关多元化会给企业带来战略匹配利益。但是，一些企业为了获得丰厚的利润，常选择不相关多元化战略，进入现有业务不相关的行业。

一、不相关多元化的条件

在不相关的多元化中，企业主要考虑其多元化目标要符合行业吸引力和进入成本检验的标准。就是说，多元化进入领域选择的标准是具有有利的财务条件和令人满意的利润前景的公司，同时这些公司又都是可以并购的。具体选择的标准可以是：

1. 新业务是否可以达到公司获利能力和投资回报率的目标。

2. 新业务是否需要注入资金，以更新固定资产和提供流动资金。

3. 新业务是否可能出现业务兼并上的困难，或者违反政府有关产品安全或环境的规定。

4. 新业务是否处在有着重大增长潜力的行业里。

5. 这一行业对经济萧条、通货膨胀、高利率或政府政策的变动的敏感程度。

企业在进入兼并时，可以考虑这样两种目标公司：

（1）资产被低估的公司。企业为此可以以小于全部市值的价格并购这样的公司，并以高于买价的价格将其资产和业务再次出售，从而为企业带来获利。

（2）财务困难的公司。如果这类公司具有高盈利或现金流量的潜力，企业可以将其并购过来，凭借自己的财力和管理方法使其经营摆脱困境，作为一项长期投资或以一个有利价格出售掉。

寻求不相关多元化的企业基本上通过并购一家已建立的公司来进入新领域，很少采用在自己的公司内组建这类新的子公司。其前提是通过并购，实现增长，进而增加的股东价值。

二、不相关多元化的优势

不相关的或联合大公司式的多元化在以下方面具有吸引力：

1. 经营风险可以在一系列不同行业利获得分散。与相关多元化相比，这是分散财务风险的好方法。公司的投资可以分散在有着完全不同的技术、竞争力量、市场特征和顾客群的业务之中。

2. 通过向有利润前景的行业进行投资，可以最大限度地发挥企业的财力资源。

3. 可以更加稳定企业的获利能力。企业进入一些高增长的行业，可以不受已有业务利润下滑的影响，继续保持一定的利润水平。

三、不相关多元化的劣势

（一）正确评价每项业务的难度大

联合大公司式的多元化经营的致命弱点，就是企业管理人员很难充分考虑到在不同行业中的完全不同的经营特点和竞争环境，并做出合理的决策。一个企业所涉足的经营领域越多，多元化程度越高，企业的总经理们越是难以对每个子公司进行监察和尽早地发现问题，也越难以形成评价每个经营行业吸引力和竞争环境的真正技能，也更加困难地判断由各业务层次的经理们提出的计划和其战略行动的质量。

企业在进行大宽范围的多元化时，高层管理人员们需要有足够的才智来考虑：

1. 分清好的并购和坏的并购；

2. 挑选有能力的经理们主管某一项业务；

3. 确定经营业务经理们提出的主要战略计划是否合理；

4. 当一个经营业务的出现失误时，高层管理能够知道如何面对这种局面，做出新的决策。

（二）企业总体绩效差

不相关多元化的企业不可能像相关多元化企业那样，依靠战略匹配关系带来竞争优势潜力。而且，各种不相关多元化业务的总效益并不见得比各业务独立经营时所获效益的总和多。如果企业的高层管理再不适当地干预经营单位的运作，甚至使之无法经营，就会更糟。此外，除了有巨大的财力做后盾，不相关多元化战略不可能对各个经营单位再获得竞争优势上有多大的帮助。

（三）很难证明利润的稳定性

从理论上讲，在经济周期性波动中，不相关多元化可以使销售和利润会更加稳定。实际上，这种反周期的多元化往往难以取得预期的效果。从资料上看，没有几种富有吸引力的经营业务具有相反的上下波动周期，来保持利润的稳定。绝大多数的经营业务都是随着经济的繁荣而繁荣，也会随着经济的萧条而萧条。没有足够的证据可以说明，高度多元化经营公司所取的合并利润在萧条时期会比多元化程度较低的公司的利润更稳定，或更少受到衰退的影响。

尽管存在这些劣势，但是当企业需要以多元化的形式远离没有吸引力的行业时，可以采用不相关多元化作为公司战略。另外，如果公司的所有者对于投资几项不相关业务比投资于几项相关业务有着更强的偏好，也可以考虑进行不相关多元化。

四、不相关多元化与股东价值

在创造股东价值方面，相关多元化是一种战略驱动方式，而不相关多元化基本上是一种财务驱动方式。

相关多元化是通过探求不同业务价值链之间的联系，来降低成本、转移技能和专门技术以及获得其他战略匹配利益。其目标是，将企业各种业务间的战略匹配关系转变为各经营业务紧靠自己无法获得的竞争优势。

不相关多元化主要是创造股东价值的一种财务方法。它可以比较灵活地调度企业的财务资源和管理技能，以把握财务上具有吸引力的经营机会。由于不相关多元化无法产生相应的战略匹配机会，其竞争优势不会超出各业务子公司通过自己的竞争战略独立获得的优势，企业也就不能通过并购行为来为股东创造价值。企业要通过不相关多元化为股东增加价值，就需要：

1. 通过采用多元化进入形式，能够连续形成优良投资回报的新业务；
2. 能够及时出售经营单位，并获得溢价；
3. 及时而明智地将企业财务资源由盈利机会暗淡的业务中转出，投入到正在快速增长和获得高投资回报的业务中去；
4. 能够很好地管理各经营业务单位。

第六节　合作战略与竞争优势

在现实的经营活动中，企业作为一个整体在考虑公司战略时，不仅需要观察和支持各经营业务单位的竞争战略，而且要考虑合作战略。在竞争日趋激烈的市场上，企业仅仅靠单枪匹马打天下的时代已经过去，当前即使是最大的跨国公司也研究与实施合作战略。

一、合作战略的含义

合作战略，实际上就是企业间形成的战略联盟。

这种联盟是一种合作协议。在这种协议之下，各个协议公司可以联合进行研究开发，分享技术，联合使用生产设施，相互营销各自的产品，或者合作生产配件或组装产成品等。目前，很多公司都已经开始同其他的公司组建战略联盟和合作伙伴关系，以求在各自的战略行动方面进行互补，加强它们在国内国际市场上的竞争力。

二、合作战略的目的

企业组建战略联盟，或者签订合作协议，是有其战略目的的。主要有：

1. 进行技术合作或者合作开发有前途的新产品，在共同研究、共享技术诀窍以及合作互补型技术和产品的时候，各个联盟公司可以学到很多东西。

2. 提高供应链的效率，制造商追求同零配件供应商建立联盟其目的在于获得改善供应链管理的效率，以及加快新产品推向市场的速度。

3. 获得生产和/或市场营销方面的规模经济，通过合作生产零配件、组装模型、或者营销联盟公司的产品，公司可以实现单靠自己的小规模实现不了的成本节约；它们也可以通过相互研究和学习各自的制造方法来改善它们的质量控制和产品生产程序。

4. 填补它们在技术和制造技能方面的缺口。

5. 获得或改善市场准入。一般情况下，联盟的组建是为了分享分销设施和特约经销商网络或者联合促销能够互相补充的产品，从而相互加强和扩大到达顾客的渠道。

三、合作战略的优势

企业之间建立起来的联盟关系，可以使各联盟公司能够利用它们的竞争能力共同对准它们的竞争对手，而不再彼此拼搏。

如何建立伙伴关系会影响到行业竞争的模式。行业领导者建立战略联盟的目的，是为了更有力地反击那些雄心勃勃的竞争对手，开辟新的市场机会。而二流公司为了减小同一流公司之间的竞争差距，又能保持自己的独立性，所以它们也多愿意采取合作战略。这样，他们可以依靠别的公司能力，来提高它们自己的能力，开发有价值的战略资源，有效地参与市场竞争。

在电子、半导体、计算机软件和硬件以及通信等行业中，战略合作是一个很受欢迎也很必要的战略。在这些行业中，技术发展的速度很快，而且会沿着很多不同的路径发生。一项技术上的进步往往会影响其他的技术，从而模糊了行业界限。一旦行业中的许多领域同时发生快速的技术变革，各个企业就会发现，即便是自己的在专业化领域中处于技术和产品性能的领先地位，也有必要同其他的公司建立合作关系。它们可以在技术开发方面进行合作，可以在开发新产品方面进行合作，可以在建立销售它们的产品的分销网络方面进行合作。一旦一家企业通过联盟和合作协议获得了单靠自己得不到的宝贵的资源和能力，就出现了企业的竞争优势。例如，通用电器公司在不同的经营领域里建立了100多个合作伙伴关系协定，而IBM公司有404个战略联盟。

四、合作战略的劣势

合作战略的致命弱点是企业在关键技能和能力上长期地依赖别的公司，从而丧失自己的竞争优势。

为了避免这种情况的发生，企业必须在能够保护自己竞争力和建立竞争优势的重要领域里开发自己的资源和能力。必要时，企业通过并购，获得自己需要的技术与资源。

本章小结

公司战略主要考虑两个问题：一是企业应该选择在哪个行业里从事生产经营活动，以使其长期利润最大化；二是企业应该选择哪种战略进入与退出某个行业领域。

在公司战略中，企业一般要考虑进行多元化。这里就需要探讨企业进行多元化的内部原因与外部原因。在内部原因中，企业多考虑形成自己的规模经济与范围经济。

企业在进入一个新的经营领域中，可以采用内部创业、合资、整合战略等形式。其中，整合战略多通过并购来实现。这里就需要结合我国上市公司的具体情况，来准确运用企业并购的方式。

在相关多元化经营战略与不相关多元化经营战略中，企业在运用是要考虑各自的优势与劣势，特别是要考虑他们对股东价值形成的相关性。最后，企业不能只考虑竞争战略，还要研究与实施合作战略。

本章重点概念

进入战略　完全整合　锥形整合　同心型整合战略　整体并购　投资控股并购　股权有偿转让　资产置换并购　二级市场并购　产权无偿划拨　战略匹配

复习思考题

1．公司战略与竞争战略的区别是什么？

2．公司战略的实施动因是什么？

3．企业在进入新的经营领域时，应考虑哪些因素？

4．公司进入战略有哪些类型？各有什么区别和联系？

5．高新技术企业在发展时，是否应采用内部创业战略？为什么？

6．结合我国上市公司的实例，探讨企业并购战略。

7．相关多元化与非相关多元化战略的实施条件是什么？

8．企业如何进行合作战略？

案例分析题

三九集团的多元化道路

1997 年冬天的一个清晨，温暖的阳光依旧拥抱着深圳笔架山下那片花园式的厂房。此刻，三九集团的总裁赵新先，像往常一样，正坐在他的办公室里逐本翻阅着面前的一大堆报告，他顺手拿起一份报告，快速地扫了一眼：“又是一个要求兼并的。”赵新先暗暗地皱了皱眉头，放下手中的报告，抬头向窗外望去，脑海里却不禁思绪翩翩。

自去年集团在观澜召开会议，号召集团成员以低成本扩张的方式到老少边穷地区创业以后，集团各部门的兼并收购工作如火如荼地开展了起来。短短的一年内，集团在20个省市共并购了涉及医药、食品、烟酒等行业的四十余家企业，集团的总资产由1995年底的54亿元飞速扩张到1997年底的96亿元。

然而，企业效益的增长速度似乎并不像资产的增长速度那样乐观，兼并过来的企业除个别的开始赢利外，绝大多数还处于转型期。同时各个产业部门的发展都急需资金的投入，但企业的快速膨胀使集团的资金显得更加捉襟见肘。本来希望三九药业可以通过在香港上市为企业融得一笔资金，但突发的亚洲金融危机使得港股连连跳水，集团希望近期在香港股市筹募资金的计划看来难以实施了。

另一方面，兼并企业的质量看起来也存在着一些问题，一些企业存在着为兼并而兼并的问题，一些被兼并企业把有关的债务纠纷隐藏了起来，以至于将三九集团牵扯到其原有的债务纠纷当中。另外，被兼并企业的转制工作也是一个头疼的问题，集团的管理人才有限，特别是非药业的管理人才更加缺乏，从而对被兼并企业的管理控制能力更加困难。

“企业今天虽然有了一点规模，可弄得不好，说垮下去就垮下去啊。”赵新先注视着洒入窗内的阳光，深深地吸了一口气，“是不是应该重新考虑一下企业的发展方向了呢?”

一、企业背景

三九企业集团是1991年经国家经贸委批准，以南方药厂为核心组建的大型企业集团。集团自南方药厂创建12年来，积极把握住了时代赋予的发展机遇，通过生产经营和资本运营的相互配合、相互促进。现已由创业之初的贷款500万元发展到拥有总资产百亿元，年创利税6亿多元，以健康产业为发展目标，拥有涉及药业、食品加工业、酒业、现代农业、旅游服务业、包装印刷业、房地产开发业和汽车工业等产业的100多家全资、控股、参股企业的大型企业集团。是国务院确定的全国120家大型试点企业集团之一。

三九集团的发展方向：逐步向跨行业、多功能、外向型发展，最终成为跨国经营的企业集团。三九集团的具体任务：在此后的10年里，前5年产值达到20亿元，后5年产值达到40亿元，成为经济特区大型生产经营企业。

二、探索中成长，多元化小试锋芒

三九集团的多元化成长之路开始于南方药厂。南方药厂成立后的几年中，以“三九胃泰”为代表的几个中药产品实现了产销量持续、快速的增长，企业的规模、利润、人员都处于飞速膨胀之中，然而，学制药出身的厂长赵新先却丝毫未感到片刻轻松。相反，市场无序竞争的现状使他感到了隐隐的危险。由于当时国家不允许医药产品申请专利保护，而中药产品本身的科技含量又不高，投资办厂进行生产的成本较低，致使全国上下办药厂的浪潮风起云涌。最多时达到4600余家。一时间市场上充斥了各种各样的真、假及仿冒药品。而国家有关法律的制定明显滞后，政府也缺乏有效的治理手段。如何规避潜在的风险？赵新先从一些国外企业家的传记中得到启示：不能在一种产品上死守，要发展多种经营；要有拳头产品，也要有市场变化后的替代产品；要有一业为主，也要有东方不亮西方亮的准备。他认为药厂生产药已经没有什么大的问题了，但下一步要走出药品的范围。1989年初，赵新先决定办一个印刷厂，他觉得药厂进入印刷行业有很多有利条件：第一，自己的药品就需要包装的印刷；第二，内地、港澳和海外现在都纷纷到深圳来印刷，而目前深圳缺乏高水平的印刷厂；第三，厂内有的干部经常跑印刷厂联系业务，已经有了不少印刷包装方面的知识。

1989年8月，香港越秀公司投资100万美元，南方药厂投资500万元人民币，合资筹建了九星印刷厂，由南方药厂负责经营。产品种类为药盒包装、烟盒包装、酒盒包装、服装及电器包装、食品及玩具包装等。印刷厂大力建设自己的营销网络，针对不同产品种类的细分市场，在全国各地设立了办事处。结果，九星印刷厂投产的第一年产值达到3000多万元，到1996年产值达到亿元，利润达到2 000万元。

80年代，随着人们收入的增加，药品的需求量以更快的速度上升。而南方药厂是以三九胃泰等中药起家，西药的生产对于它来说还是一片空白。

1991年，赵新先搞到了一个西药品种。同年10月，南方药厂与泰国正大集团香港万士运通投资有限公司草签了合资兴办“深圳九新药业有限公司”的合同及章程，新的公司将负责西药的生产。1993年9月，公司的产品正式投产，到年底，完成产值3 000多万元，创利税471万元；1994年，产值过亿元；1995年，产值15亿元，利税2 000多万元；1997年，销售额达到23亿元，上缴利税3 780万元。

邓小平南巡讲话后，房地产开发和汽车贸易一时间变得风风火火，作为三九集团总裁的赵新先也开始着手向这两个领域发展。对于房地产行业的发展前景，总裁赵新先认为：“中国的房地产是热了，光深圳就有110家房地产公司。在经济运行中，各行业的热度不同，热点也会变动，但对房地产来说，潜力是非常大的。即使以后有低潮，也注定还会再热。”1992年6月，南方药厂后勤保障部改为房地产部，后又注册了三九物业公司及三九房地产开发公司，三九企业集团开始进入房地产业。集团的发展目标是，三年之内，房地产业达到产值10个亿。

三九集团的房地产开发以建设大厦、广场及别墅花园为主，到1995年已开发经营几个项目。开发经营土地1232万平方米建设规模844万平方米，已投入资金278亿元。但项目都处在建设的前期阶段，正是花钱的时候，有效益的较少。1995年国家开始实行适度从紧的宏观调控，宏观经济增长速度放慢，全国的房地产业随之陷入了低谷。三九集团的房地产项目也陷入了困境。赵新先认为造成三九房地产现状的原因除了宏观环境变化的外因外，公司在进行项目投资时的预测不够准确、资金分散、法律纠纷是主要的内因。

三九集团自1993年起先后成立了三个以汽车贸易为主的汽车公司。第一个公司于8月开始正式营业，到年底营业额达到15亿元，向国家纳税1125万元，实现纯利3762万元。1994年开始，汽车市场更加兴旺，深圳的汽车贸易公司从1993年的156家发展到400多家。但到了1994年秋，汽车市场的形势开始降温，汽车价格步步回落，市场日渐萧条，三九汽车公司的业务也逐渐转向了低潮。到1995年底，汽车公司共投资900万元，实现营业额834亿元，上缴税金1923万元，创纯利1302万元。

对于三九集团成立时归并过来的亏损企业，赵新先希望通过转换企业经营机制的方式使其扭亏为盈。为了改变集团酒店的亏损状况，赵新先专门从广州聘请了具有多年酒店管理经验的霍树荣来完成对酒店的改造，赵新先开给霍树荣的条件是集团不给酒店投入资金，但赋予霍一个人说了算的权力。1992年初，原有的大酒店更名为三九大酒店。同时，三九旅游服务公司成立。霍树荣上任后对酒店的分配制度和管理制度进行了彻底的改革，实行了承包方案，各部门独立核算，量化了经营指标、奖超罚亏，并对人事、财务、质量采取监控制度。酒店在改制的当年开始盈利，到年底盈利870万元。霍树荣认为在目前这种特定的环境中中国酒店业具有巨大的发展潜力和赢利机会，1993年，霍树荣采取租赁经营的方式接管了成都珠峰大酒店，并取得了成功。随后他加快了接管酒店的步伐，到1994年底连锁酒店达到8家，1995年12月达到18家。每一家接管的酒店都是采用同珠峰大酒店相似的模式，只是行政管理上象征性地隶属于当地政府，所有酒店都是用“三九”做名字。

1992年到1994年，三九企业集团初步形成了一个以制药业为主并同时向多个行业同时发展的多元化经营的格局。但1994年，赵新先最为担心的事情终于发生了。三九集团的核心企业南方药厂的主要利润来源“三九胃泰”被国家卫生部列为自费药。“三九胃泰”的销量在当年即下降了三分之二，而此时的南方药厂，一时还找不到真正能够接替三九胃泰的新产品，自身的新药研制开发能力较弱，而从市场上引进一种新药约6亿美元左右，费用过高，药厂的生存出现了空前的危机。更为严峻的是，此时三九企业集团90%的利润来自于南方药厂。坏消息不止一个。制药行业看起来进入了低潮期，现行的法律和政策环境，使得药品的生产难以实现真正的规模经营。幸运的是，三九药业在年初完成了第二次增资扩股，集团还拥有着较为充足的资金实力。另外，集团经过几年的积累，资产已经增长到32亿元，具有了一定的规模，三九的品牌也已拥有了较高的知名度。

三、二次创业忙，多元化粉墨登场

1995年初，三九企业集团召开了关于面向二十一世纪，重整发展战略，第二次创业，把“三九企业集团建成世界一流企业”大会，制定了把单一产业发展成为多种产业并举的综合性产业，把一个核心企业发展到两个核心企业，把单纯的产业型企业发展成为产业与金融相结合的高级组合型企业的新的集团发展战略。会议提出三九集团的发展目标是：到2000年，集团实现总产值100亿元、纯利10亿元，其中制药产业产值30亿元、纯利5亿元；汽车产业产值30亿元、纯利25亿元。在发展规模上实现利润亿元以上的核心企业2个，即南方药厂和三九汽车工业，利润在1亿元以上的支柱企业3～5个，利润在5000万元以上的骨干企业5～8个。

赵新先首先将目光瞄准了家用汽车的生产。他认为汽车工业正处在成长阶段，汽车的市场发展前景巨大。据预测，到2010年，仅中国每年家庭的用车就将增至100万～200万辆，而当时各种需求量全部加起来只有20万～30万辆。1995年，全国汽车产量144万辆，生产厂家124家。其中生产1万辆至5万辆的企业11个，5万辆至10万辆的企业3个，10万辆至20万辆以上的企业5个。其中万辆以上的企业19个，占生产总量的87.6%。我国一汽集团 1994 年产量 18.5 万辆，人均产量 185 辆，但只生产商务轿车。国内有实力进入汽车市场的企业集团至少有几十家。随着人们收入的增长，家用轿车市场有启动的迹象。

1994 年，中国政府公布了汽车工业发展纲要和相应的产业政策，其基本目标是促进汽车工业投资的集中和产业的重组，重点解决生产厂多，投资分散，审批项目乱，重复引进低水平产品，定点厂建设和国产化速度慢等问题。

广东省政府、深圳市政府一直想把汽车工业抓起来，听说三九集团搞汽车后，非常支持，什么政策都给。

按照既定的思路，三九集团以兼并、租赁的方式获得了河南、北京等地的三个汽车厂，并投入 4000 万元进行工厂初步的升级改造，以使其成为三九家用汽车的生产基地作好准备。1995 年夏，意大利的私人企业菲亚特集团打算与三九集团进行合作，生产其将在 1998 年开始投产的新型轿车，双方谈判进行得较为顺利，最终双方达成了合作意向。

在发展汽车工业的同时，三九集团的触角也开始伸向了农业。他们发现，尽管国内农业的生产周期长，自然风险大，少有资金愿意流入，但如果将农业的基础产业到最终消费品综合计算，农业恰恰是投资回报率较高的产业，对比国外的大企业，在排名前十位的企业中，有四个是以农产品为原料的食品企业集团。

1994 年底，三九企业集团组建了一个注册资金 5000 万元的“三九神农发展有限公司”。神农公司成立后与国家各部委、地方政府积极建立广泛联系。在不到十个月的时间里，与六十多个地方的政府部门签署了各类合作开发农业的意向书，利用三九的品牌，采用控股兼并的方式对一些效益较好的农业企业进行了大规模的兼并，一年内控股的企业总产值达到了 12 亿元。

1994 年底及 1995 年初，石家庄啤酒厂和哈尔滨龙滨酒厂先后找到三九集团，希望三九集团能够将其兼并。三九集团派人对这两家酒厂进行了考察。结果发现这两家酒厂有着相似的优势和缺陷：一方面，酒厂的硬件设备均为一流，另一方面，两个酒厂都面临着严重的销售不畅和管理机制僵化的问题。进行考察的人员认为，如果将三九集团灵活的管理机制及成功的网络销售经验注入酒厂，可望使两个酒厂焕发新的生机。

1995 年初，三九集团并购了石家庄啤酒厂，成立石家庄三九啤酒有限公司，并开始在该啤酒厂实行厂长全权负责为特征的三九机制，并购的第一年，公司实现减亏 582 万元，并购的第二年，公司实现利税 4500 万元。根据评估，石家庄啤酒厂被兼并时的总资产 1.6 亿元，总负债 17 亿元，是当时按国家优惠政策跨地区、跨行业的最大兼并案例。

1995 年 4 月，三九集团投资 1800 万元，以控股 51% 的方式兼并了哈尔滨龙滨酒厂，兼并后的新公司一方面利用新注入的资金对原有的产品根据市场的调研结果进行了改造，另一方面则采取与石家庄啤酒厂相同的方式对企业的管理机制进行了转换。

两个酒厂的兼并及改制的成功，增强了集团的领导进行多元化经营的信心，他们认为通过兼并这一手段可以以较低的成本快速获得一个成型的企业，快速进入一个新的行业，并有可能通过改制来盘活企业的存量，使企业迅速获得效益。

然而，三九集团的二次创业也并非一帆风顺。随着时间的推移,集团多元化经营过程中隐含的一些问题也开始逐渐暴露了出来，集团内部的各产业在渐渐地发生分化。1995 年至 1997 年，国家逐步采取稳中求进的发展方针，经济增长速度放慢，客源随之锐减，宾馆酒店的增幅便急速滑落到年均 3%。1996 年开始，三九旅游业也受到影响。由于租赁合同开价太高，酒店只能在几乎无钱可赚或亏损的情况下运营。另外，各酒店的管理水平似乎也未能跟上酒店的扩张速度。外因加内因，旅游业在这两年的经济效益逐步下降，1996 年利润仅为 708 万元。

三九集团的农业公司在经历了一年的快速扩张以后，在年终分红的时候出现了问题。被兼并的企业绝大多数效益较好，到年底都处于赢利状态，但农业公司在兼并过程中由于经验不足，一些兼并的程序及手续不完备，导致对被兼并的企业缺乏实际的控制能力。多数被兼并企业逐渐演变为与三九集团名义上的联合，有的企业最终退出了三九集团。

三九集团原先兼并的两个汽车厂也出现了问题，尽管集团已向被兼并投入了3000万元，但由于这两个企业都属于家族管理的乡镇企业，难以改制，最终退出了三九集团。

兼并的过程中，集团不得不倍加小心地审视随时可能存在的各种地方政府与企业联手制造的陷阱。在兼并的企业中，质量上也存在着良莠不齐的现象，这一现象在非药业企业中尤其明显。

赵新先在谈到三九集团的多元化经营时说："三九集团的多元化经营是被迫的，不是自愿的。多元化经营摸索出了企业扩张的方法，成绩是主要的，失败的原因在于经验不足，有些被兼并企业搞得不好，主要企业本身素质不好，如负债率太高，流动资金解决不了，我们本想是兼并管理有问题的企业，但进入之后，才发现除管理之外，还有市场环境、政府等原因。但不成功的大部分是非主营企业。多元化发展仍旧是今后发展的一个路子，集团的发展光有主角也是不行的，一定要有配角，与医药有关联的产业也会发展。"

四、塑造健康产业，多元化再寻良方

1997年中国制药工业企业排名，三九企业集团列总产值及销售收入的第二位，华北制药厂列第一位。在企业利润方面，两家中外合资企业中美史克和西安杨森分列第一、二位，三九集团的利润列第三位。

中药行业，我国"九五"的目标出台：中药工业总产值年均递增13%，到2000年总产值达到330亿元；中药产品销售总值年均递增13.5%，到2000年达到338亿元；培育50家国有重点中成药企业集团，到2000年，形成5个销售收入达20亿元，10个销售收入超过5亿元的一批超亿元企业集团。加快中药工商企业实施GMP、GSP的步伐，到2000年，力争80%的工商企业通过GMP、GSP认证，使我国中药产业制剂技术水平达到日本汉方制药业的技术水平。

在汽车领域，由于国务院有关部门认为三九集团与菲亚特公司合资生产的新车型过于先进，如批准大批量生产对生产同类其他车型的企业发展不利而不予批准，导致三九集团最终从轿车生产的领域中退了出来。

三九集团从1998年开始全面放慢了兼并企业的速度。严格了兼并企业的条件。集团将工作的重点调整为大力发展主营业务，对集团内部的企业进行全面整合，加强企业资产管理，坚决降低资产负债率，以期使集团兼并的企业尽快走上良性增长的道路，完善集团总部的管理职能、监督职能和投筹资职能。原则上停止了对于非药业企业的兼并，对药业企业有选择地进行兼并，在兼并手法上，开始寻求资产重组的金融驱动，采用买“壳”上市等方式使兼并收购“买”得进来，“卖”得出去，以增加资产的流动性。

三九集团将其产业发展战略调整为以医药为核心发展生命健康产业。集团先后撤消了三九旅游公司、三九农业公司以及三九汽车公司，并试图将其中的优质资产重组上市。潮起又潮落、三九集团希望通过企业内部的资产重组来完成企业的调整，为企业的下一步发展积蓄力量。路漫漫其修远兮，集团二次创业，建设世界一流企业的最终目标还远未能够实现，面对新时期的新问题，三九集团的下一步应该何去何从呢？

分析提示与思考

1．三九集团的优势和劣势主要体现在哪些方面？

2．三九集团进行多元化经营的原因是什么？

3．三九集团在不同时期的多元化经营有何特色？

4．三九集团在多元化经营中的得与失分别有什么？

5．在企业的发展中如何把握多元化经营的尺度？

战略的评价与选择

本章重点

- 了解战略制定的程序
- 掌握战略制定的方法
- 熟练运用战略评价的模式
- 了解影响战略选择的行为因素
- 掌握战略选择的工具与应用条件

第一节　战略制定的程序与方法

一、战略制定的程序

战略的制定是企业的决策机构组织各方面的力量，按照一定的程序和方法，为企业选择适宜的经营战略的过程。制定战略的一般程序是：

（一）识别和鉴定企业现行的战略

在企业的运营过程中，随着外部环境的变化和企业自身的发展，企业的战略亦应作相应的调整和转换。然而，要制定新的战略，首先必须识别企业的现行战略是否已不适应于形势。因此，识别和鉴定企业现行的战略是制定新战略的前提。只有确认现行战略已不适用时，才有必要制定新战略。同时，也只有在认清现行战略缺陷的基础上，才能制定出较为适宜的新战略方案。

（二）分析企业外部环境

调查、分析和预测对企业外部环境的，是企业战略制定的基础。通过环境分析，战略制定人员应认清企业所面临的主要机会和威胁，觉察现有和潜在竞争对手的图谋和未来的行动动向，了解未来一段时期社会、政治、经济、军事、文化等的发展动向，以及企业由此而面临的机遇和挑战。

（三）测定和评估企业自身素质

企业通过测定和评估企业的各项素质，摸清自身的状况，明确自身的优势与劣势。

（四）准备战略方案

根据企业的发展要求和经营目标，依据企业所面临的机遇和机会，企业列出所有可能达到经营目标的战略方案。

（五）评价和比较战略方案

企业根据股东、管理人员以及其他相关利益团体的价值观和期望目标，确定战略方案的评价标准，并依照标准对各项备选方案加以评价和比较。

（六）确定战略方案

在评价和比较战略方案的基础上，企业选择一个最满意的战略方案作为正式的战略方案。有时，为了增强战略的适应性，企业往往还选择一个或多个方案作为后备的战略方案。

企业的战略制定出来之后，企业必须将战略的构想、计划转变成行动。在转化的过程中，企业需要注意三个相互联系的重要阶段：

1. 战略操作化

企业利用年度目标、部门战略与沟通等手段，使战略最大限度地变成可以操作的具体业务。

2. 战略制度化

企业通过组织结构、资源分配等方式，使战略真正进入企业日常的生产经营活动之中。

3. 战略控制与评估

战略是在变化的环境中实施的，企业只有加强对执行战略过程的控制与评价，才能适应环境变化，完成战略任务。这一阶段的工作，主要有建立控制系统、监控效益和评估偏差、协调与反馈等三个方面的内容。

二、制定战略的方法

不同类型与规模的企业以及不同层次的管理人员，在战略形成过程中会有不相同的形式。

小规模的企业，所有者兼任管理人员，其战略一般都是非正式形成的，主要存在于管理人员的头脑之中，或者只存在于与主要下级达成的口头协议之中。而大规模公司，战略是通过各层管理人员广泛地参与，经过详细繁杂的研究和讨论，有秩序、有规律形成的。

根据不同层次管理人员介入战略分析和战略选择工作的程度，可以将战略形成的方法分为 4 种形式：

（一）自上而下的方法

这种方法是先由企业总部的高层管理人员制定企业的总体战略，然后由下属各部门根据自身的实际情况将企业的总体战略具体化，形成系统的战略方案。

这一方式的优点是，企业的高层管理人员能够牢牢地把握住整个企业的经营方向，并能对下属各部门的各项行动实施有效地控制。

这种方法的缺点是，这一方法要求企业的高层管理人员制定战略时必须经过深思熟虑；战略方案务必完善，并且还要对下属各部门提供详尽的指导。同时，这一方法亦束缚了各部门的手脚，难以充分发挥中下层管理人员的积极性和创造性。

（二）自下而上的方法

这是一种先民主后集中的方法。在制定战略时，企业最高管理层对下属部门不做具体硬性的规定，而要求各部门积极提交战略方案。企业最高管理层在各部门提交的战略方案基础上，加以协调和平衡，对各部门的战略方案进行必要地修改后加以确认。

这种方法的优点是，能充分发挥各个部门和各级管理人员的积极性和创造性，集思广益。同时，由于制定出的战略方案有着广泛的群众基础，在战略的实施过程中也容易贯彻和落实。

这种方法的缺点是，各部门的战略方案较难协调，影响了企业整个战略计划的系统性和完整性。

（三）上下结合的方法

这种方法是在战略的制定过程，企业最高管理层和下属各部门的管理人员共同参与，通过上下各级管理人员的沟通和磋商，制定出适宜的战略。这种方法的主要优点是，可以产生较好的协调效果，制定出的战略更具有操作性。

(四) 战略小组的方法

这种方法是指企业的负责人与其他的高层管理人员组成一个战略制定小组，共同处理企业所面临的问题。在战略制定小组中，一般是由总经理任组长，而其他的人员构成则有很大的灵活性，由小组的工作内容而定，通常是吸收与所要解决问题关系最密切的人员参加。这种战略制定方法的目的性强、效率高，特别适宜制定如产品开发战略，市场营销战略等特殊战略和处理紧急事件。

第二节 战略评价

评判一家多元化经营公司战略的过程，要评价公司进入的行业的吸引力，评估公司业务的竞争力量和业绩潜力，决定下一步采用什么样的战略行动。

一、识别当前的公司战略

企业需要考虑是否在寻求相关或不相关多元化，或二者混合；最近的购并和剥离行动的本质和目的是什么；公司管理层试图创建的多元化经营公司的种类等问题。具体讲，企业要考虑：

1. 公司多元化的程度。这可以通过每一项经营业务的销售额和经营利润占总销售额和经营利润的比例来衡量，并要看多元化的基础是宽还是窄。

2. 公司的经营范围是以国内为主，还是考虑多国本土化、全球化。

3. 在企业中增加新业务的决策和在新行业中建立地位的任何决策。

4. 剥离已经失去吸引力的经营业务的决策。

5. 最近采取的增加关键经营业务的业绩，或加强现存业务经营地位的决策。

6. 管理人员为获取战略匹配利益和利用业务间的价值链关系创建竞争优势的努力。

企业对当前的战略和其合理性有一个清楚的了解，可以弄清业务组合中的强势和弱势，决定是否要对战略进行适当的细微改进或重大变动。

二、检验行业吸引力

这是要评价公司所在的每一行业的长期吸引力。在评价一个多元化经营公司的业务构成和战略质量时，考虑的一个首要因素是其进入的行业的吸引力。这些行业越具有吸引力，公司的长期利润前景越好。

企业必须检查所进入的每一行业，判断它是否是较好的经营领域。这一行业长期增长的前景是怎样的？竞争条件和显现的市场机会是否为长期获利能力提供了好的前景？该行业的资本、技术和其他资源需求是否能与公司的能力很好地匹配？

影响行业长期吸引力中的因素有：

1. 市场规模和表现出的增长率

当然，大的行业比小的行业更有吸引力，快速增长行业比缓慢增长行业更具有吸引力。

2. 竞争强度

竞争压力相对较弱的行业比竞争压力较大的行业更具有吸引力。

3. 显现的机会和威胁

不远的将来有着明确的机会和最小威胁的行业比有着机会较小和威胁较大的行业更具有吸引力。

4. 季节和周期性因素

需求相对稳定的行业比购买者需求在年内或年间有较大波动的行业更具吸引力。

5. 资本需求和其他特殊资源的需求

有着资本需求低的行业比投资需求可能抑制公司财务资源的行业相对更有吸引力。同样，不需要专门技术或独特的生产能力的行业比资源需求超过公司拥有的资源和生产能力的行业更具吸引力。

6. 与公司现在的业务存在战略匹配和资源匹配关系

如果一个行业的价值链和资源需求与公司进入的其他行业的价值链活动，以及公司的资源能力存在很好的匹配关系，那么，这个行业更有吸引力。

7. 行业获利能力

有着相当高利润率和高的投资回报率的行业通常比一直是低利润、高风险的行业更有吸引力。

8. 社会、政治、法规和环境因素

在消费者健康、安全或环境污染等这类领域存在重大问题或者违反严格规章的行业不如在这类问题上好于多数其他经营的行业吸引力大。

9. 风险和不确定程度

有着较小的不确定性和经营风险的行业比未来不确定、经营常常失败的行业更具吸引力。

多元化的公司需要在所从事生产经营活动的各个行业的吸引力做出比较，将资源配置给那些有着最大长期机遇的行业，剥离掉不盈利的行业。

三、检验竞争力

企业要评估自己的各个经营单位的竞争力，了解他们在各自所处的行业中的状态，以便了解他们在行业中的定位是否正确，是否已经或能够成为一名强有力的市场竞争者。

进行这种检验，企业可以采用类似于衡量行业吸引力的方法，来评估每个经营单位的竞争力。

（一）相对市场份额

经营单位的相对市场份额，是指其市场份额与该行业中最大对手的市场份额的比值。例如，如果A业务在其行业的全部产量中占15%，其最大对手B占30%，那么A的相对市场份额就是0.5。如果业务A拥有着40%的市场份额，其最大对手B占30%，则A的相对市场份额为1.33。

根据这个定义，只有在各自行业中市场份额占领先地位的经营业务才会有大于1.0的相对市场份额；落后于领先对手的经营业务的市场份额则会小于1.0。经营单位的相对市场份额越是比1.0小，其竞争力和在该行业的市场地位就越弱。从经济学的角度讲，相对市场份额可以反映出产品的相对成本和大规模生产的经济性。相对市场份额较大的企业可以以更低的单位成本进行生产经营。

（二）成本的竞争能力

企业的经营业务在成本方面非常具有竞争力，可以在行业中比那些想要达到与主要对手相同的成本水平的经营业务处于更强的地位。

（三）质量和服务上的能力

公司的竞争能力还取决于它产品在性能、可靠度、服务等重要属性方面是否能满足购买者的期望值。

（四）讨价还价的能力

企业能够对供应者或购买者具有讨价还价的能力，本身就是一个竞争优势的源泉。

（五）技术和革新能力

在企业里有着技术领先地位和革新能力的经营业务在各自的行业中通常是强有力的竞争者。

（六）经营业务与行业成功关键因素的匹配能力

企业的经营业务的各项资源与行业的关键成功因素越是相匹配，其竞争地位越有力。

（七）品牌与信誉

企业具有很好的产品品牌及声誉，也是一项有价值的竞争性资产。

（八）相对于竞争对手的获利能力

企业经营业务连续获得高于平均水平的投资回报，并比对手有着更高的利润率，通常处于强有力的竞争地位。

检验竞争力的方法与评价行业吸引力的方法类似，要对每个竞争力衡量标准设置一个权数，表明其相对重要性。权数的总和必须为 1.0。可以用 1 到 5 或 1 到 10 的标准，对每个经营业务进行评估。评估值高表示竞争力强，评估值低表示竞争力弱。每项指标再与所设定权数相乘，得到加权的竞争力评估值。例如，竞争力评估的分值 6 乘以权数 0.25，得到加权评估值 1.50。所有标准的加权评估值相加的总和就是该经营业务的整体竞争力（见表 8－1）。

有些研究表明，竞争力评估值高于 6.7，该经营业务在其行业中就是强有力的市场竞争者。而竞争力评估值低于 3.3，该业务则处于较弱的市场地位。

在检验行业吸引力与竞争力方面，还可以使用第三章讲过的通用矩阵的方法（见图 8－1）。

表 8－1　　经营业务竞争力检验

竞争力衡量标准	权数	评估值	加权评估值
相对市场份额	0.20	5	1.00
相对竞争对手的成本	0.25	8	2.00
关键产品与竞争对手抗衡的能力	0.10	2	0.20
与供应商/购买者的讨价还价能力	0.10	6	0.60
技术和革新能力	0.05	4	0.20
资源与行业关键成功因素的匹配状况	0.15	7	1.05
品牌与信誉	0.05	4	0.20
相对竞争对手的获利能力	0.10	5	0.50
总和	1.00		
竞争力评估值			5.75

多元化的公司正在将他们的资源集中于能够使他们成为强有力的市场竞争者的行业上，并将不太可能成为市场领先者的业务进行剥离。例如，在通用电气公司，战略和资源配置的重点就是使通用电气的业务在美国和全球处于第一或第二的位置上。他们只考虑这样五种类型的经营业务，即：(1) 值得进行优先投资的，具有高增长潜力业务；(2) 值得进行再投资，以保持其竞争地位的业务；(3) 值得进行定期投资的支持性业务；(4) 需要减少投资的业务，(5) 需要大量 R&D 投资的风险业务。

四、检验战略匹配

企业通过检验战略匹配来考察各种经营业务价值链中的匹配关系，以及其所形成的竞争优势潜力。一般是从两个方面来看匹配关系：

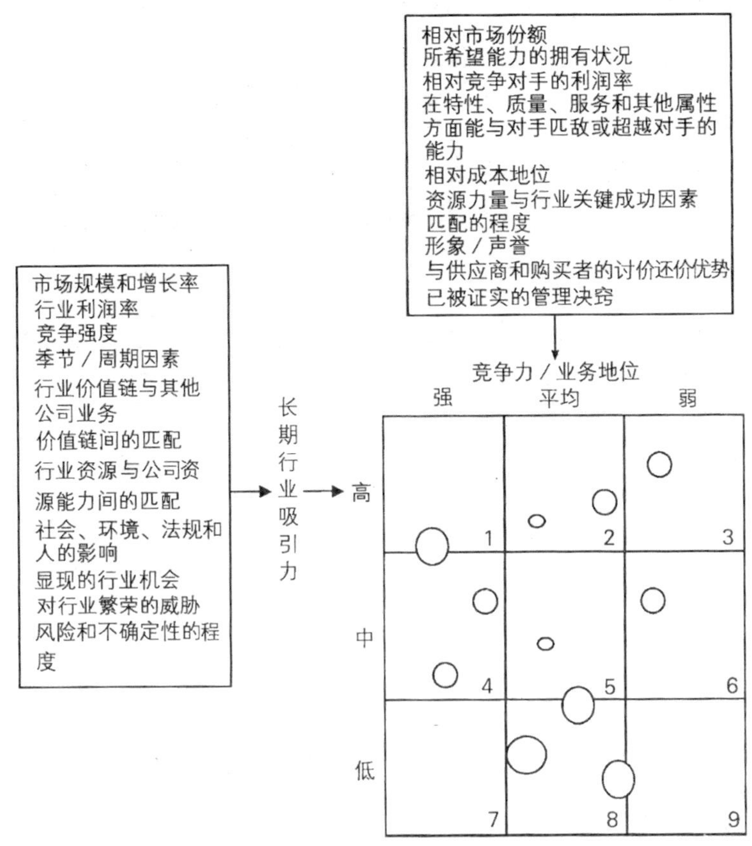

图 8－1　通用矩阵的模型

1. 企业内被有多少经营业务与公司多元化进入的其他业务间有着战略匹配关系；

2. 每个经营业务是否与公司的长期战略很好地吻合。

当相关多元化公司的各项业务组都具有相关的技术、相似的价值链活动、交叉的分销渠道、共同的顾客或其他一些有价值的联系时，这个公司就可以获得完全不相关多元化的公司所无法得到的竞争优势。多元化经营公司具有战略匹配关系的业务越多，就越能在实现范围经济、增强特殊经营业务的竞争能力、提高其产品和业务的竞争力等方面获得很好的绩效。

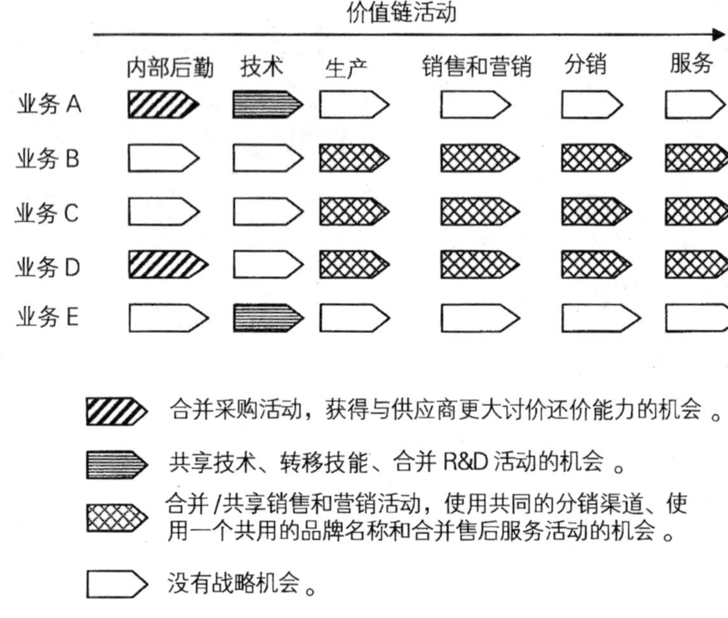

图 8－2　多元化公司的经营业务价值链中的战略匹配关系

图 8－2 说明了在多元化公司里，各项经营业务之间所存在的战略匹配关系。如果企业各项业务之间基本不存在这种配比关系，就要考虑新的经营模式。为此，在评价多元化经营公司的战略时，十分有必要考察其各业务间的价值活动的配比状况。

五、检验资源匹配

企业检验自身的资源力量，是为了更好地了解现有的资源是否能满足公司现在业务的需求。为此，多元化经营公司各项业务间需要具有很好的资源与战略的匹配关系。

（一）财务资源的匹配关系

多元化公司中不同的经营业务会有着不同的现金流量和投资

特点。公司检测财务资源的战略匹配关系，首先要从现金流量与现金需求方面来把握。在第三章讲过，处于迅速增长行业中的经营业务经常是“明星”业务。它们每年的现金流量不能满足它们每年的资本需求。为了满足明星业务不断增长的需求，保证它成为行业的领先者时，企业则需要向其注入所需要的财务资源。

“现金牛”业务处在缓慢增长的行业中，但居于领先地位，而且对资本的需求不大。它们本身能够产生较大的现金流量剩余，足以超过资本再投资以及维持其领导地位等方面的需求。当然，从增长的角度看，“现金牛”业务常常缺少吸引力，但从财务资源方面来看，却是有价值的业务。多元化公司要保证“现金牛”业务具有长期的现金增值能力，从而支持其他类型的经营业务。为此，公司需要认真考察哪些业务是明星业务，哪些是“现金牛”业务，使公司的资源可以很好地在各项业务之间转移，形成最好的投资组合。

其次，公司除了从现金流量方面进行考虑以外，还应该看到如果一项经营业务对于实现公司业绩目标有所贡献，并且能够增加股东价值时，它就具有很好的财务匹配关系。

（二）管理资源的匹配关系

多元化经营公司在制定战略时，必须考虑如何使其资源更好地满足其业务在竞争和管理上的需求，并在两者之间形成很好的匹配关系。

在公司所进入的行业中，其业务已经能够成功地开发出所需的竞争和管理能力时，这种多元化就会增加股东价值。如果这种新的经营业务没有形成很好的资源匹配关系，公司就需要考虑对它们进行剥离。

在多元化的进程中，公司对资源和能力的补充状况也决定了它的竞争能力。公司多元化战略越是集中在将其资源和能力投入于新的业务上，就越需要建立足够的资源贮备，保证这些业务能够创建竞争优势。否则，公司的资源就会被分散，从而失去创建竞争优势的机会。

值得注意的是，很多多元化战略是以将资源能力转移到新业务为基础的。但这种转移过程并不那么容易。很多新业务很少能如预期的那样进行发展，其原因主要是：

1. 企业将一种资源能力由一项业务转移到另一项业务需要一个学习过程。员工需要很好地把握新业务的知识，并建立相应的团队，保证将新业务所需要的资源能力更好地转移过去。

2. 企业在某项经营业务上已经取得了成功，再进入具有同样资源需求的类似的新业务时，往往对成功的希望过于乐观，结果导致失败。

3. 企业在新业务中，错误地估计了自己与竞争对手在资源和能力上的差异，不能突破竞争对手形成的进入障碍。

六、根据历史业绩与未来业绩排序

多元化经营公司在对行业吸引力、竞争力量、战略匹配和资源匹配等方面进行评估以后，需要进一步评价哪些业务业绩前景最佳，哪些业务的业绩前景最差，并进行排序。

排序的标准主要是销售增长、利润增长、投资于某项业务的回报以及现金流量增值等。一些企业也可以考虑采用经济附加值作为排序的标准。

七、确定资源配置顺序与战略方向

根据前面的评价过程所得到的信息和结果，公司可以决定在各种经营业务中进行资源配置的优先顺序，并为每一经营业务设定一个一般的战略方向。在将业务从最高到最低进行排序的过程中，公司要应弄清每个经营业务的基本的战略途径，究竟是采用投资和扩张呢，还是积极防御，或者是彻底调整和重新定位等。

当公司在决定是否要剥离一个经营业务时，应该通过行业吸引力、竞争力量、与其他业务的战略匹配关系、资源匹配关系、业绩潜力（利润、资本回报、经济附加值、对现金流量的贡献）等评价标准，检验该业务是否与公司战略远景和使命保持一致。如果不能保持一致，企业就需要尽早剥离此业务。

八、制定新的公司战略

在前面工作的基础上，企业可以完成新的公司战略。在制定公司战略时，没有一个无所不包的万能的公式可以遵循。企业需要通过对未来的研究、试验，收集更多信息，发觉各种选择的能力，确定新的机会，对危机做出反应，充分认识战略相关因素及其重要性。

值得注意的是，战略分析并不是多元化经营公司的管理者们马上能够完成的一件事情。研究表明，重大的战略决策通常是逐渐形成的，而不是进行定期、全面的分析，然后迅速决策的结果。最典型的情况是，高层管理常常先有一个过于宽泛的、直觉的概念，随着信息的收集，正规的分析进一步肯定或修正了他们对形势的判断，并且随着对下一步战略行动建立起了信心和共识，他们的最初思路逐渐得到调整、修正和完善。

第三节　战略选择

一、影响战略选择的领域

企业的生产经营活动可以分成三种类型：社会方面的管理，涉及企业在社会和政治环境中的合法性和生存能力；经营方面的管理，涉及企业盈利潜力；竞争方面的管理，涉及把盈利的潜力转化为实际盈利。这三方面的管理活动，决定了企业在战略上有三个领域可以选择：

（一）社会领域

该领域包括企业的社会责任以及它在社会中的合法性。企业的环境是由顾客、供应者、股票持有者、管理人员、政府、公众利益团体等各利益群体组成。其中每一个群体都向企业提出各自合法的要求，并对企业提供不同程度的支持。企业战略的变化会使上述各方的利益受到影响。企业在选择战略时，必须让各个利益群体认为企业的活动有社会的合法性，同时该战略符合他们要求。各个利益群体对企业应该怎样活动，以及企业在经济上、社会心理等方面应该提供什么样的利益，都抱有各自的期望。如股东期望增加他们的股份和股息；员工期望提高他们的工资和津贴；管理人员期望得到晋升、奖金和实现个人满足感等。因此，企业需要通过选择适当的战略，认真协调与解决各利益群体相互矛盾的利益期望。

（二）经营领域

企业要根据企业的目标，选择适合自身条件的生产经营领域，并制定相应的战略，促使自己的产品和市场得到发展。

（三）竞争领域

企业为了获得竞争优势，需要关心产品生命周期、技术变革和发展，以及实际存在的和潜在的竞争者，选择适当的竞争领域，制定出各种防御战略、保护战略和攻击战略。

明确企业这三类管理活动，不仅可以使企业从这三个领域来制定战略，还有利于企业正确地确定是否应及时变更自己的战略。

二、影响战略选择的行为因素

战略选择是确定企业未来战略的一种决策。一般说来，备选战略提出以后，就要进行战略的选择。战略决策者经常面临多个可行方案，往往是很难做出决断。在这种情况下，影响战略的选择的行为因素很多。其中，较为重要的有：

（一）过去战略的影响

在开始进行战略选择时，首先要回顾企业过去所制定的战略。因为过去战略的效果对现行战略的最终选择有极大的影响。现在的战略决策者往往也是过去战略的缔造者。由于他们对过去战略投入了大量的时间、资源和精力，会自然地倾向于选择与过去战略相似的战略或增量战略。这种选择与过去战略相似的战略和沿袭过去战略的倾向已渗透到企业组织之中。研究表明，在计划过程中，低层管理人员认为，战略的选择应与现行战略相一致，因为这种战略更易被人接受，推行起来阻力较小。

（二）企业对外界的依赖程度

在战略选择中，企业必然要面对供应商、顾客、政府、竞争者及其联盟等外部环境因素。这些环境因素从外部制约着企业的战略选择。如果企业高度依赖于其中一个或多个因素，其最终选择的战略方案就不能不迁就这些因素。企业对外界的依赖程度越大，其战略选择的范围和灵活性就越小。

（三）对待风险的态度

企业对待风险的态度也能影响战略选择的范围。企业如果对风险持欢迎态度，战略选择的范围和多样性便会得到拓展，风险大的战略也能被人接受。反之，企业对风险持畏惧、反对态度，选择的范围就会受到限制，风险型战略方案就会受到排斥。冒险型管理人员喜欢进攻性的战略，保守型管理人员喜欢防守性的战略。

（四）时间因素

时间因素主要从几个方面影响战略选择。第一，外部的时间制约对管理部门的战略决策影响很大。如外部时间制约紧迫，管理部门就来不及进行充分的分析评价，往往不得已而选择防御性的战略。第二，做出战略决策必须掌握时机。实践表明，好的战略如果出台时机不当，可以带来灾难性后果。第三，战略选择所需超前时间同管理部门考虑中的前景时间是相关联的。企业着眼于长远的前景，战略选择的超前时间就长。

（五）竞争者的反应

在进行战略的选择时，高层管理人员往往要全面考虑竞争者对不同选择可能做出的反应。如果选择的是直接向某一主要竞争对手挑战的进攻性战略，该对手很可能用反攻性战略进行反击。企业高层管理人员在选择战略时，必须考虑到竞争者的这类反应，其反应的能量，以及它们对战略成功可能产生的影响。

三、战略选择矩阵

这是用于指导企业进行战略选择的一种模型。企业应结合自身的优劣势情况和内外部资源的运用情况，选择适合企业的战略(见图 8－3)。

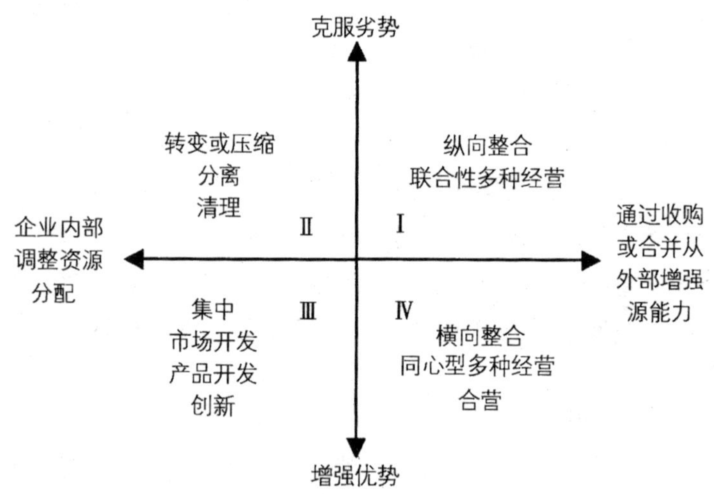

图 8－3　战略选择矩阵

在象限Ⅰ中，企业会认为自己当前生产经营业务的增长机会有限或风险太大，可以采用纵向整合战略来减少原材料供应或顾客渠道方面的不确定性所带来的风险。企业也可以采用联合型多种经营战略，既能投资获利，又不用转移对原有经营业务的注意力。

在象限Ⅱ中，企业常采用较为保守的克服劣势的办法。在保持基本使命不变的情况下，企业在内部将资源从一种经营业务转向另一种经营业务，加强有竞争优势的经营业务的发展。企业可以采用压缩战略，精简现有业务。实际上，压缩也是起着一种转变战略的作用，即从提高工作效率、消除浪费中获得新的优势。如果某种业务对于企业来说，已是成功的重大障碍，或很难获得成功，或者为了克服这种劣势要付出很大的代价，而成本效益又太低，就必须采取分离战略，把这种业务分离出去。当经营业务已经徒然耗费组织资源，有导致破产的危险时，就可考虑采取清理战略。

在象限Ⅲ中，企业如果认为能用这 4 种战略，建立获利能力并希望从内部增强优势，就可以进行选择。集中即市场渗透，全力倾注于现有的产品和市场，力求通过再投入资源，增强优势以巩固自己的地位。市场开发和产品开发都是要扩展业务，前者适用于现有产品拥有新顾客群的情况，后者适用于现有顾客对与企业现有产品相关的产品感兴趣的情况。产品开发也适用于拥有专门技术或其他竞争优势的条件。例如，企业优势在于创造性产品设计或独特生产技术，可以推出新产品，则可采用创新战略。

在象限Ⅳ中，企业通过积极扩大业务范围来增强优势，需要选用其中一种注重外部的战略。横向整合可使企业迅速增加产出能力。同心型多种经营原有业务与新业务相关，可以使企业平稳而协同地发展。合资经营也是从外部增加资源能力的战略，可以使企业将优势拓展到原来不敢独自进入的竞争领域。合伙者的生产、技术、资金或营销能力可大大减少金融投资，并增加企业获利的可能性。

四、战略聚类模型

这是根据波士顿矩阵修改而成，在市场增长率和企业竞争地位不同组合情况下，供企业选择各种战略的一种模型（见图8-4）。

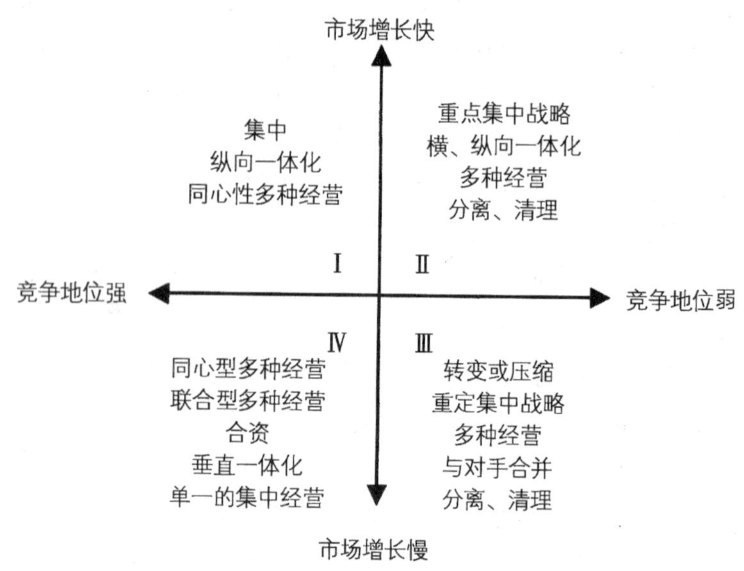

图8-4 战略聚类模型

在象限Ⅰ中，企业处于最佳战略地位，适宜继续集中力量经营其现有业务，不宜轻易转移其已有的竞争优势。但如果资源有余力，企业可以考虑纵向整合，无论前向或后向整合都有助于维护其利润率和市场份额。象限Ⅰ中的企业，也可以采用同心型多种经营，以减少经营面过窄而带来的风险，同时继续大量投资于有效益的现有主要的经营领域。

在象限Ⅱ中，企业必须认真审视其现有战略，找出效益不理想的原因，判断有无可能扭转局面，使竞争地位转弱为强。其中，有四种战略可供选择，即制定或重定集中战略、横向整合、分离和清理。在迅速增长的市场中，即使是弱小企业也往往能找到有利可图的位置。因此，首先应当考虑制定或重定集中战略。但如果企业自己无力获得具有竞争力的成本效率，可以考虑横向整合。如再无力增强地位，可考虑退出该市场或产品领域的竞争。多种产品企业可采取分离战略，分出耗费大、效益低的业务，将获取资金用于发展其他效益较好的业务。如经营失败，最后还可以清理，以避拖延造成更大的损害。

在象限Ⅲ中，企业通常是减少其对原有经营业务的资源投入。压缩战略撤出的资源最少。同心型和联合型多种经营，较之整合或自身发展更便于进入有前途的竞争领域。如能找到持乐观态度的买主，企业可以采取分离或清理战略。

在象限Ⅳ中，企业可以通过各种经营转向增长形势看好的领域。这些企业的特点是资金多而内部增长需要有限，可以进行同心型多种经营，以利用其原有的经营优势；也可以进行联合型多种经营，以分散投资风险，同时保留对现有经营业务的关注。合资经营对跨国企业尤其有吸引力。国内企业通过合资经营可在有前途的新领域获得竞争优势，而所冒风险不大。

本章小结

多元化经营公司的战略评价是一个包含八个步骤的过程：

第一步，清楚了解现在的战略。考察公司的战略重点是相关还是不相关的多元化；公司的经营地域是以国内为主还是逐渐多国化；对于增加新业务和在新行业中建立地位最近有什么行动；最近的剥离行动的依据是什么；在捕捉战略匹配关系，创建基于范围经济与资源转移的竞争优势，以及对各个经营业务进行资源配置的模式等方面的努力的本质是什么。这一步骤为全面评估战略变动的必要性奠定了基础。

第二步，评估公司所在的每一行业的长期吸引力。行业吸引力需要从三个角度进行评估：每一行业自己的吸引力，每一行业相对于其他行业的吸引力，所有行业作为一个集团的吸引力。如前所述的行业吸引力的数量测度方法是对多元化经营公司所涉足的行业进行由最具吸引力到最不具吸引力进行排名的合理的、可靠的方法。这种排序表明了公司如何多元化进入的某些行业，以及为什么该类行业比其他行业更有吸引力。在计算行业吸引力分数时最困难的两个方面：一是为各种行业吸引力的测度标准决定合适的权数；二是能够很好地了解每一个行业，并对它们进行精确的客观的评估。

第三步，评估公司中每一经营业务的相对竞争地位和经营力量。对每一经营业务的竞争力进行评估的目的是弄清哪些业务在它们所处的行业中力量强大，哪些是弱小无力的竞争者，它们之所以强大或弱小的原因是什么。通用矩阵是将行业吸引力和竞争力考察的结论联合在一起的最有效的方法之一。

第四步，测度现存经营业务间任何价值链关系和战略匹配关系的竞争优势潜力。当一项业务与其他经营业务有着可以转移技能或技术，降低整体成本，分享机构设施或分享一个共同的品牌名称这类价值链联系时，从战略意义上讲，这项业务就更具有吸引力。一家多元化经营公司拥有更多的有着竞争性的、有价值的战略匹配关系的业务，其获得范围经济、加强某些特别经营业务或产品的竞争能力的潜力就越大。因此，公司可以利用其资源，获得比各单元独立运作更大的联合业绩。

第五步，测度公司的资源力量是否与其现在业务组合的资源需求相匹配。多元化经营公司业务集合中的各项业务需要有很好的资源匹配关系和战略匹配关系。资源匹配关系存在于以下情况时：（1）各业务从财务或战略方面增加了公司的资源力量；（2）公司的资源能够充分支持其业务集合的资源需求，而且不会过于稀少地分散于各业务中。资源匹配的一个重要方面是公司的业务集合与其财务资源是否能很好匹配。

第六步，按从最好至最差的顺序对不同经营业务的过去业绩和将来的业绩前景分别进行排序。企业判断经营业务业绩时，最重要的考虑因素是销售增长状况，利润增长状况，对公司盈利的贡献以及对该业务的资本投资的回报。有时，现金流量的增值也是很重要的考虑因素。通常，处于有吸引力行业的强大的经营业务比处于较差吸引力行业的业务或弱小无力的业务有着更好的业绩前景。

第七步，按资源配置优先权对经营业务排名，并决定每一经营业务是否应采取扩张、防御、彻底修整、重新定位或者收获剥离的战略。在进行排序时，要特别注意公司的资源和能力是否能够和如何用来加强某些经营业务的竞争力。

第八步，使用前述分析制定出提高公司整体业绩的一系列行动决策。

在战略选择中，影响战略选择的领域有社会领域、经营领域和竞争领域。影响战略选择的行为因素有：过去战略的影响、企业对外界的依赖程度、对待风险的态度、时间因素和竞争者的反应。战略选择可以通过使用战略选择矩阵、波士顿矩阵和战略聚类模型等分析工具来帮助判断。

关键术语

行业吸引力　竞争力检验　战略匹配检验　资源匹配检验　战略选择领域　战略选择矩阵　战略聚类模型

复习思考题

1. 如何诊断多元化公司的战略问题？
2. 多元化公司的战略评价过程及方法是什么？

3. 影响战略选择的因素有哪些？

4. 战略选择的分析工具是什么？如何使用？

案例分析题

中国乐凯胶片公司

中国乐凯胶片公司是国内目前唯一在与柯达、富士、柯尼卡和爱克发等国外胶片公司抗衡的国有大型感光材料企业。在激烈的市场竞争中，高举民族感光工业旗帜的中国乐凯胶片公司目前内外环境非常严峻：一方面国际四大胶片公司不惜一切手段争夺中国市场；另一方面日益猖獗的走私水货也猛烈地冲击着中国市场，乐凯正处于内外交困的境地。

1996 年的秋天，清华大学经济管理学院徐国华教授受中国乐凯胶片公司总经理杜自春先生的邀请，前往乐凯，为企业进行咨询和诊断。

杜总经理在陪同徐教授一行参观完厂区之后向他们倾吞了肺腑之言："中国乐凯胶片公司能发展到今天的规模，最重要的原因，我们走的是一条自主开发的道路，乐凯有一支由 1000 多名各类专业技术人员组成的科技队伍，其中最精华的 300 多人专门集中在科研所进行科研开发。公司的领导成员几乎都是从科研所提拔上来的，我们是一个典型的以技术生产为导向的企业。但是，产品的技术开发能力过多地掩盖了管理上的缺陷。这几年，柯达、富士大规模低价占领中国市场和走私的日益猖獗，使得企业的效益连年滑坡。企业改革由于受旧体制的影响而困难重重，譬如裁减冗员，精简机构，道理人人都懂，可一栽到自家头上，心理就承受不了，职工不愿下岗，而干部又不愿下基层。中层干部的思想不活跃，一些改革方案和措施很难推行下去。另外，我们的营销环节一直非常薄弱，销售量上不去，市场在萎缩，原因很多……。现在全社会都非常关注乐凯的发展，乐凯内部到底应该怎么办呢？现在是必须采取措施的时候了。”

一、中国乐凯胶片公司概况

中国乐凯胶片公司是中国感光材料行业中的骨干企业和生产基地。它的前身是化学工业部第一胶片厂，1958年开始建厂，1965年投产，当时主要生产电影胶片和航空胶片。现在公司的主要产品有第三代金BR（GBR）100、GBR200、GBR400等彩色胶卷，新一代的黑白胶卷SHD100、SHD400，彩色电影胶片、彩色反转片、磁卡宽片、高档录像带、软磁盘芯片、SA－1型无水洗加工彩色相纸等。当1992年金BR100问世时，乐凯已把与柯达的差距缩短到8年，达到国际80年代末水平。

目前公司拥有职工4700余人，总资产107137万元。1995年，公司工业总产值、感光材料总产量、销售收入、利税分别为86975万元、1370.6平方米、65389万元、26475万元，分别占全行业的39.4%、32.0%、32.2%、31.%，国内市场占有率在20%－35%之间，是全国500家最大工业企业之一、十六个重点化工基地之一。

二、乐凯产品的市场

(一) 国内市场——主要由销售公司具体运作

1. 彩卷市场

1986－1987年乐凯投资1000万元在全国31个大中城市建立了彩扩服务部并成为彩卷销售的主渠道，使彩卷的市场占有率达到24%。它的主要消费群体是低收入者、初学者、旅游者和解放军。

乐凯的传统市场在“三北”地区，占总销量的70%－80%，而中南、华中以南的市场容量很小。1993年国内彩卷的消费量为8000万卷，乐凯为1837万卷。乐凯的出厂价为8.65元/卷，零售价为12.0－12.5元/卷，而柯达的批发价是14.2元/卷，零售价21元/卷，相比之下乐凯的利润空间太小，零售商的销售积极性不高。

2. 磁带、磁卡市场

磁带最大的市场在农村。磁带的国内市场占有率为60%，并有上升的趋势。1995年比1994年销售量增长31%，收入增长

36%，是历年没有的喜人景象。但却面临着生产能力的制约。

磁卡在国内刚刚起步，市场前景很好。国内主要的竞争对手来自日本进口的磁卡定片，他们把价格压得很低，目的只有一个，扼杀乐凯磁卡，而后再奇货可居地独霸中国市场。现在公司最赚钱的产品是彩卷和磁卡。

总公司对销售公司考核的指标是销售量。这个指标是总公司年初根据目标利润指标、产量指标来制定的，并以每年30%的速度递增，但1995年就没有完成销售任务。

销售公司的内部现状：

（1）人才奇缺，素质较低；

（2）销售人员的待遇很低，销售人员的积极性不高；

（3）奖金缺乏，无力做广告宣传。乐凯每年的广告费用只占销售收入的0.5%—1.0%。公关部经理对经费没有支配的权力。

（4）销售任务和生产任务冲突很大。生产指标是总公司年初根据目标利润指标制定的，有些脱离市场的容量，造成各地乐凯部为完成销售量，互相压价，或跨地区销售，引起销售量上升，而销售收入下滑的现象发生。

（5）乐凯部一年的费用是1400万元，其中300万元内部返还，但实际沉降资金1900万元，包括呆死账和亏损，并隐含灰色收入；

（6）售后服务跟不上。对待退货，不查清原因，而是尽量推出，宁可做出价格方面的牺牲。技术服务部不被重视，质量否决权很难落到实处，遇到质量问题各单位相互推诿、扯皮。

（二）国际市场——进出口公司负责具体运作

乐凯1993年开始经营进出口业务，1995年开始自营进出口，有16个产品销往40多个国家与地区，国际市场占有率为1%。

进出口公司在国际市场采用的营销策略是：

（1）分区域销售：业务、价格、促销方式都分区设定；

（2）品牌差价策略：用乐凯的品牌价格低一些，用其他品牌价格高一些；

（3）国内自营、代理和国外代理相结合。比较规范的市场如美国采用代理，有些国家社会风险大的，就寻求外贸代理，例如在伊朗、巴基斯坦、叙利亚等地区都有独家代理机构。

乐凯在国际市场上总的策略是做市场，不是做买卖。采取渗透的原则，一个品种做好，再扩大市场，逐渐发展。首先考验代理商 1 到 3 个月，保护价格和市场，而后再确定代理商。

目前，出口到美国市场 80%的彩卷都是 24 画面彩卷，只进入了专业消费层，但没有进入业余消费层。如果要进入业余消费层，必须改变包装，提高包装质量。市场调查的结果表明：欧美人对彩卷的消费量很大，所以 3 盒一组、5 盒一组的吊挂式包装的彩卷在国外的超级市场很普及。

现在的欧美市场都是非常成熟的市场，柯达和富士的产品都是高档次的。乐凯的产品之所以能进入中东市场，是受国际政治环境的影响，且都是发展中国家，消费者更喜欢物美价廉的彩卷，而东南亚市场很难进入。

进出口公司的内部现状

(1) 奖金缺乏，无力作广告，只能依靠代理商，做品牌销售。品牌带来的具体问题是：总公司需要客户预付定金，而有些客户不理解，造成谈判失败；

(2) 人才奇缺，真正懂外语又会营销的人不多；

(3) 装备落后，公司只有一部电话与客户联系，产品品种多，非常容易出错；

(4) 售后服务很困难，提供不出适合市场要求的标准片，包装质量档次较低，尤其缺吊挂式包装；

(5) 要寻找新的增长点，目前出口的相纸 90%是 SA－1 型无水洗相纸，今后出口要有新产品，例 GBR200 型和 GBR400 型彩卷才能具有竞争力。

外国公司营销策略的重要一点是激励政策，控制彩扩机，控制相纸，控制彩卷。乐凯曾采取一些方法，但是，没有实力与之抗衡。

进出口公司只有进出口业务，财务核算由总公司的财务部来做，经费控制很严，一般需经办公室审批。

三、乐凯的财务状况

在利改税之前，乐凯每年的利润留成很低，利润大部分上交，只留给企业2000多万元，而乐凯对“七五”期间的贷款已全部还清，导致企业财力空虚，没有更多的回旋余地。以前国家对乐凯核定的生产用的流动资金只有3000多万元，实际上乐凯需要的流动金达到2.8亿元，其中87%全靠自己去筹措。筹资方式主要是银行贷款，短期贷款利率是10%，逾期贷款月息是12‰，年息14%，仅每天交付银行的利息就是一辆“桑塔纳”。

发行股票对企业很有利，但必须由国家审批，条件是三年有利润。1994年乐凯准备发行股票，但由于原材料价格上涨。尤其是白银价格上涨，吃进4000万元利润，投资回报率不到25%，结果无法上市，资金缺口很大。

现在正在改建的拉幅车间，吸入资金2.5亿元，这样乐凯就没有更多的钱去干别的事了。

乐凯经营的各种产品中，只有彩卷和磁卡赚钱，其他品种基本保持在保本点左右，主要作用是分摊期间费用和固定费用。

四、国际照相市场的状况

近10多年来，美国、欧洲和日本的社会娱乐活动和旅游事业迅速发展，世界彩色照相市场得到长足的发展，彩色胶卷、相纸等感光材料市场销售量每年按8%的速度增长。随着照相市场的深入发展，各大胶卷公司为了保护各自在照相市场的地位，相继努力研究开发新型胶卷，努力提高产品质量，降低生产成本，扩大胶卷消费市场的新领域。

世界四大胶卷生产厂家开始将市场战略的重点放在海外市场，大力拓展其在海外的市场占有率。他们不惜巨资在中东市场、东南亚市场、中国和印度市场，以及东欧和独联体市场建立销售中心、冲扩中心和办事机构，并根据不同的销售季节掀起一次又一次的广告大战、有奖销售大战和让利促销大战，柯达、富士、柯尼卡和爱克发的商业广告（包括电视、报纸、杂志等）、路标、广告牌、霓虹灯、宣传材料和体育比赛赞助活动到处可见。事实上，柯达、富士、柯尼卡和爱克发等公司在向第三世界国家大量倾销其产品，有的还与当地合作建分切加工厂，利用当地的廉价劳动力，力图降低产品成本，扩大销售量。

几大胶片公司在中国市场的发展及同乐凯的竞争格局：中国照相市场潜力巨大、增长较快，据权威人士估计，中国照相市场在近几年内将以每年12%左右的速度增长。

从80年代中期开始，世界几大胶片公司都看好潜力巨大的中国市场，以低价倾销的方式扩大在中国市场的份额。同样一个柯达彩卷在美国本土的零售价为5美元左右，国际市场平均售价为3.58美元，而销到中国市场是2.5美元左右。

为什么柯达、富士这样不惜代价地在中国做买卖呢？

中国是世界上最大的彩卷潜在市场。美国人均年消费彩卷5个，日本3.2个，而中国人均消费才0.53个。从长远考虑，他们不会放弃这个市场。另外，国产乐凯彩卷的低价格抑制着柯达、富士彩卷价格的上涨。

柯达、富士曾分别毫不隐讳地说：“投入中国市场5年不见利润”。“3年挤垮乐凯”。

近几年来，国际四大胶片公司在中国采取合作、合资、大轴裁切、扶植专卖店等各种手段，与乐凯展开竞争。柯达、富士、柯尼卡和爱克发凭借雄厚的财力，发起“专卖店”攻势，黄“柯达”、绿“富士”、蓝“柯尼卡”和红白相间黑色字体的爱克发专卖店遍布在中国的大中城市。免费装修门面、优惠提供配套的冲印设备、高额回扣、让利、奖励出国培训（旅游），投入几万元的材料、宣传品等各种有效的手段使柯达专卖店很快发展到1000家以上，富士发展到500家以上。专卖店不允许经营其他品牌的产品，从不干胶到吊挂，并且彩扩机拒绝接收乐凯的频道，排他性很强。一般开办一家彩扩部，至少需要几十万元，而柯达只给5万—15万元，就有人愿意干。

乐凯早在1985年就有此想法，并建立了第一家专门从事销售的彩扩技术服务部——第一乐凯部。由于资金上的捉襟见肘，至今仍只有31家乐凯部。

五、孤军奋战

目前，中国的八家感光材料企业生产的彩卷，除“乐凯”外，其他牌子几乎都被挤出了市场。伊斯曼·柯达与中国感光材料企业全面控股合资的计划正在加紧实施，厦门福达、汕头公元已同意柯达的控股合资计划，而上海、天津等其他5家也正在谈判之中。

就在乐凯内外交困的时刻，对她觊觎已久的伊斯曼·柯达终于向乐凯抛出了他的控股合资计划。所谓“控股合资”，不仅意味着柯达对合资后的乐凯握有一个高比例的控股权，而且意味着放弃品牌，乐凯这个在国际感光材料市场上唯一叫得响的中国品牌将不复存在。乐凯这个“一五”时期就开始兴建的中国感光材料工业基地，将成为美国柯达公司的一个加工厂。

摆在乐凯面前的是二者必居其一的选择：要么接受控股，被柯达整体收编；要么孤军奋战，守住最后一道防线。

1995年底，4700名乐凯人展开了大讨论，结果80%的职工不赞成与柯达合资。他们深知合资者不是慈善家，乐凯决不会接受以“彻底吃掉你”为目的的所谓合资，而柯达合资的目的却正在于此。原因很简单：乐凯胶卷是中国唯一能与之抗衡的胶片产品，乐凯是柯达大规模进军中国市场的强大阻力，柯达对乐凯“既爱又恨”。

拒绝接受合资，仅仅只是个感情和面子的问题？不！还有一点不容忽视，我国国防用的航空航天胶片几乎全由乐凯提供，如被外方控股，一旦形势有变，中国的人造卫星可能变成一个“盲人”。国防上的被动意味着真正的挨打。乐凯位卑未敢忘忧国。

尽管合资可能带来经济上的实惠，但乐凯人毅然选择孤军奋战。乐凯人到底能不能守住最后的一道防线？

六、乐凯人都在想什么

在连续几天的座谈上，徐教授同公司的干部和部分工人进行了广泛的座谈，乐凯人都在关心乐凯的生存和发展。

(一) 公司领导在想什么

1. 主管销售的姚副总经理说："压力很大，担心很重，面临市场的激烈竞争，企业存在着许多不利因素：一是观念问题。第二个不利因素是：整体实力差，规模上与国外大公司无法相比；技术实力差；第三个不利因素是决策过程迟缓，搞经营管理，决策层缺乏参谋班子；第四个不利因素是在销售上投入很少。

2. 分管生产的温总在与徐教授的交谈中，畅谈了他自己的想法："乐凯目前主要的问题：是眼睛向内，不是向外。都是生产技术型的领导，不善于经营。现在的经营环境很糟糕，是不公平的竞争，市场上的东西（彩卷）部分是走私的，目的是要打垮乐凯。另外，外国的专卖店给我们造成很大的困难。柯达、富士已经发展到上千家专卖店，而我们的网点只有31家。我们的目标是彩卷年产2000万～3300万卷，相纸是1000万～1500万平方米，以30%的速度增长，但由于国外竞争对手的倾销，造成我们的目标没有完成。"

"杜总上任后，抓了三件大事，首先调整班子，对中层干部换届，对那些以权谋私的、没有工作能力的、混日子的都调离领导岗位；接着与国家部、委、局广泛联系，取得支持，有力地打击走私；积极地寻求合作，现在有了很多合作意向；引入资金，引入技术，以促进乐凯更好地发展。现在我们乐凯最大的意愿是寄希望于国际市场。口号是：你打进来，我打出去；你开拓中国市场，我开拓国际市场；你占领大城市，我占领农村及中小城市。"

3. 公司领导班子中年龄只有35岁左右的张副总经理深有感触地说；"我认为乐凯内部目前主要的问题是：①职工的思想没有统一到一定的高度，对新生事物的反应很迟钝，心理能力很脆弱。说起改革，大家都很潇洒，但触及个人的切身利益时，执行起来很难。②领导和群众不能很好地沟通。③班子很廉洁，造成和主管部门、金融机构和当地政府的沟通（公关）有些麻烦，班子没有做到入乡随俗，这已成了乐凯对外公关的缺陷。"

“乐凯的效益连年滑坡，但确实存在有许多两难问题。例如企业是注重社会效益还是经济效益？企业发展方向的定位问题？”

“乐凯的机制要改变。现在乐凯真正忧虑的人很少。第一权力和责任要下放，分权有利于调动各层次的积极性。分灶吃饭，划小核算单位，学邯钢，考核成本，把危及感传递到每个职工当中去。第二个办法是搞股份制改造，吸收职工参股，把对企业的要求变成对企业真正的关心，为乐凯出主意，想办法。”

4. 张副总工程师。中专毕业，他从基层做起，1994年任副总工程师，协助温总主抓生产。这位一直在生产一线工作多年的副总工程师对乐凯怀有特殊的感情。他谈到；“乐凯最大的优势是成本优势，乐凯现在最关键的问题是人的问题，厂里富余人员很多。怎样引入竞争机制？要解决好人愿意干和不愿意干的问题，是首要的问题。”

（二）中层干部在考虑什么

1. 十四个分厂的厂长认为：“分厂厂长只有干活的命，没有任何其他权力。部门与部门之间的关系怎样处理？责任和权力分得不是太清楚。分权是必要的，这样管理才有层次。以前公司提倡一业为主，多种经营，现在又不提倡了。资金比例不大，分厂厂长又控制不了，只是过路财神。用人制度要放权，要提高分厂厂长的积极性。”

“怎样解决职工的思想问题？中国的国有企业如果实行管理，必须经过泰勒制，必须是管理标准化、程序化和科学化，尤其像乐凯生产的是多因素的产品，更需如此。目前职工的培训是不系统的，有些工人根本不知道他的行为规范。引进的包装生产线，设备很先进，工人就是掌握不了，整理分厂的工人大都是初中生。职工关心的资金、福利，而不是市场，服务意识很差。只要职工的思想扭转过来，中国人不是干不好，合资企业的工人不就干得很好吗？关键是人的素质”。

2. 科研所的王所长谈到现在的科研奖励措施对技术人员的激励作用不是很大，虽然有月奖、季度奖和技术进步奖，但主要是奖金太少，并且没有拉开档次。

3. 生产处的副处长谈到：

“中层领导没有实行目标责任制，从上到下感觉不到危机和压力。”

“奖励机制不健全，没有实行严格的奖罚制度，对部门和企业造成很大损失的不处理，功过不分，造成反面影响。”

“新产品开发有问题。开发了很多产品，但真正给企业带来盈利的不多，市场预测不准。在产品的开发过程中，开发过程本身不完整，有许多缺陷，推向市场后，用户反映质量问题，给公司造成不良影响。”

4. 进出口公司的李经理谈了他对销售方面存在问题的看法：“商业利润和企业利润混为一团，销售人员没有积极性。领导搞平衡，奖金拉不开差距。干部素质差，拿不到奖金，不从主观上找原因，而是从客观上找原因，钱不能起到激励作用。乐凯目前关键的问题是机制，没有深入到改革的深层，只停留在表面。收入没有拉开档次，领导顾虑太多，行政干涉太多。

订的指标没有科学根据，都是拍脑袋，比如说今天的费用下降20%，搞一刀切，调动不了积极性。销售上的政策不到位，销量虽然很大，但价格很低，利润上不去。目前也想了很多办法，比如搞承包，但比较脱离实际。销售量指标是第一位，厂里订的产量指标是脱离实际市场需求的，年年有30%的增长，都是虚增。”

（三）工人们在想什么

他们认为，乐凯的职工凝聚力差，是多种因素造成的：职工对分房有意见，企业办社会带来许多矛盾；核算体系有问题；集权和分权的矛盾很突出；管理和服务的矛盾冲突很大；激励机制有问题，奖金差距拉大，就会出问题，整个是搞心理平衡。

看来如何真正转变观念，切实通过改革激活企业的竞争力，乐凯的路并不平坦。乐凯的第三次创业应从哪里开始？

分析提示与思考

1. 对乐凯公司进行资源与环境分析，评价现行的做法。
2. 乐凯公司的问题出在哪里，在战略选择上该如何考虑？
3. 你认为乐凯发展战略应如何制定？

战略的实施与控制

本章重点

- 掌握战略制定与实施的关系模型
- 了解战略计划与长期计划的区别
- 了解企业任务书的内涵
- 掌握战略实施模型
- 把握战略控制的类型和过程

第一节　战略制定与实施的关系

在战略管理中，战略实施是战略制定的继续，即企业制定出目标和战略以后，必须将战略的构想转化成战略的行动。在这个转化过程中，企业首先要考虑战略制定与战略实施的关系，两者配合得越好，战略管理越容易获得成功。其次，企业应编制战略计划，具体落实已经选好的战略。最后，还要分析管理人员实施战略的模式。

一、战略问题的诊断

企业为了实现自己的目标，不仅要有效地制定战略，而且也要有效地实施战略。如果哪一方面出现了问题，就会影响到整个战略的实施。图 9－1 说明了这两者的重要性，并指出了战略制定与实施的不同搭配会产生四种结果，即成功、摇摆、艰难和失败。

		战略制定	
		好	坏
战略实施	好	成功	摇摆
	坏	艰难	失败

图 9－1　战略问题的诊断

在成功象限里，企业有良好的战略，而且能够有效地实施这一战略。在这种情况下，尽管企业仍旧不能控制企业外部的环境因素，但由于企业能够成功地制定与实施战略，企业的目标便能够顺利地实现。

在摇摆象限里，企业没有能完善地制定出自己的战略，但执行这种战略时却一丝不苟。在这种情况下，企业会遇到两种不同的局面。一种局面是，由于企业能够很好地执行战略而克服了原有战略的不足之处，或者至少为管理人员提出了可能失败的警告。例如，企业的销售人员发现企业战略中在市场营销方面存在问题，便将战略的重点放在促进企业成功的销售方面。而另一种局面是，企业认真地执行了这个不完善的战略，结果加速了企业的失败。例如，企业对一个尚有许多问题的新产品所制定的战略是迅速扩大生产和加强市场营销，如果在执行过程中，企业不加任何变动而认真执行的话，则只会加速企业的失败。面对这两种情况，企业要及时准确地判断出在这个象限里，战略会造成什么结局，采取主动措施加以改进。

在艰难象限里，企业有制定很好的战略但贯彻实施得很差。这种情况往往是由于企业管理人员过分注重战略的制定，而忽视战略的实施的缘故。一旦问题发生，管理人员的反应常常是重新制定战略，而不是去检查实施过程是否出了问题。结果，重新制定出来的战略仍按照老办法去实行，只有失败一条路。

在失败象限里，企业所面临的问题是本身不完善的战略又没有很好地执行。在这种情况下，企业的管理人员很难把战略扭到正确的轨道上来。因为，企业如果保留原来的战略而改变实施的方式，或者改变战略而保留原有的实施方式，都不会产生好的结果，仍旧要失败的。

通过上述讨论，企业可以清楚地看出两点：第一，战略实施与战略制定同样重要。在实践中，企业管理人员在制定战略时，往往简单地假定企业能够有效地实施这一战略。这是不对的。第二，如果战略实施无效，也很难判断企业所制定战略的质量。因此，企业需要在摇摆、艰难和失败象限里诊断出战略失败的原因，以便找到一种补救的办法。

为了更有效地实施战略，企业需要说明实施的具体战略任务。

二、战略变化的分析

企业在实施战略时，首先要清楚地认识到自己要发生什么样的变化才能成功地实施战略。从实际情况来看，有些战略只要求企业目前的生产经营活动发生微小的变化，而有些战略则要求企业的生产作业活动发生彻底的变化。例如，企业执行一个新的定价战略可能只对企业里少数人有影响。而且对日常的生产作业活动影响不大。但是，创造发明一个新的产品则需要使企业生产经营活动的每个阶段都发生重大的变化。

企业战略变化的类型较多，一般分为5种类型。评价这5种战略变化的标准则是看它是否能够帮助管理人员解决问题，更好地实施战略。

（一）原有战略

原有战略，是指企业在上一个计划期内就已经执行过的战略。由于在这一层次上不需要有新的技能和不熟悉的业务，企业只要保证每项活动能够按照预定的计划进行就能成功地实施战略。同时，企业在上一计划期内所获得的经验曲线效应可以使企业以很小的代价顺利地实施战略。因此，原有战略是这5种变化中最简单的一种形式。不过这种战略是否适合企业目前的生产经营活动，还要取决于企业对环境的分析和该战略以前执行的情况。

（二）常规战略变化

常规战略变化，是指企业为了吸引顾客或为自己产品确定位置，而在战略上采取的正常变化。企业可以在正常的生产经营活动中改变自己的广告、包装形式，使用不同的定价战略，甚至改变销售分配的方式来进行常规的战略变化。例如，企业根据不同的季节需求，通过广告宣传自己产品可以满足不同需求的特性，并且制定出适宜的价格，鼓励消费者购买。在这种情况下，企业要协调好生产经营活动，保证有足够的产品供应市场。

（三）有限的战略变化

有限的战略变化，是指企业在原有的产品系列基础上向新的市场推出新的产品时只需要做出的局部变化。由于产品更新的方式较多，这种变化的形式也较多。一般来讲，如果只是改进产品的形式，则不需要在生产和市场营销上做出很大的动作。但如果产品中附有高新技术，则会对战略的实施带来新的复杂的问题。

（四）彻底的战略变化

彻底的战略变化，是指企业的组织结构和战略发生重新组合的重大变化。这种变化基本上有两种主要形式：一种是在同一行业里的企业之间形成联合或兼并时会出现这种变化。作为一个新的联合体不仅要求获得新的产品和市场，而且会遇到如何制定新的组织结构、形成统一的企业文化等问题。这些都使战略变化复杂化。另一种形式是企业自身发生重大的彻底变化。特别是在多种经营企业中，企业高层管理如果对下属的经营单位采取大出大进的方式推进联合或出售时，这种变化便格外明显。

（五）企业转向

企业转向，是指企业改变自己的经营方向。这种变化主要有两种形式：一种是不同行业之间的企业进行联合和兼并时所发生的变化。这种变化的程度完全取决于行业之间彼此不同的程度，以及新企业实行集中管理的程度。例如，烟酒行业的企业与食品制造行业的企业进行多种经营的联合时，基本上还是在两个类似的行业里实行转向。但是也有的企业是在两个截然不同的行业和企业文化中进行联合。这种企业转向便会遇到较大的困难。企业转向的另一种形式就是一个企业从一个行业中脱离出来，转到一个新的行业中。例如，在啤酒行业里，一个小型酒厂认识到自己在这个行业决不会获胜，便转到包装行业里去发挥自己的特长。这种转向会使得企业战略的实施变得更为复杂。因为它往往需要企业的使命发生变化，而且要开发新的管理技能和产品技术。

第二节　战略计划与实施模型

计划是企业在分析、评价和选择各种机会的过程中，系统地制订可以实现预期经营目标的各种项目和措施。战略计划是指将企业视为一个整体，规定在3到5年期限内，所要达到的经营目标的一种长期规划。

一、战略计划与长期计划的区别

战略计划与一般意义上的长期计划区别有两点：

（一）两者对未来看法不同

在长期计划过程中，企业认为根据历史发展数据，运用外推法，便可预测企业未来。同时，企业的高层管理人员一般都认为，未来的效益应该而且一定会比过去的效益好。结果，高层管理人员常常向低层管理人员压指标，制定出企业实际上很难完全实现的最佳目标。

在战略计划中，企业并不认为未来一定会比过去有所改善，而是一定要经过战略分析以后，再做决策。在这种计划中，企业一般要经过远景分析、竞争分析、战略组合分析以及多种经营分析。企业运用远景分析，是为了确定自身的经营机会与威胁，预测发展趋势；运用竞争分析，是为了判定企业在各个经营领域里的效益，更好地发展那些有前途的领域；运用战略组合分析，是为了认清企业现有的地位，衡量企业现实状况与经营目标之间的差距，明确生产经营的方向；运用多种经营分析，是为了应付环境动荡等变量因素消长，确定企业可以进入新的经营领域，保证企业经营的平衡性。

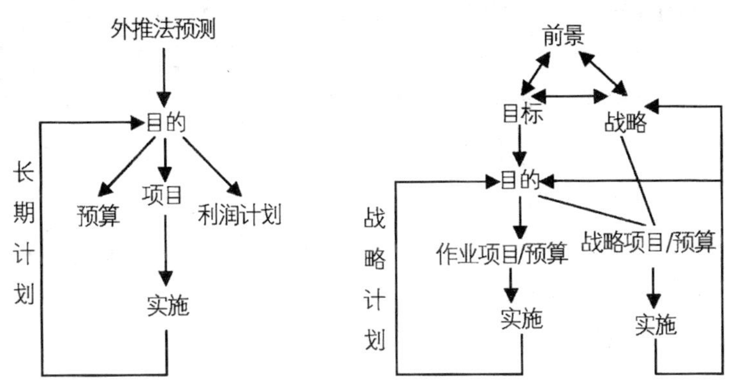

图 9－2　长期计划与战略计划过程

（二）两者的制定过程不同

在长期计划中，企业首先要运用外推法来预测未来计划期内的综合指标，然后确定目标，并将目标分解到行动项目、预算和利润计划之中，最后由企业的相应单位执行。在战略计划过程中，企业首先要进行战略分析，谋求企业的前景与目标保持动态的平衡，形成战略。然后，企业根据近期效益目标和战略目标，分别设立作业项目和预算，以及战略项目和预算。作业项目与战略项目分别由不同的单位与控制系统贯彻执行。长期计划适用于稳定的环境或可预期的环境，而战略计划则可应付环境的突变。

二、战略计划的目的

企业计划一般讲有两个目的：一是降低企业风险的保护性目的，二是提高企业成功程度的保证性目的。有的战略学家认为，一个战略计划系统可以有多种目的，如：（1）改变企业的经营方向；（2）加速增长，改进获利能力；（3）淘汰经营效益差的单位或业务；（4）将资源集中在重要的项目上，或将资源分配到最有潜力的领域里；（5）为高层管理人员提供较好的信息，以便他们做出满意的决策；（6）为企业的预算与作业计划提供参考性框架；

(7) 对企业的机会与威胁进行分析，使高层管理人员根据企业的实力与弱点更好地认识企业的潜能；(8) 建立完善的沟通体系，进行有效的内部协调活动；(9) 控制企业的生产作业活动；(10) 培训管理人员，让他们更好地了解企业所面临的环境变化，提高企业适应环境的能力。

这些目的之间并不互相排斥，而是具有一定的内在联系。其中，有的目的可能是其他一些目的的子目的，而有些目的只是反映了战略计划总体系统中某些组成部分的要求。

三、战略计划的作用

战略计划是战略管理的“脊梁”，支持着整个战略管理。

(一) 战略计划是指导战略管理的重要过程

从高层管理的任务来看，战略计划虽然不是战略管理的全部工作，但它是指导战略管理的一个重要过程。德鲁克曾指出，高层管理的首要任务就是制定与实施战略。他认为，要通过企业的使命来思考管理的任务，即要提出这样的问题：我们的企业是什么样的企业？它应该是什么企业？为回答这一问题，企业要建立自己的目标，制定战略与计划，在今天为明天的成果做出决策。这一切实际上就是战略计划过程。

(二) 战略计划是所有管理人员的职能

战略计划是企业各个层次上所有管理人员工作的一个职能。每个管理人员都应参与制定或实施战略计划，只不过参与的程度因其所在的管理层次与重要程度不同而异。从理论上讲，管理的每一个职能都有较为规范的定义，彼此之间的界限比较明确。但是在实际中，企业的管理人员，特别是总经理，很难将他们的工作按照不同的职能来加以区分。这些职能往往混合在一起，共同发生作用。管理人员通常在承担计划工作者角色的同时，也相应具有组织者、指挥者等角色。从这个意义上讲，战略计划是每个管理人员的职能，起着指导战略管理、维系和协调战略管理与作业管理之间关系的作用。

四、战略计划系统的设计

在管理的实践中，不存在一个可以适合所有企业的战略计划模式，而且影响企业计划系统设计的因素也因企业的不同而有所差异。因此，在进行战略计划设计之前，首先要分析影响战略计划设计的因素。

（一）影响战略计划系统设计的因素

在大多数情况下，影响战略计划系统设计的主要因素有：

1. 企业的规模

这是影响战略计划系统设计的一个主要因素，具体表现为：

（1）企业形态的影响。小企业一般表现出比较宽松、灵活性强、非正式程度高的特点。因此，小企业战略计划趋于非规范化，较为简单。大企业的特点正好与小企业相反。在一般情况下，大企业的战略计划规范程度较高，较为详尽。

（2）计划角色的影响。小企业参与计划的人员少，作业较为简单，所以它的战略计划系统不如大企业的战略计划系统复杂。同时，小企业的经理往往迫于环境的压力，不得不用大量时间与精力去处理当前的生产经营问题，很少有时间进行战略方面的思考。在大企业中，参谋人员能够解决日常工作中的问题，高层经理便可以有时间去研究全局性的战略问题。

（3）组织结构的影响。企业的组织方式，特别是大企业的组织方式对计划系统有着很强的影响。一个企业如果采用集权式的组织结构，生产经营业务又比较单一，该企业的计划系统则会简单些。反之，企业如果采取分权制，又经营若干个相互不联系的业务，该企业的计划系统就比较复杂。

2. 管理风格

企业高层管理的风格对于计划工作系统的设计有着较大的影响。不同的管理风格会产生出不同的计划工作系统。一般地讲，高层管理人员的思维方式、信奉的管理哲学、制定决策过程的方式、解决问题的方式，以及管理下属与处理同事之间关系的方式都会明显地表现出他们内在的风格。因此，研究管理风格会更清楚地认识到一个企业的计划系统的特色，以便采取相应的实施措施或竞争战略。

3. 生产过程的复杂程度

具有资本密集型或高技术密集型生产过程的企业需要相对复杂的、正式的计划系统。与此特性相反的企业则倾向于较为简单的、比较灵活的计划系统。

4. 企业环境的复杂程度

企业处于一种竞争较弱的相对平稳环境之中，一般很少有计划；即使有计划，也往往是形式上的。如果企业处于动荡的环境之中，竞争压力较大，企业则需要有相应的战略计划，而且该计划要有相当大程度的灵活性与非正式性。

5. 企业面临问题的性质

如果企业面临着市场竞争加剧，原材料价格猛增等新的、复杂的或难度较大的问题，则需要考虑制定战略计划。特别是小企业为了在这种情况下生存，更需要有非正式的战略计划。

此外，影响计划工作系统设计的因素还有战略计划的目的、改变组织结构的能力、有效制定计划的信息等。不同条件的企业要根据自己所处的环境来考虑影响因素，从中找出关键的因素，不能照抄照搬其他成功企业的战略计划。

（二）战略计划的制定程序

在多种经营的大型企业里一般具有三个管理层次，即总部、事业部与职能部门，便会有企业总体战略与计划、经营战略与计划以及职能战略与计划等三种战略与计划。为了使这三种战略与计划相互衔接，密切配合，有必要考虑运用一定的程序来制定战略计划。

1. 计划的第一步骤

在这一步骤里，主要有两个内容：一是在企业总部管理人员与事业部管理人员之间达成一个临时的协议，二是为第二步骤的详细计划提出重点。要完成这两个内容需要做以下工作：

（1）建立企业总体目标

在计划的最初阶段，企业总部的经理与事业部的经理之间要进行初步对话，共同探讨企业总体目标。在探讨过程中，各事业部对目标深入的范围与程度可以有不同的看法。在对话的基础上，企业总部为事业部经理制定本事业部的战略计划规定了一定的方向，然后，各事业部根据自己的战略来制定计划。最后，企业总部在均衡配置企业各项资源的基础上，阐明企业的总体战略。

在制定计划的过程中，企业的总体战略主要取决于该企业的多种经营程度。一般来讲，企业多种经营程度越高，总部为各事业部提出一个明确的具有凝聚力的战略的可行性越小，只有在各事业部形成自己的战略方案以后，才能阐明企业的总体战略。

（2）制定经营单位的战略方案

在企业总体目标确定以后，总部高层管理人员应要求各事业部的经理制定出本事业部的战略方案，详细说明该事业部所确定的经营活动范围和目标，提出经营战略与下一年度的临时目标。在计划过程中，这一步骤相当重要。一个清楚的战略方案可以使各事业部更加明确自己的生产经营范围，减少各事业部之间相互竞争的风险。

战略方案制定以后，事业部的经理要向企业总部高层管理人员提交自己的经营目标与战略，以及贯彻实施的计划，最后由企业总部来平衡。总部的决策因企业的情况自行决定，例如有的企业根据自己的资源的分配做出最后的决策，有的则是将总部所同意的事业部的战略反馈给各事业部，由事业部执行。

2. 计划的第二步骤

在这一步骤里，也有两个内容：一是各事业部的负责人要与其职能部门的经理达成有关今后几年里要贯彻实施的行动计划的临时协议，二是在长期计划中，部门经理的任务取决于该事业部的经营重点。

此时，事业部负责人一般只与职能部门经理达成一个临时协议，不可能明确地指出销售目标或利润目标。这一方面是因为过细的计划会约束部门经理的作为，使他们失去了创造性地实现事业部目标的机会，另一方面是因为只有在企业总部同意了事业部的计划并给予相应的资源以后，事业部的目标才能最后确定下来。

由于临时协议的约束，职能部门经理的计划过程只能是一个简单的过程。不过，它的计划要详尽，需要更多的人加以实施。在这里，职能部门要把事业部的经营战略转化成指挥与协调活动。保证总体战略的具体实施。当然，职能部门计划项目的范围、数量和时间都取决于目标的性质。例如，一个多种经营企业中生产某种产品的事业部经理在指挥生产上，需要考虑本事业部的产品系列与企业整体资源的限制；而销售部门的经理考虑的角度则不同，需要注意在计划期内完成扩大市场占有率的任务。

3. 计划的第三步骤

在这一步骤中，事业部工作重点是要与总部再次协商，最后决定资源的分配，安排详细的资金预算。在这里值得注意的是：

(1) 资源分配一般都是非正式的过程，很大程度上取决于企业总部高层管理人员的经济思维与企业当前的经营重点。如果总部与事业部之间有很好的沟通，资源分配与工作计划中一般不会出现不衔接的风险。

(2) 事业部的工作计划确定下来以后，总部有权为了满足下一年的生产经营活动或竞争的要求，将资源分配期限规定在一定的时间内（如一年），以便更灵活地运用现有的资源和潜在的资源。

（3）在资源分配上，企业总部既要考虑满足每个事业部的要求，也需要有个通盘的安排，确保整体的平衡。

总之，大型多种经营的企业战略计划过程既简单又复杂。从理论上说，这一过程相当简单；但从操作上看，这一过程要比理论上复杂得多。一个完美的战略计划只有通过训练有素的经理的创造性思维才能完成。

五、企业任务说明书

在战略计划制定过程中，企业任务说明书是一项重要的工具，用来回答企业处在什么经营领域、企业服务的顾客是谁、企业为什么要存在等问题，以强化企业的目的感。

（一）企业任务说明书的概念

在创建一家新的企业，或重新规定现有企业的经营方向时，战略决策者必须确定该企业的基本目的、特征与经营理念，形成企业的战略态势。从战略的角度来讲，这些内容的成果便是企业的任务。

为了清晰地说明企业的任务，企业往往用书面的形式详尽而全面地说明自身与其他企业在企业类型上的区别，阐明企业的产品和市场的经营范围。这就是说，企业任务说明书不仅将战略决策者的企业哲学具体化，还需要揭示企业所要树立的形象，反映企业的自我观念，指出主要产品和服务的范围，以及企业力图满足顾客的基本需要。因此，从某种意义上讲，企业任务说明书反映了战略决策者的价值观以及考虑的重点。

（二）企业任务说明书的要素

1. 企业目标

一般来讲，一个企业几乎同时存在三个经济目标，即生存、增长与获利能力，这三者构成了企业组织的战略方向。在战略决策中，企业的生存应该作为一个重要的目标加以考虑。但在实践中，人们常常忽视这一目标。这是由于一些企业的管理人员过分注重眼前的经营效果与利益，而忽略了企业应具有长期生存的功能。结果，一些企业往往由于缺乏长远的规划，最终遭到经营的失败。

获利能力是企业追求的主要目标。最重要的是，企业应该根据长期的获利能力来制定自己的基本战略，不能只凭短期的获利能力制定战略，否则企业的财务状况会处于严重不良的状态。企业的增长这一经济目标与上述两个经济目标有着紧密的联系。PIMS的研究明确指出，市场占有率的增长与企业的获利能力有着极其密切的关系。此外，增长还有其他一些重要形式。例如，企业所服务的市场数目的增长、产品种类的增长以及生产技术的增长，这些增长都会加强企业的竞争能力。因此，增长意味着变化。在充满活力的企业环境中，预先采取积极的变化对于一个企业来说是十分必要的。

增长的问题还涉及企业任务的定义问题。企业在规定自己的任务时，应在规定经营主业的情况下，充分地考虑一些可能出现的情况。例如，企业在考虑扩大生产规模或市场时，一般需要分析企业的外部机会能给企业带来的长期增长率与获利能力，分析风险的可接受程度。只有企业认为满意的情况下，才可能采取行动。不过，要完善地表述这种任务，还涉及企业的经营理念。

2. 经营理念

企业的经营理念反映或明确阐述战略决策者在企业管理中所强调的基本信念、价值观与哲学观。它一般伴随企业的任务，或作为任务的一部分而出现。一般地讲，企业经营理念的主要内容在各个不同的企业之间没有很大的区别，常常被作为一种不成文但又普遍适用的行为准则，控制企业的组织行为，或使企业形成自我约束。战略管理人员在形成经营理念的宗旨时，总是试图成功地提出一个既清楚又准确的管理思想，明确企业内部各级的管理责任，达到经营自主权与灵活性的统一，使企业的投入与指导获得平衡。

3. 产品、市场与技术

产品、市场与技术共同决定着企业目前与未来的经营活动范围与能力，是企业任务说明书中不可缺少的组成部分。这部分内容的陈述只要简单明了，能够使外行人清楚即可。例如，美国ITT公司的一家子公司在规定企业的产品与服务范围时指出："本公司的任务是用优质的仪器为工业与政府服务。这些仪器包括流量计、电子显示器、指示器、录音机、分析仪器，以及用于变量观测、数据收集、控制和传输过程的各种测量仪器。在经济合理的情况下，本公司还可生产或封闭循环，控制显示仪。"

这种说明的原理很简单，但常常为人们所忽视，结果给企业自身与用户带来许多不必要的麻烦。因此，在企业任务说明书中将企业任务以文字形式公之于众，可使企业的各层管理人员、职工以及用户感到心中有数。

4. 自我观念

在激烈竞争的外部环境中，企业要取得持续的成功，其中一个重要的决定因素就是它如何确定自己在行业和市场上的位置，从而与外部环境进行有机的协调。要做到这一点，企业应能够根据自己的现状评价自己、认识自己、了解自己。这种"知己"的观念就是企业的自我观念。例如，英特尔公司在其任务说明书中明确地揭示了它的自我观念，即"英特尔是以实效为主的公司。主要重实质而非数量。我们相信这一原则：努力工作和高生产率是值得骄傲的。……"在现实中，一个企业如果不了解自己已经或可能对环境产生的影响，它的生存能力则会受到极大的限制。

5. 公众形象

在用户与顾客的心目中，每一个企业都有自己的形象。例如，用户认为有的企业是生产“安全”产品，有的企业生产“时髦而又不贵”的皮革制品，有的企业制造“高质量的汽轮机”等。这一形象与企业的声誉紧密相关，同时对巩固与发展现实用户和潜在用户有着极大的影响。因此，企业任务说明书应该反映出公众对它的期望，既保持自己特有的形象，又努力使用户接受自己所创造的事物，使用户更加信任自己。即使在公众对本企业缺乏了解和关心的情况下，企业也应关心自身的形象，努力使公众对自己逐渐有所了解。

六、战略实施模型

在上述分析的基础上，企业的管理人员在实施企业的战略中，基本有五种模式。

（一）指挥型

在这种模式里，企业管理人员运用严密的逻辑分析方法重点考虑战略制定问题。高层管理人员或者自己制定战略，或者指示战略计划人员去决定企业所要采取的战略行动。当企业管理人员采用指挥型模式时，一般采用份额增长矩阵和行业与竞争分析作为分析手段。一旦企业制定出满意的战略，高层管理人员便让下层管理人员去执行战略，而自己并不介入战略实施的问题。

这种模式有个明显的缺陷，即它不利于调动企业职工的积极性。职工会因此感到自己在战略制定上没有发言权，处于一种被动执行的状态。不过，在稳定的行业里的小型企业会有效地运用这种模式。在原有战略或常规战略变化的条件下，企业实施战略时不需要有较大的变化，实施的结果也就比较明显。

（二）变革型

与指挥型模式相反，在变革型模式中企业高层管理人员重点研究如何在企业内实施战略。他的角色是为有效地实施战略而设计适当的行政管理系统。为此，高层管理人员本人或在其他各方面的帮助下，进行一系列变革，如建立新的组织结构、新的信息系统，兼并或合并经营范围，增加战略成功的机会。

变革型模式多是从企业行为角度出发考虑战略实施问题，可以实施较为困难的战略。但是，这种模式也有它的局限性，只能使用于稳定行业中的小型企业。如果企业环境变化过快，企业来不及改变自己内部的状况，这种模式便发挥不出作用，同时，这种模式也是自上而下地实施战略，同样也不利于调动职工的积极性。

（三）合作型

在这种模式里，负责制定战略的高层管理人员启发其他的管理人员运用头脑风暴法去考虑战略制定与实施的问题。管理人员仍可以充分发表自己的意见，提出各种不同的方案。这时，高层管理人员的角色是一个协调员，确保其他管理人员所提出的所有好的想法都能够得到充分地讨论和调查研究。

合作型模式可以克服指挥型和变革型两个模式的不足之处。这是因为高层管理人员在做决策时，可以直接听取来自基层的管理人员的意见，并将他们的意见加以综合分析，保证了决策时所使用的信息的准确性。在这个基础上，企业可以提高战略实施的有效性。

在实践中，对合作型的模式也有不同的看法。首先，这种模式下决定的战略实施方案会过于四平八稳，缺乏由个人或计划人员提出的方案中所具有的那种创造性。其次，在战略实施方案的讨论过程中，可能会由于某些职能部门善于表述自己的意见，而导致战略实施方案带有一定的倾向性。再次，战略实施方案的讨论时间可能会过长，以致错过了企业面对的战略机会，不能对正在变化的环境迅速采取战略行动。最后，有的批评意见认为这种模式仍是由较高层的管理人员保持着集中式的控制，不会听到企业里所有的意见。因此这很难讲是真正的集体决策。

（四）文化型

文化型模式扩大了合作型合作的范围，将企业基层的职工也包括进来。在这种模式里，负责战略制定与实施的高层管理人员首先提出自己对企业使命的看法，然后鼓励企业职工根据企业使命去设计自己的工作活动。在这里，高层管理人员的角色就是指引总的方向，而在战略执行上则放手让每个人做出自己的决策。

在这个模式里，战略实施的方法很多。有的企业采取类似日本企业的社训，有的利用厂歌，也有的通过规章制度和其他影响职工行为的方式来进行。所有这些方法最终要使管理人员和职工有共同的道德规范和价值观念。

文化型模式实际上打破了战略制定和实施中存在的只想不做与只做不想之间的障碍，每一个企业都或多或少地涉及战略的制定与实施。这是前三个模式中所没有的特点。但是，这种模式也有它的局限性。它要求企业里的职工有较好的素质，受过较好的教育。否则很难使企业战略获得成功。同时，企业文化一旦形成自己的特色，又很难接受外界的新生事物。

（五）增长型

在这种模式里，为了使企业获得更好的增长，企业高层管理人员鼓励中下层管理人员制定与实施自己的战略。这种模式与其他模式的区别之处在于它不是自上而下地灌输企业战略，而是自下而上地提出战略。这种战略集中了来自实践第一线的管理人员的经验与智慧，而高层管理人员只是在这些战略中做出自己判断，并不将自己的意见强加在下级的身上。在大型的多种经营企业里，这种模式比较适用。因为在这些企业里，高层管理人员面对众多的事业部，不可能真正了解每个事业部所面临的战略问题和作业问题，不如放权给事业部，以保证成功地实施战略。

这种模式的优点是给中层管理人员一定的自主权，鼓励他们制定有效的战略并使他们有机会按照自己的计划实施战略。同时，由于中下层管理人员和职工更直接面对战略的机会，可以及时地把握时机，自行调解并顺利执行战略。因此，这种模式适合于变化较大的行业中的大型联合企业。

这五种战略实施模式的发展与管理的实践是分不开的。在企业界认为管理需要拥有绝对权威的情况下，指挥型模式是必要的。在为了有效地实施战略，需要调整企业的组织结构时，在战略实施中便出现了变革型模式。合作型、文化型和增长型三种模式出现较晚。从这三种模式的思路中可以看出，战略实施与战略最初制定时一样，充满了各种问题。在实施的过程中，企业管理人员要调动各种积极因素，才能使战略获得成功。从原则上讲，每一种模式只适应一种特定的环境和条件。实际上，在战略实施过程中，这些模式往往交叉或混合使用。

七、应变计划

企业选定了可以实施的战略以后，还应制定经营战略的应变计划。当战略依据的假设条件发生变化时，或者战略没有能够产生出预期的结果时，企业则应该采用这一应变计划。

制定应变计划首先要识别那些需要在战略上做出改变的主要潜在问题和机会。这些问题和机会通常产生于企业竞争所在的市场发生的重要变化，主要的竞争对手战略上发生的变化，或者是企业可用资源发生的变化。

确定了主要的潜在问题和机会以后，还应确定它们发生的概率和潜在的影响，然后用企业所预料到的影响与对此采取预防措施的成本相比较，如果结果令人满意，则采取这种预防措施。如果结果不令人满意，企业则应根据其中三个到五个最重大的问题和机会来制定应变计划。应变计划制定以后，企业还应该在战略控制系统里增设可以激活应变计划的启动信号，以备环境发生变化时顺利使用。

第三节　战略控制类型与过程

一、控制的层次

企业的控制层次包括组织控制、内部控制和战略控制三种形式。每种形式都需要完成企业的使命，实现企业的目的和目标。

（一）组织控制

在大型企业里，战略管理的控制可以通过组织系统层层加以控制。企业董事会的成员应定期审核企业正在执行的战略，测试它的可行性，重新考虑或修正重大的战略问题。企业的总经理和其他高层管理人员则要设计战略控制的标准，也可以指定计划人员组成战略控制小组来执行一定的控制任务。

（二）内部控制

内部控制是指在具体的职能领域里和生产作业层次上的控制。生产作业的管理人员根据企业高层管理人员制定的标准，采取具体的内部行动。内部控制多是战术性控制，一般需要从五个方面加以考虑：

1. 企业整体效益

企业的高层管理人员需要收集生产作业、财务和资源的数据，用以衡量企业和具体生产经营部门所取得的效益。

2. 企业方针

企业高层管理人员制定企业的方针政策，而企业在日常的生产作业活动中则应该遵守这些方针政策，作为内部控制的一项内容。

3. 财务活动

这是企业需要重点考虑的活动。例如，企业要考虑资产管理、税收计划、投资收益、获利水平和诊断等问题。

4. 预算控制

这项活动涉及企业的部门预算以及与企业总体生产作业活动有关的总部预算。预算控制的好坏一般可以从产品的成本上反映出来。

5. 作业控制

企业一线管理人员可以通过作业控制来控制部门的生产经营活动。例如，企业可以运用作业控制来控制生产活动，人事管理等。

（三）战略控制

战略控制是指企业对发生或即将发生战略问题的部门，以及重要战略项目和活动所进行的控制。这种控制比内部控制更为直接和具体。例如，在研究开发新产品和新市场，兼并和合并等领域里，战略控制发挥着重要的作用。

战略控制需要提交定期的控制报告或定期的审核。此外，战略控制还需要评价和判断企业目前的战略，使每项活动都很好地符合预期的计划，实现企业的各项目标。

二、战略控制的性质与原则

（一）战略控制的必要性

战略控制是指监督战略实施进程，及时纠正偏差，确保战略有效实施，使战略实施结果基本上符合预期的计划的必要手段。就是说，企业根据战略决策的目标标准对战略实施的过程进行的控制。广义的战略控制要求企业能够保证战略系统方向正确，并且保证这个正确的方向能够得到有效的贯彻实施。因此，战略控制是战略管理中一项重要的工作。

战略控制需要评价企业的效益、分析实际效益与计划效益的差距，提出改进措施。而有效的战略控制，首先需要分析战略是否按照原计划在进行；然后还需要分析战略是否取得了预期的效果。这一切都是在战略实施的过程中进行，而不能等到战略实施完毕以后才进行。

从行为科学的角度来看，控制系统所要注意的最重要的问题就是企业中个人认识上的局限性。在企业里，每个人会由于缺乏必要的能力、训练和信息，对他所要做的工作不甚了解，或不知道如何做得更好，从而降低企业的效能与效率。此外，个人或部门的目标与企业的目标总会有不尽相同之处，结果会使企业出现预期之外的行为，或者忽视企业的预期行为，给生产经营带来严重的失误。

从整体来看，有些个人的局限和动机是可以纠正、可以避免的，但大多数局限与动机是需要进行控制的。在培训职工与充分地提供信息的同时，企业应经常采取必要的措施，使个人目标与企业目标相吻合。如果企业不能对关键性行为加以控制，就会失败。

总之，战略控制更多的是个行为问题。各种控制能够按照企业预定的方向影响行为时，它们才真正有效用。

（二）战略控制的基本原则

1. 领导与战略相适应。企业的主要领导人必须负责研究、执行战略。

2. 组织与战略相适应。战略要有合适的组织结构相配。

3. 执行计划与战略相适应。战略必须有起作用的行动计划支持。

4. 资源分配与战略相适应。资源分配必须支持战略目标的实现。

5. 企业文化与战略相适应。企业文化，特别是企业高层管理人员的心理必须与执行战略相适应。

6. 战略具有可行性。

7. 企业要有战略控制的预警系统。

8. 严格执行完整的奖惩制度。企业对成功的执行者必须给以奖励和报酬。

（三）战略控制的特点

1. 企业战略活动必须考虑企业的外部环境，因而控制具有开放性。

2. 战略控制是企业高层管理对战略实施过程进行的总体控制。

3. 战略控制所依据的标准是企业的总体目标，而不是战略计划本身的目标。

4. 战略控制要使战略计划保持稳定性，又要具有灵活性。

5. 战略控制根据企业的效益，客观地评价与衡量战略行为的正确性。但很难用一个短期见效的定量形式评价衡量战略行为。

三、战略控制类型

完善的控制可以通过避免一些行为问题，或者通过运用其他的控制类型来实现。下面重点介绍四种主要的控制类型。

（一）回避控制问题

在许多情况下，管理人员可以采取适当的手段，避免不合适的行为发生，从而达到避免控制的目的。具体的做法有：

1. 自动化

企业运用计算机或其他自动化手段减少控制的问题。这是因为，计算机等自动化手段可以按照企业预期的目标恰当地工作，保持工作的稳定性，使控制得到改善。

2. 集中化

集中化把各个管理层次的权力集中在少数高层管理人员手里，避免分层控制造成的矛盾。不过，高层管理人员如果在做所有的决策时，都采取集中化的形式，其他人员不能介入，就不存在管理意义上的控制问题。

3. 与外部组织共担风险

企业将内部的一些风险问题与企业外的一些组织共同分担。例如，企业与保险公司签订合同，分担某种风险。这样，企业即使将某些职工放在风险较大的岗位上，也完全不必担心他们的行为会严重地损害该企业的利益。

4. 转移或放弃某种经营活动

企业的管理人员可能会由于没有很好地理解某些生产经营活动的过程，感到难于控制企业中的某些活动。在这种情况下，管理人员可以采取发包或完全放弃该项生产经营活动的形式，将潜在的利益与相应的风险转移出去，消除有关的控制问题。

如果企业在管理上不能或者不准备采取措施避免由他人引起的控制问题，那么，管理人员就要采取其他的控制方式来处理这类问题。

（二）具体活动控制

具体活动的控制，是保证企业职工个人能够按照企业的期望进行活动的一种控制手段。具体做法有三种形式：

1. 行为限制

行为限制有两种方式：一是利用物质性的器械或装置来限制员工的行为。二是行政管理上的限制。通过这种限制，员工必须按照各自的职责进行工作，避免出现不符合企业预期的行为。

2. 工作责任制

这是一种具有反馈性质的控制系统。实行工作责任制的要求是：

（1）确定企业允许的行为界限，让职工按照一定规章制度工作；

（2）检查职工在实际工作中的行为；

（3）根据所定标准奖励或惩罚职工的行为。

值得注意的是，这种系统不仅仅是为了检查与考核职工的行为，更主要的是要激励职工的行为，发挥他们的积极性。确定工作责任制是为了使职工明确对他们的要求，使他们了解每个人的活动会为高层管理人员注意到，能够在某种程度上得到奖励或惩罚。

3. 事前审查

这是指在职工工作完成前所做的审查，如直接监督、计划的审查、审批费用预算等。这种审查可以纠正潜在的有害行为，达到有效的控制。

（三）成果控制

这是以企业的成果为中心的控制形式。这种控制方式只有一种基本形式，即成果责任制。就是说，职工要对自己的工作成果负责。

成果责任制控制系统要求：

1. 确定期望成果的范围。例如，企业需要控制效率、质量或服务等。

2. 根据成果范围衡量效益

3. 根据效益对那些实现成果的行为给以奖励，对不能实现成果的行为给以惩罚。

成果责任制系统与工作责任制系统一样，都是面向企业的未来，使职工的行为符合企业的期望。当然，只有职工意识到他们个人的努力得到了注意，而且会得到某种形式的奖励时，成果责任制才会有效。

（四）人员控制

这种控制是依靠所涉及的人员为企业做出最大的贡献。在必要的时候，人员控制系统还可以对这些人员提供帮助。在控制出现问题时，该系统可以采取以下措施加以解决：

1. 实施职工训练计划，改善工作分配，提高关键岗位上人员的能力。

2. 改进上下级的沟通，使企业职工更清楚地知道与理解自己的作用，将自己的工作与企业中其他群体的工作很好地加以协调。

3. 成立具有内在凝聚力的目标，共享的工作小组，促成同事间的互相控制。

四、战略控制的选择因素

管理人员在选择一种或多种控制方式时，一般应考虑三种控制因素，即控制的要求、控制量以及控制的成本。

（一）控制的要求

在一个企业里，管理人员往往要控制某些特定行为或作业运行。控制的根据就是这些行为或作业对整个企业效益的影响程度。因此，企业控制的重点应放在有战略意义的重要行为上，而不应放在那些较容易控制的细节上。例如，多数企业都大力开发新产品，而不是仅仅保证高效率地生产现有产品。

（二）控制量

每一种控制手段所提供的控制量，既取决于最初的控制设计，也取决于该手段对企业环境适应的程度。一般来讲，人员控制可以提供某种程度的控制，但这种控制很少或根本不能提供失败的警告。一旦管理的要求、机会或需求发生变化，人员控制很快会失效。具体活动控制与成果控制所提供的控制量可以有很大的变动范围。在一般情况下，控制需要做到：

1. 详细规定每个人的工作内容；
2. 防止意外活动，经常有效地监控各项活动或成果；
3. 有一定的奖惩制度。

在具体活动责任制系统里，如果改变一个或几个要素，就会影响到该控制手段的控制量。

同样，成果责任制系统也有类似的变化。企业明确预期成果的工作方式以及成果标准，可以收到很好的控制效果。

（三）控制成本

控制成本受到两方面因素的影响，一是控制系统的价格成本，二是各种控制系统所产生的副作用对实际成本的影响。

从控制系统的实际价格来看，人们掌握的技能越熟练，成本费用越有降低的趋势。控制系统副作用的影响应该引起注意，尽量在工作中避免。

具体活动的控制由于需要有一定的考核手段，往往会使生产过程拖延，影响生产费用。同时，具体活动控制不当，容易产生官僚主义行为，使管理人员不愿意或不考虑如何在新的环境下更好地完成任务。

成果控制也存在类似问题。如果衡量标准出现问题，成果控制便会产生严重问题。例如，质量标准偏低，奖金又与质量挂钩，结果职工往往会不顾真正的质量要求去生产。在这种情况下，人们乐于实现控制系统所规定的错误目标，结果生产不出企业真正需要的成果。此外，如果成果控制发生数据错误，也会产生不良的后果。

五、控制方式的可行性

战略控制系统在很大程度上依赖于各种控制的可行性。在上述控制手段中，人员的控制适用面较广。从某种角度上讲，所有的企业都要依靠职工的自我管理和自我激励。但是，在大多数情况下，企业仍需要运用具体活动控制或成果控制，或者将后两种方法混合使用，共同支持人员控制。在这种情况下，企业要考虑控制方式的可行性。

一般来说，具体活动的控制需要管理人员对企业所期望的活动有充分的了解。要想掌握具体活动的动态，管理人员可以通过加强工作责任取得，也可以通过直接观察活动或者活动报告间接取得。

关于成果控制，最主要的问题是企业是否真正具备有效衡量预期的成果的能力。一般来讲，这种评价能力包括：

（1）正确性。即被评价的成果是企业所期望的成果。

（2）精确性。控制时，要有科学的手段，不能只凭大概的估计评价企业的成果。

(3) 及时性。企业要及时衡量所要评价的成果。

(4) 客观性。评价成果时要避免主观随意性。这四个方面，如果有一个方面没有达到，整个成果控制系统就会失去作用。

六、控制方式的选择

根据上面的论述，选择控制方式主要依靠企业管理人员对有关预期的具体活动方面的知识与评价重要效益方面成果的能力。为了确定控制方式，企业还可以将这两个方面再进一步细分为丰富与贫乏、高与低四类（见图 9－3）。

从图 9－3 可以看出，最难以控制的情况是企业对预期的具体活动不了解，对重要的成果领域也不能做出很好的评价（如第 4 象限所示）。在这种情况下，企业一般只能采取人员控制或采取回避控制问题的方式。

在第 3 象限里，管理人员在有关预期具体活动方面的知识比较贫乏，但有较好地评价成果控制能力。因此，工作成果便可以

评价效益方面成果的能力

有关预期的具体活动方面的知识		
丰富	具体活动控制与（或）成果控制 1	2 具体活动控制
贫乏	3 成果控制	4 人员控制

图 9－3　控制方式的选择

取得较好地控制。这种控制适用于较高层的管理人员，使他们明确企业预期的成果以及各自的责任，从而达到控制的效果。

在管理人员对预期活动有较多的知识，但成果难以评价的地方（如第 2 象限），管理上应采取具体活动控制手段。例如，企业在做出高额资本投资决策以后，由于期限较长，往往很难对决策的成果做出及时精确地评价。这时，管理人员应采取具体的投资分析技术对投资活动加以控制。

在第 1 象限里，管理人员不能只依赖于一个固定领域的人员去采取行动，也不可能过早地提出一种或多种回避的手段。此时，管理人员则应考虑具体活动控制、成果控制，或者二者并用。

七、战略控制过程

战略控制的一个重要目标就是使企业实际的效益尽量符合战略计划。为了达到这一点，战略控制过程可以分为四个步骤：

（一）制定效益标准

战略控制过程的第一个步骤就是评价计划，制定出效益的标准。企业可以根据预期的目标或计划制定出应当实现的战略效益。在这之前，企业需要评价已定的计划，找出企业目前需要努力的方向，明确实现目标所需要完成的工作任务。这种评价的重点应放在那些可以确保战略实施成功的领域里，如组织结构、企业文化和控制系统等。经过一系列的评价，企业可以找出成功的关键因素，并据此作为企业实际效益的衡量标准。企业常用的衡量标准有销售额、销售增长、净利润、资产、销售成本、市场占有率、价值增值、产品质量和劳动生产率等。

（二）衡量实际效益

在战略控制的第二个步骤里，企业主要是判断和衡量实现企业效益的实际条件。管理人员需要收集和处理数据，进行具体的职能控制，并且监测环境变化时所产生的信号。

环境变化的信号有两种，即外部环境信号和内部环境信号。外部环境信号比较重要，它们比较难于预测到，而且它们所产生的影响也比较难于确定。内部环境信号则比较容易控制，而且时间也较短。

此外，环境变化的信号还可以分为强信号和弱信号两种。所谓强信号是指环境变化的信息全面而且明确，企业可以做出反应的时间和选择的余地都很少。这种强信号出现时常常事先没有征兆。出现以后，企业也多不熟悉所发生的状况。在这种情况下，企业一般会突然感到有重大的战略机会或威胁。

弱信号常常会在强信号之前或伴随着强信号出现。企业管理人员在判断和衡量实际效益时，则应尽可能及早而且正确地捕捉到弱信号，从而减少意外，增加对强信号的反应时间。企业一旦发现了环境变化的弱信号，则应对此进行监控，并制定采取反应措施的计划。此外，为了更好地衡量实际效益，企业还要制定出具体的衡量方法以及衡量的范围，保证衡量的有效性。

（三）评价实际效益

在这一步骤里，企业要用实际的效益与计划的效益相比较，确定两者之间的差距，并尽量分析出形成差距的原因。

（四）反馈与纠正措施

战略控制是一个有关行为的问题，即通过合理的控制，使每个人尽可能保持适当有效的活动。因此，企业在设计控制系统的过程中应充分考虑组织本身的人员构成。在正常的情况下，企业应对受过良好训练、得到高度激励的人们给以较高的期望，相信他的自觉性，不必采取更多的控制手段。如果企业认为除了人员控制以外，还应采取其他的控制手段，则首先要审核各种可供选择的控制的可行性。然后根据可行性研究的结果，管理人员再决定是采取具体活动控制、成果控制，或者两者结合使用。

在设计控制系统的过程中，反馈是一个重要的因素：

1. 反馈对加强成果责任制十分必要。即使反馈不能用于调整输入量，也表明整个过程的结果受到监控。

2. 在环境变化重复发生时，反馈可以根据对成果的评价，指出创新的需要。

3. 如果要进一步保证反馈的效果，则需要有一个学习的过程。企业管理人员认真分析不同组合的输入所产生的结果,比较输入与结果的关系。这是一个比较杂的反馈系统。管理人员如果很好地掌握了输入与结果的关系，他们的着眼点就会从成果控制系统转向具体活动控制系统，从而有效地发挥整个控制系统的作用。

值得注意的是，管理人员要有效地使用反馈模型有一定的先决条件，即环境变化要有重复性或至少有部分的重复性。如果环境变化只是一次性地发生，则反馈回去的信息在管理上用处不大。在这种情况下，管理人员即使了解成果的问题，也不可能有更大改动的可能性。此外，从成本角度来考虑，设计、实施、维护一个反馈系统，代价一般是比较昂贵的。因此，在设计控制系统过程中，应有反馈的意识，但如何采取反馈手段，则应根据企业的具体情况决定。

在生产经营活动中，当企业的实际效益与标准效益出现了很大的差距时，应该及时采取纠正措施。

企业在采取纠正措施时采取三种选择方式：

（1）常规模式。企业按照常规的方式去解决所出现的差距。这种模式花费的时间较多。

（2）专题解决模式。企业就目前所出现的问题进行专题重点解决。这种反应较快，节约时间。

（3）预先计划模式。企业事先对可能出现的问题有所计划，从而减少反应的时间，增强处理战略意外事件的能力。

本章小结

在战略管理中，战略实施是战略制定的继续，即企业制定出目标和战略以后，必须将战略的构想转化成战略的行动。在这个转化过程中，企业首先要考虑战略制定与战略实施的关系，两者配合得越好，战略管理越容易获得成功。战略制定与实施的不同搭配会产生四种结果，即成功、摇摆、艰难和失败。其次，企业应编制战略计划，具体落实已经选好的战略。

战略计划是指将企业视为一个整体，规定在3到5年期限内，所要达到的经营目标的一种长期计划。最后，还要分析管理人员实施战略的模式。战略实施模型有五种：指挥型、变革型、合作型、文化型和增长型。

战略控制是指监督战略实施进程，及时纠正偏差，确保战略有效实施，使战略实施结果基本上符合预期的计划的必要手段。就是说，企业根据战略决策的目标标准对战略实施的过程进行的控制。广义的战略控制要求企业能够保证战略系统方向正确，并且保证这个正确的方向能够得到有效的贯彻实施。战略控制的类型有回避控制问题、具体活动控制、成果控制和人员控制四种。战略控制的过程分为四个步骤：制定效益标准、衡量实际效益、评价实际效益和纠正措施权变计划。战略控制系统在很大程度上依赖于各种控制的可行性。在四种控制类型中，人员的控制适用面较广。从某种角度上讲，所有的企业都要依靠职工的自我管理和自我激励。但是，在大多数情况下，企业仍需要运用具体活动控制或成果控制，或者将后两种方法混合使用，共同支持人员控制。

本章重点概念

战略计划　企业任务说明书　指挥型实施　变革型实施　合作型实施　文化型实施　增长型实施　战略控制　具体活动控制

成果控制

复习思考题

1. 论述战略计划的目的和作用。
2. 根据企业自身情况，说明本企业的战略实施模型。
3. 企业如何更好地调动与运用战略控制的制约因素。
4. 根据本企业的情况，探讨适合的战略控制类型。

案例分析题

深圳康达尔公司

一、康达尔的历史与发展

深圳康达尔（集团）股份有限公司在全国十几家农业型的上市公司中属于经济实力较强、上市较早的集团公司。其前身为深圳市养鸡公司，成立于1979年。当初，公司以38万元贷款起家，经过十几年的“持续、滚动”发展，从一个普普通通的单纯从事养鸡生产服务的地方小企业发展到如今集养殖、饲料、运输、食品、地产、饮食、电力、商贸等多元化结构集团企业。目前，公司拥有总资产15亿元，净资产5.8亿元，从1994年起每年创汇上千万美元，并先后荣获“中国农业企业100强”、“全国最大的家禽饲养企业《中华之最》”、“中国饲料工业100强”、“银行AAA信用级企业”和“出口创汇大户”等称号。

对于集团的经理们来说，发展是一个永恒的话题。没有发展就意味着倒退。但面对愈发扑朔迷离的市场，如何进一步发展和经营却使他们更多地陷入了沉思。

（一）创业阶段

1979年深圳特区刚刚创建，为满足深圳人的菜篮子和毗邻的香港市场对活鸡的需求，同时也为促进养鸡业的集约化发展，急需创建一个在组织、经营和服务等方面起积极示范作用的养鸡龙头企业，经深圳市政府批准，贷款 38 万元成立了公司的前身——深圳市养鸡公司，隶属市畜牧局。初期主要从事养鸡饲料、药械的服务性经营。

1982 年深圳市恢复宝安县建制，市畜牧局编制撤消，深圳市养鸡公司更名为宝安县养鸡公司，成为独立经营的企业法人。通过接收原畜牧局管辖的种鸡场，并兴办新的种鸡场，到 1983 年底，该公司已成为全国最大的出口黄鸡苗生产基地，从而实现了由服务型向生产型企业的转变。

（二）扩展阶段

1984 年底，第一次外贸体制改革，使养鸡公司成为深圳市四家具有活鸡输港权的单位之一，为发展外向型养鸡业提供了机遇。香港市场每年需要活鸡约 3000 多万只。为顺应市场的要求，增强市场的竞争力，企业首先将种苗的培育作为突破口，投资 150 万元与有关科研机构一道培育出了深受粤港市场欢迎的岭南黄鸡，并迅速建立了自己的品牌。

以此品牌为牵引，该公司为迅速占领输港肉鸡市场，缓解企业创建初期生产能力的不足，在肉鸡的生产上采取了分三步走的办法。初期采取“公司加农户”的模式，即由企业与农民饲养户订立合同，定价供应饲料和鸡苗，无偿提供技术服务，并定价收购活鸡。随着企业实力的增强，为进一步稳定肉鸡供应渠道，降低运营成本，在肉鸡的生产上又接着实施了第二和第三步战略。即“公司加养殖基地加农户”和“公司加养殖基地”的模式，从而逐渐减少了对农户货源的依赖，并最后过渡到完全自产。在政府部门的支持下，企业在深圳市区内和原宝安县范围内，相继征用 380 亩土地，迅速建立起年产 450 万只肉鸡的生产基地。1987 年起，企业年输港活鸡数均超过 300 万只。至此，企业的养鸡业已发展成种鸡、肉鸡并举、产供销一条龙、内外贸一体化的养殖生产经营体系。

随着养鸡产业的发展，饲料的需求量大增，但1988年全国性的包括深圳在内通货膨胀使得鸡饲料成本急剧上涨了30%，对养鸡业来说，降低约占总成本80%以上的饲料费用对于降低成本、增强竞争力变得尤其重要。在此大环境下，企业对饲料加工业的涉足应运而生，在养鸡业的带动下，为满足自需而开始进入其上游产业——饲料加工业。

80年代，饲料工业作为一门产业在中国刚刚起步，国内市场的饲料绝大多数为进口或少数三资企业生产，价格较高，而且供不应求。企业对饲料加工业的涉足很快便见到了效益，产品不久就突破了自需的范畴，迅速向外辐射。作为传统的养鸡企业，饲料业相对风险低（11%自用，滞销积压的风险相对较低），利润率较高（毛利润率可达78%，而养鸡业利润率为2%～3%），使之成为企业一个新的经济增长点。其后，企业注入了巨资扩大生产规模，增加产品品种，产品逐步覆盖了华南、西北、中原、东北、香港等地区。到1998年，公司的饲料业务形成年产55万吨的生产能力，并逐步向内地市场扩展，产量和规模均名列省内同行前茅。至此，公司赖以生存的两大支柱产业格局基本形成。

（三）集团化与上市

基础产业的形成，使企业的实力进一步增强。1992年底，为便于进一步拓展业务范畴，企业正式更名为深圳康达尔实业总公司，并相继设立了房地产公司、食品公司、贸易公司、养鸡公司和饲料公司等五个全资二级公司。经过几年的扩展与兼并，公司营业范围由原来单一的养殖、饲料业逐步扩展到房地产、运输、电力、商贸、食品加工、饮食娱乐等行业，从此走上了集团化集约经营之路。为进一步分散运营风险，降低融资成本，1993年起，企业开始进行股份制改造，并于次年成功上市，正式定名为深圳市康达尔（集团）股份有限公司，至此，完成了从一个小型养殖服务性企业到大型上市企业集团的成功蜕变。

二、主要产业及市场状况

（一）我国养鸡业现状

改革开放20年来，我国养鸡业取得了前所未有的迅猛发展，行业生产方式也逐渐由千家万户向集约化方向发展。就目前全国养鸡业的情况看，在集约化饲养条件下，总体上说主要仍以引进鸡种为主。比较典型的为AA鸡。与国内地方鸡种相比，该品种具有肉料比高、生长期短等特点，饲养成本较低，但肉质口味较差。随着人们生活水平的不断提高，消费者对肉鸡的口味提出了更高的要求，地方鸡种的需求逐渐上升，引进鸡种的数量有逐年下降的趋势。1994年我国地方鸡种的出栏率为10亿只，经过1995—1998年的逐年递增，目前已达15亿只以上。为提高劳动生产率，目前我国畜牧科技人员在地方鸡种的培育改良方面做了大量的工作，并取得了较大的成就。据统计，技术进步对养殖业经济增长的作用高于整个农业科技进步的作用，但从总体方面来看，我国养鸡业仍普遍存在以下几方面的问题：

一是基础设施体系薄弱。一家一户的养殖模式仍是我国养鸡业的主体，驾驭市场的能力较差，对市场竞争的抵御能力较弱，从而制约了行业总体水平的上升。

二是生产水平低，科研投入和技术储备不足。

三是对市场信息的全面获取和总体把握能力薄弱，缺乏对市场发展和风险的前瞻性预测。

（二）广东省的养鸡业

从广东省的情况来看，长期以来，广大消费者对本地三黄鸡情有独钟，而引进的AA鸡几乎没有市场。广东省的养鸡业在全国来说实现集约化发展较早、程度较高，其产品除满足本省消费者需求外，还有大量活鸡输港。除康达尔以外，还有以下几家较大的家禽公司：

白云家禽公司。公司设在广州附近，地处珠江三角洲，其主营产品为自己开发培育的“882三黄鸡”。其特点是鸡的块头较大，但肉质、外观离香港市场要求有一定差距。目前具有种苗生产能力3000～4000万羽，肉鸡产品主要用于满足广州本地市场，一小部分输香港，但卖价较低。其品种开发能力与康达尔相当，但近年科技投入较少。

姜村家禽公司。该公司原为乡办企业，90年代初开始发展，其主要产品为“姜村黄”，品质介于“882三黄鸡”和“康达尔黄”之间，其种苗年生产能力为2000万羽。产品主要也是以满足广州市场需求为主，目标市场与白云公司有所重叠。

深圳华宝公司。该公司到目前为止设有投入科研搞自己的品种，主要采用“康达尔黄”的祖代和“882三黄鸡”的祖代生产部分鸡苗，生产规模较小，但具有大量活鸡输港的配额，活鸡出口为其主营业务之一。

除满足广东及香港市场需求外，近年来，广东三黄鸡系列产品亦渐渐进入了南方许多省份，并有逐步上升的趋势。

（三）香港活鸡市场需求特点

香港市场活鸡产品绝大多数由广东，特别是深圳地区输入，其对鸡产品的需求与广东类似，一是要求鲜活、二是对肉类口感及品质要求更高，主要品种为广东三黄鸡。其市场价格总体上远远高于内地市场，但需求量及价格波动幅度较大。三是香港市场对雌性肉鸡存在单一需求。到目前为止，香港活鸡市场需求与价格已基本趋于饱和与稳定，年需求量三千多万只。

（四）饲料业

目前，该公司已拥有8家分公司。其产品也由开始单纯满足养鸡业自需饲料发展为鸡、鸭、猪、水产类配合饲料、浓缩料、膨化饲料等23个品种，年生产能力可达55万吨。1998年实际产销量20万吨，目前在广东省同行中排第十四名，创利润一千多万元。产品除集团自用（11%）以外，其余产品以内销为主。目前主要销往广东、广西、海南、江西、湖南及西北、东北等地，少部分出口香港。公司比较注重产品质量的稳定和管理的规范化，1995年上半年通过了ISO9001质量认证。其产品质量在国内同行中属于一流水平，价格中等偏上。企业还十分重视饲料产品的科研和开发，成立了饲料研究中心。中心有2名本科生、5名动物营养专业的硕士，每年投入纯利润的10%～15%致力于饲料与动物营养的科研开发工作。对于今后的发展，企业的想法是首先还是要进一步扩张，增加市场份额，打算在今后的3—4年时间里运用租赁扩张的方式再在全国增设25家饲料生产厂，企业的目标是年生产能力达到120万吨，销售额达到75万吨，跻身全国饲料行业三强，占有全国1%的市场份额。其次还要在进一步提高产品自身的竞争力上下功夫，走科技领先的道路。主要分两步走，第一步要在围绕现有产品优化上下功夫，努力克服已有产品的不足；第二步要集中科技和人才的优势，开发适应绿色产业发展的绿色饲料，以保证长期领先和发展。对饲料业的进一步发展，企业寄予了厚望并充满信心。

三、我国饲料业现状

我国饲料业的发展起步于70年代末，与世界水平相比，饲料业作为一门产业从总体上来说其发展尚处于起步和发展阶段。基础薄弱，技术附加值低，发展具有高速度、低效益的特点，条块分割、重复建设、资源浪费的现象比较普遍。发展至今，全国共有饲料厂1万多家，总产值超过1000亿元，但大部分生产厂规模较小，产品质量和成本均难以控制。据估计，全行业大约有75%的企业亏损，其中绝大部分为中、小企业；25%的赢利企业均为大、中型饲料生产企业，它们占有了70%以上的市场份额。90年代以后，市场增幅趋缓，年增长6%左右。目前在我国饲料行业中比较大的企业有：

正大集团。该集团为实力雄厚的跨国企业，目前在我国共有81个饲料厂，年销售量为250万～300万吨，约占全国饲料市场份额的7%左右。其产品质量、生产水平、科研能力及销售网络之完备，均遥遥领先于国内同业。

四川希望集团。该集团为一民营企业。1982年创办，现已成为以饲料业为主的大型企业集团。到1996年，已在全国二十多个省市拥有86个饲料厂。与康达尔饲料相比其产品质量一般，但依靠低廉的价格和庞大的销售网络，其饲料年销售达到180万～200万吨，占有约5%的全国饲料市场份额。该集团70%以上的利润都来自饲料业，但科技开发能力较弱。

上海大江集团公司。该公司是我国第一家中外合资上市公司，具有较强的产品开发、生产和销售能力，其饲料产品质量与康达尔相近，年销售量约为60万－70万吨，占有约1%～2%的市场份额。

全国现有年产20万吨以上的饲料厂90多家，主要分布在广东等南方省份。

按照国家"九五"规划，2000年肉类产量增加1000万吨，水产品增加1000万吨，与之相适应，到2000年饲料生产能力规划数为1亿～12亿吨，按行业设备利用率50%计，其产销量约为7000万～8000万吨。

饲料业作为养殖业的上游产业，受制于养殖业的发展，特别是受到国家养殖集约化发展水平的制约。

尽管国家对饲料实施了免增值税等优惠政策措施，但由于我国饲料生产所需大量原料如：豆粕、鱼粉及饲料添加剂均依赖进口，成本较高。行业利润率平均只有4%～5%，且需要占用大量流动资金。在其销售价格中运输费用占了较大比重。饲料业的目标市场从目前来说主要仍然是大型养殖场，零散饲养户大多数仍坚持传统饲养方法，对成品饲料需求量不大，近年来市场还出现了需求饱和的现象。对于饲料业今后的发展，业界存在着两种截然相反的观点。乐观派认为随着国家畜牧业生产集约化的进一步发展，养殖生产将越来越依靠先进的饲喂方法，从而促进饲料市场需求的不断增长；其次，对潜在用户宣传、挖掘不够，因此饲料业在今后仍有较大的发展空间。持较为谨慎观点的人则认为由于我国人口的持续增长与粮食生产徘徊不前的矛盾日益尖锐，饲料加工用粮的来源势必日趋紧张，将会严重制约饲料业的进一步发展；其次随着人们生活水平的提高，人们的肉食结构产生了很大的变化，其中牛、羊肉及水产品等低耗精饲料的肉类需求有了很大增长，且从80年代中期开始，国家采取了由精饲料饲养向粗饲料饲养倾斜的政策，大力发展以食草为主的牛羊等节粮型牲畜的饲养，必然会导致饲料需求量增幅的放缓。

四、企业的多元化经营之路

企业积累到一定程度，如何进一步发展自然成了企业领导人的思维热点，1992年的小平同志南巡，又一次启动了特区改革的发动机，整个特区都在谈论发展。地处特区的康达尔人的血也在沸腾，发展成了压倒一切的话题。“搞畜牧业赚钱实在太慢了！”正是在这种大背景下，企业踏上了其充满成功喜悦与挫折痛苦的多元化经营之路。

（一）多元化经营的起步

多元化的第一次历险是在政府的强力促动下实现的。养鸡业的成功发展，使政府看到了农业产业化公司发展的潜力，也由此坚定了菜篮子工程向食品生产的纵深领域发展的决心。在此前提下。康达尔受命上马屠宰加工业，从而拉开了企业多元化经营的序幕。公司在市区边缘征了一百亩地，投资4000万元兴建了一座年屠宰能力1000万只鸡的鸡肉制品加工厂，并引进了先进的生产线，初期加工量500万只，力图首先占领本地分割鸡肉市场。然而，尽管得到了政府经济和政策上的大力支持，但亏损还是不可避免的出现了。原因很简单：一是受当地市场偏爱的鸡肉分割制品（如鸡翅、鸡爪等）在主要出口国美国只是一种屠宰副产品，与其相比，成本无法抗衡；二是由于种种原因，原定要堵住的分割鸡肉制品进口的措施难以奏效。结果，公司一下赔了几百万，决定下马转产，立刻转向肉食品的深加工业。公司再投资1000多万，购置了国外先进的肉食加工设备，试图挽回损失。然而由于成本及地理位置等因素，国内市场已很难竞争。从外向型农业中尝到甜头的康达尔人又把目光投向国际市场，但却没能成功地冲出国门。想卖到美国去，结果样品没有入境就被美国海关销毁了，禁止进口；想进入欧共体市场，被指控为低价倾销，同样无功而返。至此，整个项目已累计亏损6000多万元。

（二）多元化经营的全面拓展

对于第一次多元化的失败，似乎可以归结于政企不分的结果。刚刚经历了挫折的康达尔，急于在其他领域打开突破口。1994 年起，企业正式吹起了多元化经营的号角，先后进入了运输业、房地产、石油开采业、矿泉水制造及电力电厂业。

1992 年底，康达尔成立了地产开发公司。1996 年公司利用在深圳的凤凰、布吉、龙岗、坑作、西乡、松岗、香密湖等地区拥有 3800 多亩工农业用地和商住开发用地的资源优势确立了“土地变现”的经营战略，即利用集团自有的农业用地，转换土地使用用途或换地，并以之进行房地产开发，从而以成本优势打人竞争激烈的房地产市场并尽快赢利。1997 年，集团用 396 亩农业用地在市内换了 75 亩商品房用地，并决定要锻炼自己的房地产经营队伍。第一个商品按项目是 7000 平方米中、高档公寓康欣园的开发。计划总投资为 14000 万元，其中自筹资金 80%，银行短期贷款 2000 万元，采用滚动式投入，1997 年首期投入资金 5311 万元。项目于 1997 年底封顶，1998 年初开始发售。前期完全依靠自身力量进行销售，进展缓慢。1998 年 9 月开始找专业房产代理商进行策划和销售活动，专业公司的运作，再加上房产市场要集团消费刺激的升温，其中一幢刚一封顶就被某机构买断，至今已售出 60% 以上，实现利润 2000 多万元，利润率达 15%。

尝到了“上地变现”的甜头后紧接着又启动了第二个房地产项目，建设康达尔花园。

另外，公司还涉足了物业管理业。在房地产开发公司下面又专门成立了物业管理公司，承担今后所有自建房地产开发项目的物业管理，并试图视市场发展走出去。

运输业是集团通过收购、兼并，发展多元化经营的又一举措。1994 年，原深圳龙岗区运输公司因运营不善被拍卖，标出底价 524 万元。该公司拥有较多的运输线路经营权和运营车牌。康达尔被其巨大的无形资产和发展潜力所吸引，于 1994 年 9 月斥资 580 万元将其收购至集团，成立了康达尔运输公司，并向银行贷款

1000万元，充实其固定资产。由于是跨行业扩张，在该公司的管理方面集团的做法是充分尊重其经营自主权，没有派驻新的管理人员，而是在公司原有管理人员中择优重点进行了扶持。年度下任务，超额有提成。当年就实现利润120万元。经过几年的努力，运输公司现拥有资产1亿多元，比兼并前增长了十几倍，拥有各类车辆六百余辆，开辟市区和省内及周边省份长途客运线几十条，一跃而成为深圳市十大运输企业之一。

为了满足日益增长的电力供应需求。深圳市决定要上一个105万千瓦的电厂项目——前湾燃气电厂，总投资72亿元人民币。由深圳前湾电力发展有限公司、美国爱克森能源公司和日本兼松株式会社等合作投资兴建。由于种种原因，原国内投资方已无力继续投资，政府很想让较有实力的康达尔集团加入该项目的建设，并以优惠的价格提供了20万平方米用地。1996年，集团正式加入了该建设项目。承诺投资额3.88亿元，从而控制了前湾电力公司90%的股权，并成为该电厂项目的大股东，拥有20%的股权。在投资方面，一方面聘请香港著名会计师事务所，对土地市值进行了重新评估，作价1.5亿元人民币作为投资；另一方面，采取自筹和贷款融资相结合的方式分年度投入部分资本金，至今已投入8900多万元。作为主要的中方投资商，企业承担了主要的前期准备工作，并与电力部门签署了购电合同，公司预计未来的投资回报率可达25.6%。至今为止。该项目仍处于前期投入阶段，可以预料投资收益的回报将是长期的。至于该项目的未来，是作为企业的又一主业加以发展，还是到一定程度待价而沽，企业的老总们内心仍在思考。

除了以上几个重大的行业扩张以外，1992年以后，该公司还在其他许多行业进行了尝试。比较典型的有以下几个方面：

一是1995年成立了快餐公司，推出“炸鸡皇”西式快餐服务。然而近年来“洋快餐”在深圳发展很快，快餐业经营空间受到很大压缩。原设想中的连锁扩张已无法实现，现存的几家快餐店前景堪忧。是否坚持继续发展、采取何种模式发展也成了一个很紧迫的问题。二是石油开采业。这是一个高回报行业，但同时也具有高投入、高风险性。1993年公司投资一百多万在陕北与当地签约投资承包一个石油开采区块，在很短的时间内非常幸运地打出了高产油井。高产井的消息迅速吸引来了大批当地的打井队，很快在承包区块的四周又打出了更多的井。高产井一下又变成了低产井，不久不得不彻底放弃。另外，集团还先后投资兴办了手表制造、矿泉水制造及娱乐服务业等，但都没有取得太好的成效。1994年企业上市后，先后关停并转。对此，老总们的看法是：这些行业的扩张，对企业精力和资源牵扯大、贡献小，赔钱、赚钱都砍掉。总的来说，扩张尽管造成了一些损失，但由于其固定资产比例小（1%以下），因而没有对企业的元气造成根本性的损害。

分析提示与思考

1. 评价康达尔的多元化经营，并说明理由。
2. 你对康达尔的战略实施与控制有哪些看法？
3. 康达尔未来应该如何发展？

战略与组织结构

本章重点

- 掌握公司治理结构的概念
- 了解董事会的构成与独立董事的作用
- 把握组织结构与战略的关系
- 了解组织结构的类型
- 掌握组织结构的协调机制

第一节　公司治理结构

一、公司治理结构的概念

（一）公司治理结构的基本定义

公司治理结构，英文是“Corporate Governance”，一般是指由所有者、董事会、监事会和高层经理人员组成的一种组织结构。

这样的组织结构就是股东大会、董事会、监事会和经理在分工明确、责权清楚的基础上各司其职、各负其责、各展其能。股东大会行使公司的最高权力；董事会行使经营决策权；监事会行使监督权；董事会、监事会共同对股东大会负责；经理行使执行权，对董事会负责，进而实现公司的目标和确保股东的权益。

1999 年 9 月党的十五届四中全会通过的《关于国有企业改革和发展若干重大问题的决定》在谈到对国有大中型企业实行规范的公司制改革时指出：“公司法人治理结构是公司制的核心。要明确股东会、董事会、监事会和经理层的职责，形成各负其责、协调运转、有效制衡的公司法人治理结构。所有者对企业拥有最终控制权。董事会要维护出资人权益，对股东会负责。董事会对公司的发展目标和重大经营活动作出决策，聘任经营者，并对经营者的业绩进行考核和评价。”

（二）有关公司治理结构涵义的不同理解

1990 年代初，随着经济体制改革的深入发展，我国经济界开始对公司治理结构改革问题进行研究。

在公司治理结构的涵义上，我国经济学界对此有着相当不同的理解，从而出现了不同的定义。其中，较有代表性的观点有：

1．强调公司治理结构的相互制衡作用

这种观点认为，所谓公司治理结构，是指由所有者、董事会和高级执行人员即高级经理人员三者组成的一种组织结构。在这种结构中，上述三者之间形成一定的制衡关系。通过这一结构，所有者将自己的资产交由公司董事会托管；公司董事会是公司的最高决策机构，拥有对高级经理人员的聘用、奖惩以及解雇权；高级经理人员受雇于董事会，组成在董事会领导下的执行机构，在董事会的授权范围内经营企业（吴敬琏，1994；贾和亭等，1995）。

2．强调企业所有权或企业所有者在公司治理中的主导作用

这种观点认为，公司治理结构，狭义地讲，是指有关公司董事会的功能、结构、股东的权力等方面的制度安排；广义地讲是指有关公司控制权和剩余索取权分配的一整套法律、文化和制度性安排。因此，公司治理结构只是企业所有权安排的具体化，企业所有权是公司治理结构的一个抽象概括。公司治理结构的目的是解决内在的两个基本问题：第一是激励问题，第二是经营者选择问题（张维迎，1996，1999；何玉长，1997）。

3．强调利益相关者在公司治理中的权益要受保护

这种观点认为，企业治理结构的核心是扬弃“股东至上主义”的逻辑，遵循既符合我国国情又顺应历史潮流的“共同治理”逻辑。这一逻辑强调，企业不仅要重视股东的权益，而且要重视其他利益相关者对经营者的监控；不仅仅强调经营者的权威，还要关注其他利益相关者的实际参与。具体说来，就是在董事会、监事会中要有股东以外的利益相关者的代表，如职工代表、债权人代表等（卢昌崇，1994；杨瑞龙，1999）。

4．强调市场机制在公司治理中的决定性作用

这种观点认为，公司治理结构，是指所有者对一个经营管理

和绩效进行监督和控制的一整套制度安排。公司治理结构中最基本的成分是通过竞争的市场所实现的间接控制或外部治理，而人们通常所关注或所定义的公司治理结构，实际指的是公司的直接控制或内部治理结构。他们强调，后者虽然是必要的和重要的，但与一个充分竞争的市场机制相比，只是派生的制度安排，其目的是借助于各种可供利用的制度安排和组织形态，以最大限度地减少信息不对称的可能性，保护所有者利益（林毅夫等，1997）。

目前，国内比较流行的提法是将公司治理结构分为内部治理结构与外部治理结构。所谓公司的内部治理结构，是指公司内部所形成的直接控制体制和机制。其最直接的载体就是公司内部所形成的组织结构。目前，我国上市公司按照公司法及交易所上市规则等要求，在形式上都建立了“四会”各司其职、互相制衡的组织结构。而外部治理结构，是相对于内部治理结构而言的，主要指产品市场、经理人员市场、资本市场及公司控制权市场等外部约束力量，国家作为国有股所有者的监督和作为社会管理者的法律监督，以及银行作为债权人的外部监控等。

二、董事会的构成与职能

董事会是股份制公司结构中的一个关键部分，是资本的提供者（股东）与使用者（公司高层管理者）之间的桥梁。其主要作用，就是代表股东监督公司的管理。

（一）董事会的构成

董事会可以有两部分董事组成，即内部董事与外部独立董事。在我国，内部董事可以是企业内部的管理人员、职工以及为企业提供服务的投资银行、法律事务所以及管理咨询公司等所派的代表构成。

在过去20年里，国外公司董事会成员中外部独立董事的比例明显增加。我国的上市公司也要求有一定比例的独立董事。独立董事除了作为公司的董事以外，和公司没有任何利益关系。他们不能是公司的员工，也不是为公司提供服务的律师、咨询顾问等人员。其作用主要是保护股东的利益。据调查，在1998年，美国大公司董事会中69%的董事是外部董事，而中小公司中有44%的董事是外部董事。

（二）董事会的职能

一般来讲，董事会的职能主要有以下几个方面：

1. 选择、聘用与解聘公司的总经理或首席执行官；
2. 审批公司招聘、更换高层管理人员的报告与薪酬计划；
3. 提名新董事，并提交股东大会通过；
4. 参与制定并评估公司的战略与计划；
5. 监督公司的经营，使其符合法律、道德和环境的规范；
6. 审计公司的财务报表，评估公司的财务表现；
7. 审核公司的主要的投资、融资、并购项目；
8. 审核公司在资金结构、产品和市场开发、组织结构等方面的变化；
9. 宣布公司红利的分配方案；
10. 解决公司所面临的各种危机。

（三）董事会委员会的类型

为了更好地执行董事会的职能，董事会内部应设立一些相应的委员会。

1. 审计委员会

审计委员会的职责是负责复查标准审计，评价公司信息系统的有效性，审查公司的法律事务以及环境事务等。在审计委员会里，外部董事的比例应该占多数。

2. 薪酬委员会

薪酬委员会负责审批公司的所有的薪酬计划，并做出解释。但工作重点一般放在高层管理人员，特别是总经理或首席执行官的薪酬计划上。同时，该委员会也负责审核公司的组织变化和管理发展项目。委员会的成员主要是独立董事。

3. 提名委员会

提名委员会负责推荐董事候选人，提交董事大会选举通过。提名委员会一般应由外部董事与首席执行官组成。

4. 执行委员会

在董事会休会期间，执行委员会有权代行董事会的权力。

5. 其他委员会

董事会可以根据工作的需要，建立一些委员会，如财务委员会、公共事务委员会、社会责任委员会、环境事务委员会等。

第二节 组织结构与战略的关系

一、组织结构服从企业战略

组织结构的功能在于分工和协调，是保证战略实施的必要手段。通过组织结构，企业的目标和战略转化成一定的体系或制度，融合进企业的日常生产经营活动中，发挥指导和协调的作用，以保证企业战略的完成。

在探索战略与结构的关系方面，美国哈佛商学院钱德勒教授做出了重要的贡献。他对美国 70 家大型公司，特别是通用汽车公司、杜邦公司、新泽西标准石油公司和西尔斯·罗布克公司的企业发展历史进行了研究，发现各个公司在处理战略与结构的关系上有一个共同的特点，即在企业选择一种新的战略以后，由于管理人员在现行结构中拥有既得利益，或不了解经营管理问题以外的情况，或对改变结构的必要性缺乏认识，使得现行结构未能立即适应新的战略而发生变化。直到行政管理出现问题，企业效益下降，企业才将改变结构的问题纳入议事日程。一旦组织结构发生了改变，保证了战略的实施，企业的获利能力便会有大幅度地提高。由此，钱德勒得出一个著名的结论：组织结构服从企业战略。

通用电气公司的企业发展史证明了钱德勒论断的正确性。在20世纪50年代末期，通用电气公司执行的是简单的事业部制，但已开始从事大规模的多元化经营战略。到了60年代，该公司的销售额大幅度提高，而行政管理工作跟不上，造成了多元化经营的失控，影响了利润的增长。到70年代初，通用电气公司重新设计组织结构，采用了战略经营单位结构，使行政管理滞后的问题得到了解决，妥善地控制了多种经营，利润也相应得到提高，

从钱德勒的研究和通用电气公司的经验可以得出如下结论：

1. 企业在实施某一战略时，不同形式的组织结构有着不同的效率。

2. 企业的组织结构有着自己的生命周期。企业往往不能很快意识到需要对组织结构进行根本性的变革。而且，企业即使有了这种要求，如果不重新分配企业内部的资源，经济效益也还是上不去。

3. 企业大幅度增长是企业重新设计组织结构的前提条件。

4. 企业进入各种相关或者不相关的产品和市场后，要获得经济效益，就必须改变组织结构，这是重新设计组织结构的必要条件。

二、企业发展阶段与结构

有关企业发展阶段的研究可以从另一个角度进一步说明组织结构与战略的关系（见表 10－1）。

表 10－1　企业发展阶段与结构

发展阶段	企业特征	结构类型
1	简单的小型企业，只生产一种产品，或生产一个产品系列，面对一个独特的小型市场。	从简单结构到职能结构
2	在较大的或多样化的市场上提供单一的或密切相关的产品与服务系列。	从职能结构到事业部结构
3	在多样化的市场上扩展相关的产品系列	从事业部结构到矩阵结构
4	在大型的多样化市场进行多种经营，提供不相关的产品与服务。	从事业部结构到战略经营单位

从表 10－1 与图 10－1 可以看出，企业发展到一定的阶段，其规模、产品和市场都发生了变化。这时，企业要用合适的战略，并要求组织结构做出相应的反应。主要战略有：

（一）增大数量战略

在行业处于发展阶段，外部环境竞争不激烈的条件下，企业要增大生产的数量，只需采用简单的结构或形式。

（二）扩大地区战略

随着行业进一步发展，在一个地区的生产或销售已不能满足企业的发展速度和需要时，则要求企业将产品或服务扩展到其他地区去。为了协调这些产品和服务，形成标准化和专业化，企业组织要求有职能部门结构。

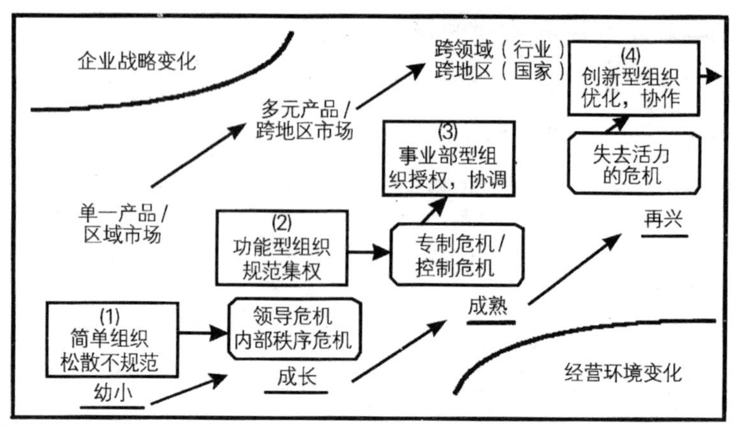

图 10－1　企业发展阶段与结构

（三）纵向整合战略

在行业增长阶段后期，竞争更加激烈，为了减少竞争的压力，企业需要拥有一部分原材料的生产能力，或拥有销售产品的渠道。在这种情况下，组织应运用事业部制结构。

（四）多种经营战略

在行业进入成熟期，企业为了避免投资或经营风险，便开发与企业原有产品不相关的新产品系列，或到其他行业里经营自己原有的产品。这时企业应根据规模和市场的具体情况，分别采用矩阵结构或经营单位结构。

三、战略的前导性与结构的滞后性

组织结构与战略关系的基本上是受产业经济发展等环境的制约。值得注意的是，企业往往是先在战略上做出反应，随后才是在组织结构上做出相应的反应，即在反应的过程中存在着战略的前导性和结构的滞后性现象。

（一）战略前导性

这是指企业战略的变化快于组织结构的变化。这是因为，企业一旦意识到外部环境和内部条件的变化提供了新的机会和需求时，首先会在战略上做出反应，以此谋求经济效益的增长。例如，经济的繁荣与萧条、技术革新的发展都会刺激企业发展或减少现有企业的产品或服务。而当企业自我积累了大量的资源以后，企业也会据此提出新的发展战略。当然，一个新的战略需要有一个新的组织机构，至少在一定程度上调整原有的组织结构。如果组织结构不做出相应的变化，新战略也不会使企业获得更大的效益。

（二）结构滞后性

这是指企业组织结构的变化常常慢于战略的变化速度。特别是在经济快速发展时期里更是如此。结果，组织内部机构的职责在变革的过程中常常含糊不清。造成这种现象的原因有两种：一是新、旧结构交替有一定的时间过程。新的战略制定出来以后，原有的结构还有一定的惯性，原有的管理人员仍习惯运用着旧的职权和沟通渠道去管理新、旧两种经营活动。二是管理人员的抵制。管理人员在感到组织结构的变化会威胁他们个人的地位、权力，特别是心理上的安全感时，往往会以运用行政管理的方式去抵制需要做出的变革。

从战略的前导性与结构的滞后性可以看出，经济发展时，企业不可错过时机，要制定出与发展相适应的竞争战略与公司战略。一旦战略制定出来以后，要正确认识组织结构有一定反应滞后性的特性，不可操之过急。但是，结构的滞后性不是不可触犯的，企业应该尽量缩短组织结构的滞后时间，早些发生变革。

第三节　组织结构的设计

组织设计有两项基本要求，即分工和协调。分工主要取决于工作性质和技术体系，它使企业的总体任务按照一定的要求进行分解。协调涉及控制和信息沟通，使已分解的任务能有效地完成总体的目标。

在组织设计的过程当中，企业高层管理人员要对企业组织活动和组织结构进行设计。其任务是为实现企业组织的目标而建立的信息沟通、权力和职责的正式系统。

一般来讲，在设计组织结构时，企业需要考虑以下 7 个关键因素：

一、企业战略

企业的组织结构要适应战略的变化。因此，在设计组织结构时，管理人员要认真研究企业目标与战略的要求，使其在组织上得到保证。

二、工作专门化

工作专门化，是将企业的工作任务划分为若干环节的构成。就是说，要是企业每个人专门从事生产经营活动的一部分，而不是全部活动，从而降低活动成本。事实上，个人的能力与精力有限，也不可能去完成全部活动。

在本世纪初，亨利·福特通过建立汽车生产流水线而富甲天下、享誉全球。他的做法是，给公司每一位员工分配特定的、重复性的工作。例如，有的员工只负责装配汽车的右前轮，有的只负责安装右前门。通过劳动分工，工人反复地进行同一种操作，大大提高了生产效率，降低了生产成本。

1950 年代以前，企业高层管理人员把工作专门化看作是提高生产效率的捷径。到了 60 年代后，工作的专门化就出现了一些问题，厌烦情绪、疲劳感、缺勤率上升、流动率上升、低生产率等一些由人造成的非经济因素表现突出，影响了工作专门化的优势。

在这种情况下，一些企业通过扩大工作活动的范围、丰富员工的工作内容、形成团队的措施，来增强员工的工作满意度，提高生产率。

三、部门化

对工作专门化细分之后，还需要按照类别进行分组，以便员工可以相互协调、共同的工作。这种分类就是部门化。具体的分类可以根据活动的职能分类，产品的类型分类、地域分类、顾客群分类等。

四、命令链

命令链是一种不间断的权力路线，从组织最高层向最低层延伸，澄清谁向谁报告工作、谁对谁负责的问题。

企业中每一位管理者在命令链中都有自己位置。每位管理者为完成自己的任务，都会被授予一定的权力，并承担一定的责任。

五、控制幅度

在组织中，控制幅度是指一个管理人员可以有效地指导多少下属的问题。控制幅度决定组织所要设置的层次，配备的管理人员和员工。因此，控制幅度决定组织的效率。

目前的趋势是放宽控制幅度，以便使企业降低成本，增加灵活性，缩短与顾客的距离。为了保证有效地放宽控制幅度，提高员工的绩效，企业还需要加大员工培训的投入与力度。

六、集权与分权

在组织中，集权指企业的高层管理人员拥有最重要的决策权力。在战略管理中，集权可以使企业的高层管理人员比较容易地控制和协调企业的生产和经营活动，达到企业的预期目标。特别是，在企业遇到危机时，集权更为重要，能够及时迅速地对外部环境的变化做出决策，保证企业内部做出一致的反应。

分权主要是将权力分配给事业部、职能部门以及较低层次的管理人员。在战略管理中，通过分权，企业降低管理成本，并减少协调沟通问题。同时，企业较低层次的管理人员拥有一定的权力和责任后，会激发他们的责任心，有利于企业的管理。

集权与分权是相对的概念，各有不同的使用条件，应根据企业的具体情况而定。

七、正规化

正规化是指组织工作的标准化程度。其目的是通过各种标准，更好地协调组织的各种活动，提高组织活动的效率。

正规化主要由工作过程标准化、工作结果标准化、技艺（知识）标准化、培育共同价值观等。

第四节　组织结构的类型

一、组织结构的构成要素

组织结构，是指组织为实现共同目标而进行的各种分工和协调的系统。它可以平衡企业组织内专业化与整合两个方面的要求，运用集权和分权的手段对企业生产经营活动进行组织和控制。从这个角度看，组织结构的基本构成要素是分工与整合。

（一）分工

分工，是指企业为创造价值而对其人员和资源的分配方式。一般地讲，企业组织内部不同职能或事业部的数目越多，而且越专业化，企业的分工程度就越高。

为了更好地创造效益，企业在组织分工上有两种选择：一是，企业高层管理人员必须在如何分配组织的决策权上做出选择，以便很好地控制企业创造价值的活动。这种选择就是纵向分工的选择。例如，企业高层管理人员必须决定对事业部的管理人员授予多少权责。二是，企业高层管理人员必须在如何分配人员、职能部门以及事业部方面做出选择，以便增加企业创造价值的能力。这种选择是横向分工选择。例如，企业高层管理应该是设立销售部门与广告等促销部门，还是将两个部门合并为一个实体。

（二）整合

整合，是指企业为实现预期的目标而用来协调人员与职能的手段。为此，企业必须建立组织结构，协调不同职能与事业部的生产经营活动，以便有效地执行企业的战略。例如，为了开发新产品，企业可以建立跨职能的团队，使不同部门不同职能的员工一起工作。这就是一般意义上的整合。

总之，根据一定的环境与需要，分工是将企业化成不同职能及事业部，而整合是要将不同的部门结合起来。

二、纵向分工的组织结构

纵向分工的组织结构，是指企业高层管理人员为了有效地贯彻执行企业的战略，选择适当的管理层次和正确的控制幅度，并说明连接企业各层管理人员、工作以及各项职能的关系。

纵向分工的组织结构一般有两种形式：一是高长型组织结构，二是扁平型组织结构（见图 10－2）。

（一）高长型组织结构

高长型组织结构，是指具有一定规模的企业内部有很多管理层次。在每个层次上，管理人员的控制幅度较窄。

这种结构有利于企业的内部控制，但对市场变化的反应较慢。从实际管理来看，拥有三千员工的企业平均的管理层次一般为 7 个层次。如果某公司有 9 个管理层次，则为高长型结构。

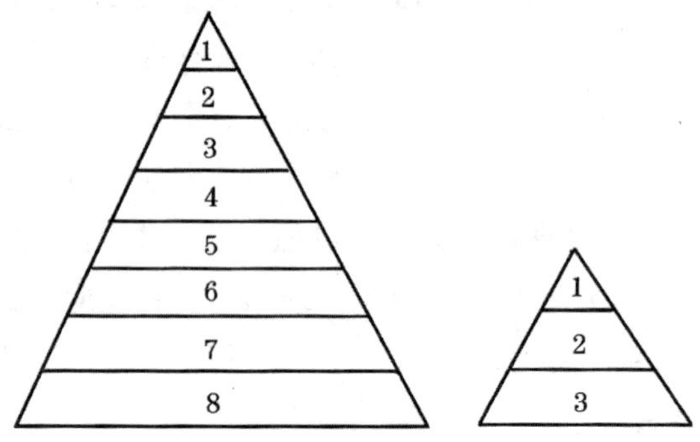

图 10－2　高长型与扁平型组织结构

（二）扁平型组织结构

扁平型组织结构，是指具有一定规模的企业的内部管理层次较少。在每个层次上，管理人员的控制幅度较宽。例如，在三千员工的企业中只有 4 个管理层次，这便是典型的扁平型组织结构。

这种结构可以及时地反应市场的变化，并做出相应的反应，但容易造成管理的失控。

企业应根据自己的战略以及战略所需要的职能来选择组织的管理层次。例如，企业为了更及时的满足当地市场的需求，追求产品的质量与服务，通常采用扁平型组织结构。国外研究表明，在拥有一千员工的公司里，一般有四个管理层次，即总经理、部门的经理、一线的管理人员以及基层的员工。而在有三千员工的公司里，管理层次增加到八个。当员工超过三千，甚至超过一万时，管理层次很少增加，一般不超过九个或十个。这说明当企业达到一定规模时，企业便会使组织的管理层次保持在一定的数目上，尽可能地使组织结构扁平化。企业的管理层次过多，企业的战略就很难实施，管理费用也会大幅度地增加。

三、横向分工的组织结构

（一）简单直线式结构

这是最初级的组织形式（见图 10－3）。其特点是所有的战略决策和业务决策高度集中，由企业所有者兼经营者一人做出。最小型的企业多采用这种结构。

这种结构的优点是：（1）便于控制全部业务活动；（2）对产品和市场的变化反应灵敏，能迅速做出决策；（3）激励、奖励和控制系统简便灵活。

缺点是：（1）对业主兼经营者的要求过苛；（2）不利于培养未来的管理人员；（3）业主兼经营者忙于日常事务，无暇集中注意力考虑企业未来的战略。

（二）职能结构

这种结构的特点是组织中相同的任务和活动分别集中成不同的专业职能，如生产作业、市场营销、研究开发等。它们在各自的职责范围内，对下级行使管理职能。企业将生产经营活动集中在少数几个相关产品和市场时，多使用这种结构。

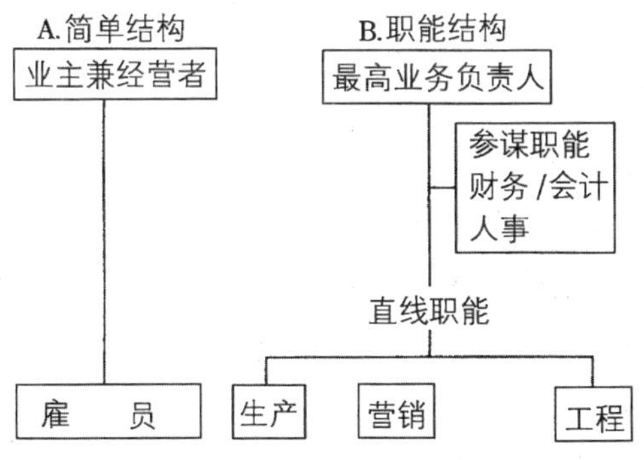

图 10－3　简单结构和职能结构

这种结构的优点是:(1)职能专业化，可提高企业效率;(2)有利于培养职能专家;(3)可对日常业务决策进行区分和授权;(4)保持对战略决策的集中控制。

缺点是:(1)容易导致专业分工过细;(2)职能部门之间容易冲突，难以协调;(3)直线职能与参谋职能之间有矛盾;(4)企业内部难于培养出全面管理人才。

(三) 事业部结构

这种结构的特点是把企业的生产经营活动，按照产品或地区等的划分而建立生产经营事业部（见图 10－4)。每个事业部都是一个利润中心，在总部的领导下，实行独立核算，自负盈亏。这种结构体现出“政策制定与行政管理分开”的原则，使公司总部能集中精力进行全局性战略决策，不为日常具体行政事务所干扰。

这种结构的优点是:(1)把协调工作和必要的权力下放到适当的层次，有利于对环境做出快速反应;(2)战略的制定与实施更符合事业部的特定环境;(3)业务最高负责人可集中精力考虑更大的战略决策;(4)各事业部经济责任明确;(5)事业部里仍保留职能专业化的功能;(6)这是培训战略管理人员的很好场所。

缺点是:(1)各事业部会在企业资源分配上形成不良竞争;(2)总部向事业部管理人员授权程度的问题不易解决;(3)各事业部的政策可能出现不协调。

(四) 战略经营单位结构

这种结构的特点是根据共同的战略因素，将若干个事业部或其某些部分组合成一个单位。通常是根据企业经营单位所服务的独立的产品或市场部来划分（见图 10－5)。

这种结构的优点是:(1)战略经营单位内，各事业部具有同样的产品、市场环境和战略关系。它们之间容易协调一致;(2)可以加强企业的战略管理和控制;(3)有利于区别和深化公司一级和经营单位一级的计划;(4)明确了不同经营单位的经济责任。

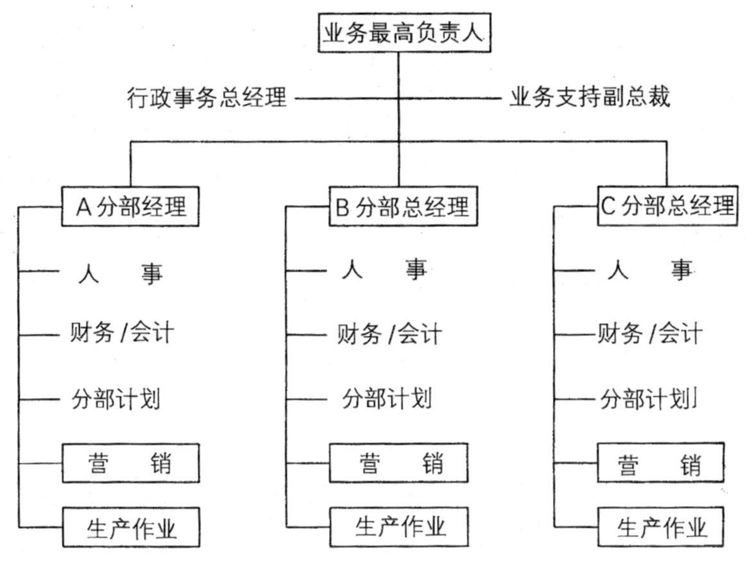

图10－4　事业部结构

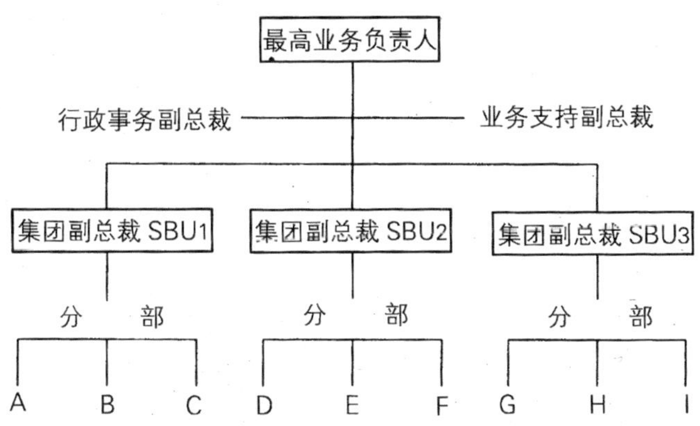

图10－5　战略经营单位

缺点是：(1)企业总部与事业部之间又增加了一个管理层次；(2)总部资源分配上有一定的难度；(3)集团副总裁的职责难以确定；(4)集团副总裁与事业部经理的自主程度难以确定。

（五）矩阵组织结构

这种结构的特点是在原有按直线指挥系统与职能部门组成纵向垂直领导系统的基础上，又建立一个横向的以产品（项目）为中心的领导系统，两者合成为矩阵形结构。矩阵结构在权力、效益责任、评价和控制上都有两个渠道（见图 10-6），兼取职能专业化和产品（项目）专业化的优势。这种结构常见于拥有重大战略意义的产品或业务项目的大公司。

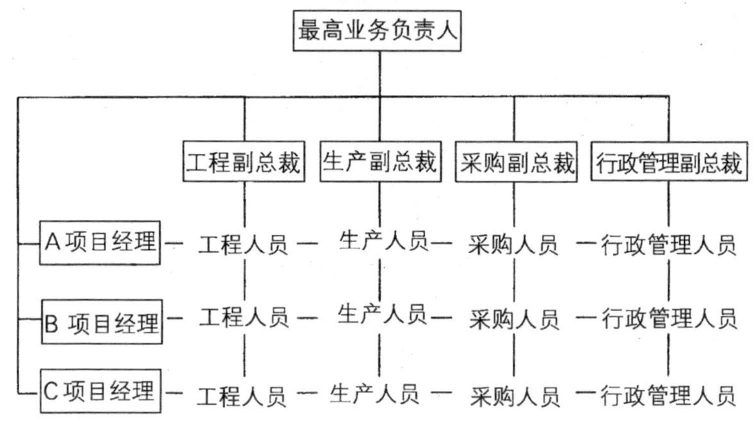

图 10-6 矩阵组织结构

这种结构的优点是:(1)适于进行以项目为中心的经营活动;(2)能最有效地发挥职能部门管理人员的作用;(3)能激发管理人员的创造性，利于开展多种业务项目;(4)中层管理人员可以更多地接触企业战略问题。

缺点是:(1)双重负责容易导致政策的混乱和矛盾;(2)必须进行大量横向与纵向的协调工作。

四、新型的组织结构

从 20 世纪 80 年代初开始，消费者需求越来越呈现个性化、多样化的特征，产品开发周期越来越短，造成市场不确定性增加，竞争规则也发生了改变。在这种非连续的竞争环境中，灵活性成为企业生存基础，从而出现了一些新型的组织结构。

（一）团队结构

团队结构，是指企业通过采用团队来完成工作的结构模式。这种结构的主要特点是，打破部门界限，并把决策权下放到团队员工手中。

在实践中，由三种类型的团队结构，即解决问题型团队、自我管理型团队和多功能型团队。解决问题型团队一般由 5 到 12 人组成，重点解决组织活动中的重大问题。这种结构的优势是可以提高产品质量、生产效率以及改善工作环境。

自我管理型团队是真正独立自主的团队，一般由 10 到 15 人组成，其目的是不仅要解决问题，而且执行解决问题的方案，并对工作结果承担全部责任。多功能型团队是由来自同一等级、不同工作领域的员工组成。其目的是要求彼此之间交换信息，激发出新的观点，解决面临的问题，协调复杂的项目。

表 10－2　　**团队的角色**

角色	作用
创造者 － 革新者	产生创新思想
探索者 － 倡导者	倡导和拥护所产生的新思想
评价者 － 开发者	分析决策方案
推动者 － 组织者	提供结构
总结者 － 生产者	提供指导并坚持到底
控制者 － 核查者	检查具体细节
支持者 － 维护者	处理外部冲突和矛盾
汇报者 － 建议者	寻求全面的信息
联络者	合作与综合

（二）虚拟组织

虚拟组织，是指企业保留核心资源，而把非核心业务分包给其他组织完成，从而创造竞争优势。目前，很多电子商务公司就是这种典型的虚拟组织。

虚拟组织的主要优势是其对产品和市场的灵活性，其劣势是管理人员对公司的主要职能活动缺乏强有力的控制。

（三）无边界组织

无边界组织，是指企业取消组织结构中的垂直界限，组织趋向于扁平化。

无边界组织所追求的是减少命令链，不限制控制幅度，取消各种职能部门，用经过授权的团队来代替。其目的是打破组织与客户之间的外在界限和地理障碍。

五、组织结构的基本协调机制

加拿大麦吉尔大学管理学院明茨博格教授认为，企业组织的协调机制基本上有 6 种类型：

（一）相互适应，自行调整

这是一种自我控制方式。组织成员直接通过非正式的、平等的沟通达到协调，相互之间不存在指挥与被指挥的关系，也没有来自外部的干预（见图 10－7）。

这种机制适合于最简单的组织结构。在十分复杂的组织里，由于人员构成复杂，工作事务事先不能全部规范化，因而也采用这种协调机制，使组织成员边工作、边调整，互相适应、互相协调。

（二）直接指挥，直接控制

这是指组织的所有活动都按照一个人的决策和指令行事（见图 10－7b）。企业的高层管理人员亲自发布指示，监督工作。形象

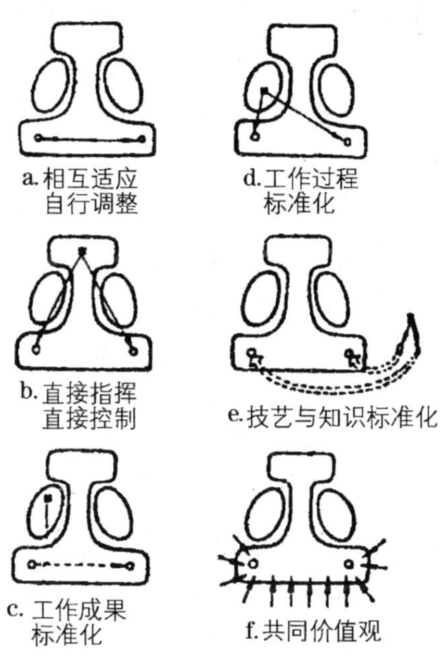

图 10－7　组织基本协调机制

地讲，这种协调机制如人的大脑一样，同时协调两只手的活动。

（三）工作过程标准化

这是指组织通过预先制定的工作标准，来协调生产经营活动（见图 10－7d）。在生产之前，企业向职工明确工作的内容，或对工作制定出操作规程及其规章制度，然后要求工作过程中所有活动都要按这些标准进行，以实现协调。例如，企业制定好自动生产流水线的标准以后，工人在生产过程中便根据这个标准，进行生产和检验产品。一旦生产出现问题，管理人员便用这个标准来检查和调整。这样，企业的成员在执行标准的同时，就形成了某种程度的协调。

（四）工作成果标准化

这是指组织通过预先制定的工作成果标准，实现组织中各种活动的协调（见图 10－7c）。这种协调只规定最终目标，不限定达到目标的途径、方法、手段和过程。就像书籍装订一样，出版社只要求印刷厂按照一定的质量标准完成任务，而不限制书的内页和封皮在什么地方印刷。

（五）技能与知识标准化

这是指组织对其成员所应有的技能与知识加以标准化。有些组织内的工作专业性强，工作过程和工作成果均无法标准化。例如，外科大夫在给病人进行手术时，需要麻醉师的配合。在手术前，双方会制定好具体手术方案。但在手术台上，外科大夫所遇到的情况往往难以预料，又没有过多的时间与麻醉师讨论，只有凭借他们各人所掌握的知识，各自处理自己的职责。因此，这种协调机制主要是依靠组织成员在任职以前就接受了必要的、标准化的训练，成为具有标准化知识和技能的人才。在实际工作中，他们便可以根据自己的知识和和技艺，相互配合与协调。这是一种超前的间接协调机制（见图 10－7e）。

（六）共同价值观

这是指组织内全体成员要对组织的战略、目标、宗旨、方针有共同的认识和共同的价值观念，充分地了解组织的处境和自己的工作在全局中的地位和作用，互相信任、彼此团结，具有使命感，使组织内的协调和控制达到高度完美的状态。

鉴于内部条件和外部环境都是在不断变化的，因而，企业对内要及时调整，发挥创新精神、协同效果和整体优势；对外要灵活适应，快速行动（见图 10－7f）。

从 6 种类型的关系来看，企业组织简单时，只需要相互适应、自行调整的协调机制。企业组织扩大后需要某人单独执行控制工作时，便产生了直接指挥、直接控制机制。当工作变为更加复杂时，协调机制便趋向标准化。在工作任务相当复杂时，企业便需要采用成果标准化或技艺标准化。在工作极其复杂、难以标准化时，企业往往自行又转回到互相适应调整这种最简单而又最灵活的协调机制上。不过，这不是一种简单的循环，而是螺旋式上升。实际上，企业不可能在一段时间内只依靠一种协调机制，往往根据不同任务的侧重点不同，混合使用这6种协调机制的。

在协调的过程中，企业还需要注意信息流的问题。企业内部信息传递是企业组织管理中的一个重要环节。企业内部管理层次越多，信息在传递的过程中就会发生不同程度的扭曲，难以完整地到达信息传递的目的地，从而增加管理的费用。

本章小结

本章从公司治理结构入手，剖析战略与组织结构的关系，进而阐述企业所要选择的组织结构的类型，以及他们的协调机制。

公司治理结构，英文是“Corporate Governance”，一般是指由所有者、董事会、监事会和高层经理人员组成的一种组织结构。1999年9月党的十五届四中全会通过的《关于国有企业改革和发展若干重大问题的决定》在谈到对国有大中型企业实行规范的公司制改革时指出：“公司法人治理结构是公司制的核心。要明确股东会、董事会、监事会和经理层的职责，形成各负其责、协调运转、有效制衡的公司法人治理结构。所有者对企业拥有最终控制权。董事会要维护出资人权益，对股东会负责。董事会对公司的发展目标和重大经营活动作出决策，聘任经营者，并对经营者的业绩进行考核和评价。”这是研究企业战略不可回避的问题。

在治理结构中，董事会是股份制公司结构中的一个关键部分，其主要作用就是代表股东监督公司的管理。董事会可以有两部分董事组成，即内部董事与外部独立董事。目前，上市公司要有一定比例的独立董事。

组织结构的功能在于分工和协调，是保证战略实施的必要手段。通过组织结构，企业的目标和战略转化成一定的体系或制度，融合进企业的日常生产经营活动中，发挥指导和协调的作用，以保证企业战略的完成。组织结构与战略关系的基本上是受产业经济发展等环境的制约。企业往往是先在战略上做出反应，随后才是在组织结构上做出相应的反应，即在反应的过程中存在着战略的前导性和结构的滞后性现象。

组织设计有两项基本要求，即分工和协调。分工主要取决于工作性质和技术体系，它使企业的总体任务按照一定的要求进行分解。协调涉及控制和信息沟通，使已分解的任务能有效地完成总体的目标。具体的组织结构类型可以划分成纵向分工的组织结构和横向分工的组织结构。纵向分工的组织结构包括高长型组织结构和扁平型组织结构，而横向分工的组织结构则包括简单直线式结构、职能结构、事业部结构、战略经营单位结构与矩阵组织结构等组织结构形式。同时还要注意研究团队结构等新型的组织结构，以及组织结构的协调机制。

本章重点概念

独立董事　工作专门化　部门化　命令链　控制幅度　集权与分权　扁平型组织结构　团队结构　协调机制

复习思考题

1. 阐述董事会的构成与独立董事的作用。
2. 论述战略与组织结构的关系。
3. 组织设计的要素是什么？
4. 描述新型的组织结构以及它们的作用。
5. 论述组织结构的基本协调机制。

案例分析题

宏碁公司的重组

宏碁的再度重组实在令外人费解。这次，该公司抛掉了最赚钱的OEM（即为其他企业的代加工生产）业务，转而下注到仍在亏损的自有品牌。

2000年12月，宏碁集团决定将其旗下的宏电一分为二：自有品牌和OEM两大业务分道扬镳。王振堂是这次实施重组的关键人物之一。由于宏碁集团担心披露过多细节，会引起媒体的过度炒作，影响分拆计划的完成，所以该公司一直对媒体三缄其口。

2001年7月，重组出来的从事OEM制造的纬创资通(Wistron)正式成立，意味着重组已经阶段性完成。2001年8月中旬，宏碁电脑总经理王振堂来到北京，为宏碁下一步在大陆的布局奔走运筹。在重组已经进行8个多月之后，他认为现在是说话的时候了，可以将宏碁分家的事公布于众了。

作为台湾头号PC制造大厂，宏碁此次重组的影响并不局限于台湾。其重组后的重要战略就是将把重点转到大中国区，尤其是大陆市场上来，将与大陆的PC厂商正面交锋。

王振堂此次来京，希望能在北京上地购置一块大约1万平方米的土地，作为宏碁在北京的组装基地。此前，宏碁在北京已有组装厂，不过1500平方米的占地是租来的。从租到买的转变，当然可视为宏碁将大陆作为永久市场的一种决心。

一分为五的尝试

对于大陆消费者而言，宏碁（Acer）目前在PC市场上只是一个二线品牌，比不上联想，甚至也不及方正、TCL。但在国际市场上，它却举足轻重。1999年，AcerPC机（包括台式机、笔记本电脑和服务器）的制造总量达到950万台，进入全球前三名。

当然，这其中包括两部分：Acer自有品牌部分和OEM部分，其中OEM产量居大部分。

在宏电重组之前，包括宏碁电脑（以下简称宏碁）在内的宏碁集团已经有过一次不太成功的分拆。

1999年，施振荣意识到，PC产业已经成为成熟产业，利润逐渐下滑，网络和通讯产业却相继兴起。为适应这种趋势，宏碁决定一分为五，将集团分成五个子集团：设计和制造PC的宏电、以电脑外设和显示器制造为主的明基、负责Acer品牌产品销售及其他产品代理的宏科、从事网络服务的宏网以及从事基金管理和投资的宏智。其中，宏网和宏智是赶网络热潮新组建的公司。

分头努力也有一些成果。比如，明基发展了通讯业务，后来又投资了达基。然而，这次分家并不成功。宏碁最主体的企业——宏电业绩下滑严重，并首次出现了十余年来未曾有过的营业额亏损，由此震动了宏碁高层及投资界人士。同时，由于受纳斯达克股灾影响，宏网和宏智发展也不理想。

到了2000年下半年，除了明基发展顺利，宏网、宏科和宏智被陆续合并到宏电之中。一分为五的努力就此收场。

重组宏电

此时，宏碁高层针对宏电的问题，酝酿另一次重组，将宏电一拆为二。时任宏科总经理的王振堂被调到宏电。

这次的重组思路是，将宏电的两大业务OEM和自有品牌彻底分开。OEM业务由原宏电总经理林宪铭负责，Acer自有品牌的经营交给王振堂，二人都向施振荣负责。2000年12月26日，在与各部门负责人进行充分沟通后，重组方案正式实施。

重组宏电主要原因是因为该公司的亏损，其直接动因却是因为Acer自有品牌业务与OEM经常发生冲突。一些OEM的大客户不断向宏电抱怨，Acer品牌已经和这些客户的产品构成了直接的竞争。有些公司甚至因此取消了在宏电的订单。

此外，鲜为人知的是，宏电虽经营Acer自有品牌十多年，但自有品牌业务一直在亏损。宏电的利润基本上由OEM业务实现的。即使从销售额上比较，OEM业务也高于自有品牌。

自有品牌方面也有怨言。当初宏碁发展自有品牌业务时，并没指望借此赚钱，只是希望打响Acer品牌，以带动OEM制造。而且，宏碁以往做自有品牌，更多地是从制造业角度出发，片面追求规模，不讲究利润，宏碁在欧美等地经营亏损正缘于此。尤其让经营Acer品牌的部门心有不忿的是，OEM部门给自己的配件价格很高，甚至高过给其他一般的客户。

"这一次重组，简单地说是给双方松绑。"王振堂说。因为双方捆绑在一起，互受影响。当然，决定重组却不仅是为了松绑，这其中还蕴含着宏碁高层的深层考虑。他们希望借此加强核心业务，逐步退出非核心业务领域。对宏碁现在而言，核心业务是做自有品牌，曾为公司赚取大笔利润的OEM业务应该是非核心业务。

王振堂表示，对于核心业务，宏碁将继续增持股份，达到51%的控股水平，甚至100%控股。目前，宏碁在自有品牌方面，将重点发展资讯产品（包括PC和服务器等）和e-solution服务(电子化解决方案）两大业务。对于非核心业务的战略是逐步减持股份，甚至完全退出自有品牌的风险。

宏电重组，也不是仅将两块业务独立了事，接下来要完成的动作是将OEM业务单独剥离出来，成立一家新公司。

为此，宏碁采取了一种变通策略，先投资一家公司，然后由其将宏电的OEM业务分步买过去。2000年7月9日，负有此项使命的纬创资通（Wistron）公司成立。它的定位是一个提供PC和信息家电的OEM厂商。原宏电总经理林宪铭出任公司董事长兼总经理。这也表明，从资产层面，宏碁原有的两大业务已经彻底分开。

这里面似乎存在着悖论：十多年来，一直是宏电销售额主体和几乎全部利润的OEM业务，现在却被宏碁视为非核心业务。而一直在亏损的自有品牌业务，宏碁却将视其为核心业务，并准备将大批资金投进来。

施振荣对此解释是，目前OEM领域竞争极为激烈，从长远看，前景不好。1999年宏碁整个PC制造量为950万台，到了2000年就急剧下滑至500万台。

如此大的落差，主要出在OEM方面。1999年，宏碁OEM业务有6个国际级厂商，到了2000年骤减为2个，像戴尔、富士通、IBM等不是取消订单，就是大幅削减，让宏电在2000年度陷入了困境。经此一事，宏碁显然意识到，宏碁将业务主体过多押在大OEM客户上，风险过大。

与其这样，不如重点做自有品牌。施振荣也期望借此改变台湾以往重加工轻品牌的做法。台湾目前已经成为全球最大的PC产品OEM基地，笔记本电脑产量占到全球总量的60%以上，台式电脑也有40%以上。但是与此对应，台湾却很少有世界知名的IT企业，更多的企业喜欢躲在幕后，从事代加工生产。

"如果总过分依赖代加工生产，而不发展自有品牌，长期下去会影响到整个台湾IT制造业的竞争力。我们要率先改变这一点。"王振堂表示。

这种改变蕴含的市场风险不言自明。尤其是Acer自有品牌业务，主要仍然要以PC产品为主，新发展的e-solution业务暂时对收入和利润都不会有很大贡献。而从全球市场环境看，PC产品并不景气。王说，要将Acer品牌的销售重点从发达国家转到发展中国家。他认为这一市场仍然潜力很大。

扩大大陆市场

为了化解这种风险，宏碁相中了大中国区，尤其是大陆市场。王振堂表示，目前宏碁已经将大中国区（大陆、台湾、香港、澳门）视为自己的专有市场，而大陆市场则是重中之重。"以前我们没有使尽全力，未来我们将放进更多的资源，来开发这个市场。"王说。

王的这种表述，一半是因为形势所迫。宏碁电脑近两年来一直起伏不定，将OEM业务重组出去后，需要短时间实现扭亏为盈，而且宏电在拉美、欧洲的一些分公司经营一直不佳。因而，下注大陆市场不失为走出低谷的良策。

另一半是因为该公司在大陆市场的表现。目前在大陆市场上，宏碁笔记本电脑已经能排在前三四名，PC总体占有率也在上升。

这样的事实显然让宏碁总部意识到，中国大陆市场才是一块真正值得角逐的市场。

有了这些铺垫，2001年8月中旬，施振荣也在上海表示，准备向大中国区投入300亿新台币（约10亿美元）。宏碁退出非核心领域变现的资金将用于这项投资。据了解，目前宏碁在大陆的投资主要包括：宏电在中山市的主机板厂；明基在苏州的LCD厂与在北京宏电还有个台式PC组装厂。

在未来两年内，宏碁电脑还打算在北京建立研发机构，负责在大陆的产品设计。

分析提示与思考

1. 做出宏碁所在的行业分析。
2. 描述宏碁的战略群体图。
3. 阐述宏碁所应该选择的组织结构类型。

战略与企业文化

本章重点

- 掌握企业文化的概念
- 了解企业文化的构成要素
- 分析战略与企业文化的关系
- 把握战略与文化关系的管理
- 实施企业文化的再造

第一节　企业文化的概念

一、文化的概念

文化通常是指人民群众在社会历史实践过程中所创造的物质和精神财富的总合。它是一种历史现象，每一个社会都有与其相适应的文化，并随着社会物质生产的发展而发展。在英文中，文化（Culture）一词的来源与农业耕作（Cultivation）的概念密切相关，说明农业分工促成了人类的文明，产生了文化。

《辞海》上对文化的释义是："从广义来说，指人类社会历史实践过程中所创造的物质和精神财富的总合；从狭义来说，指社会的意识形态以及与之相适应的制度和组织结构。"

二、企业文化的概念

企业文化和文化一样，也有广义与狭义之别。

广义企业文化的观点认为：企业文化是企业在生产和发展过程中形成的物质文化和精神文化的总合。既包括有形的外显文化、硬文化，也包括无形的隐形文化、软文化。企业文化是同企业的物质生产过程和物质成果紧密相连的。因此，它不仅是指非物质的精神因素，而且也应该包括物质文化。如企业的生产经营环境和产品、组织结构和规章制度、经营理念和沟通方式、历史传统和生活习惯等等。

狭义的企业文化概念只包括企业的思想、意识、观念以及与之相适应的行为模式。价值观是企业行为体系和价值体系的核心，是企业以非物质形态呈现的精神支柱，作为一种氛围影响着企业，如行为规范、道德准则、思维方式、价值观念、信仰、精神等。

我们认为，企业文化主要是指企业的指导思想、经营理念和工作作风，包括价值观念、行为准则、道德规范、文化传统、风俗习惯、典礼仪式、管理制度以及企业形象。它不单包括思想和精神方面的内容，也包括社会心理、技能、方法和企业自我成长的特殊方式等各种因素。

在企业文化的定义方面，有的学者提出企业文化是若干个基本假设的模式。这些假设是由特定的群体在学习处理外部适应性与内部一体化问题的过程中，创造、发现或开发出来，并且已在群体内完善而有效地运行。因此，该群体有责任教授新成员以这些假设作为正确感觉、思考与理解上述问题的手段。

这一定义有以下七点含义：

（一）基本假设的模式

一般地讲，企业文化可以在三个层次上进行分析（见图11－1）：

人们在分析企业文化的过程中，首先遇到的是文化的表层结构，即企业的建筑物、技术、办公室的布置等看得见的行为方式，以及一些公开的文件资料。在表层结构里，这些资料容易收集到，但往往难以解释。例如，我们可以描述出一个群体"怎样"构造它的环境，分辨出企业群体成员的行为方式"是什么"，但常常解释不出行为的内在逻辑，即"为什么"该群体会按照这种行为方式进行活动。

为了分析企业群体成员为什么采取某种行为活动，需要进入到文化的第二个层次，即要研究群体的价值观。这种价值观一般不能直接观察到，需要与企业组织的主要成员会谈，或分析企业组织的文件资料和图表，才能得出结论。但是，价值观仍属于企业文化的浅层部分，只反映出人们对自己行为的解释、

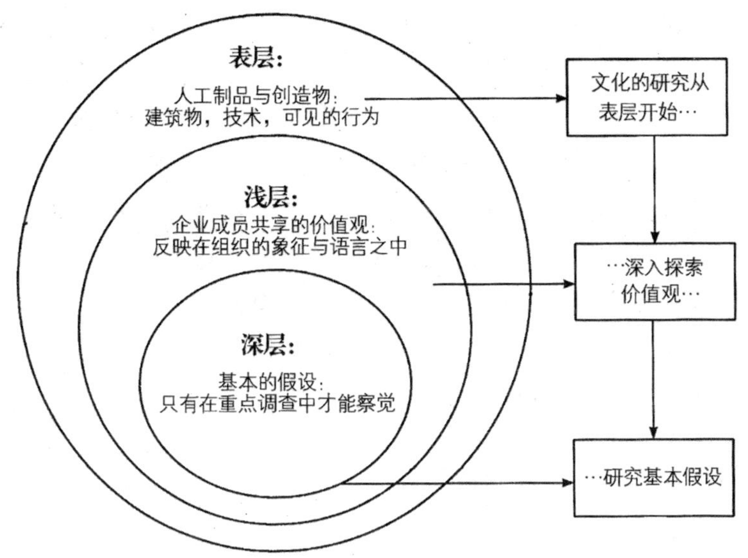

图 11－1　认识企业文化的层次

思想中愿意承认的概念，以及对自己行为的文饰。群体成员的真正内在的原因往往被掩盖，或者没有被人察觉。

为了真正理解文化，更全面地认识企业内群体的价值观和公开行为，有必要进一步研究群体的基本假设。所谓基本假设，是指人们在揭示文化的深层结构时，为了正确地认识文化的本质而提出的关键性的假设，以便进一步验证。这种基本假设可能是无意识的，但实际上决定着企业群体成员的感觉、思考与理解方式。这里讲的基本假设是无意识的，是指群体成员某些动机过程和认识过程由于不断地重复进行和继续发挥作用，人们视它们为理所当然的，也就成为无意识的观念了。研究企业文化，需要将这些无意识的基本假设带回意识之中，通过研究人员与群体成员的共同努力，揭示这些假设。

（二）特定的群体

一个特定的群体是由这样一些人组成的:(1)他们在一起的时间较长，以共同分担一些重要问题;(2)他们有机会解决这些问题，并能观察问题解决以后的效果;(3)他们接受新的成员。

简言之，群体文化只有在这样的群体中才能确定。就是说，一个群体如果在生存发展中具有许多成功的经验，其成员能够保持一定的均衡性或稳定性，又能共同分享这些经验并向新成员传递，这个群体就拥有一个坚定而又极有特色的文化，即有文化优势。如果一个群体的成员经常变换不定，又没有处理过任何困难的问题，则处于文化的劣势。

关于文化优势与组织效率的关系，有的学者认为有一点可以假设：即年轻的群体会努力争取文化优势，创造自己的特色。较老的群体可以说总体的文化较弱，但各分系统或分公司的文化较强，能够及时迅速地对环境的变化作出反应。这种文化结构对较老的群体也许更为有效，当然还要注意具体问题具体对待。特别是大型联合企业，是否需要强调总体文化的优势，还要研究分系统的文化间的关系以及分支文化与总体文化之间的关系，不可一概而论。

（三）创造、发现或开发

这方面的问题涉及到群体学习机制的性质。一般地讲，群体的学习存在两种情况：积极解决问题或者回避矛盾。实际上，这两种情况常常相互交织，但它们的结构不同，必须加以区分。在积极解决问题的情况下，群体试验各种反应方式，从中找到可以解决问题的方法。然后，群体就会继续使用这种有作用的反应方式，直到它不起作用为止。因此，这类文化因素富有创新性。与此相反，在回避矛盾的情况下，群体只要学到某种成功的反应方式，就很可能无休止地使用下去，不去考虑引起矛盾的原因是否仍在活动。这种回避矛盾的学习机制构成另一类文化因素，即更具有稳定性的文化因素。

如果一个组织的文化是由上述两类文化因素共同构成的，而分析人员只想研究其中一种文化因素的变化情况，则需要分清企业文化中哪些方面是为解决问题而设计的，又有哪些方面是为回避矛盾而设计的。

（四）外部适应性与内部一体化的问题

外部适应性问题是指那些最终决定着群体在环境中生存的问题。在群体中，以往的文化经验为成员们提供了理解环境的手段，甚至可以在一定程度上帮助成员们控制环境。但是，总有一些环境因素是群体难以控制的，而且在一定程度上决定着群体的命运，群体对此需要作出反应。此时，群体的基本假设也会随着组织的发展积累了新的经验，得到进一步的改进。例如，一个年轻的企业在开始经营时，将自己的目标定为“在所有的竞争中占领市场”，经过一段生产经营的实践，该企业会感到“要在市场中能够拥有自己的独特领地”，呈现出了企业自己解决问题的特色。这说明，在解决问题的过程中，群体所表现出来的处理风格是群体文化的主要部分。

内部一体化问题是指群体成员之间在语言、观念、权力、奖惩等方面是否有共同认识的问题。这涉及到一个组织的成长和发展是否具有内在发展动力的重要问题。一个群体或组织，如果不能管理自己，就不能生存。总之，外部适应性与内部一体化实质上是一个事物的两个方面，任何文化都是围绕着这个问题建立起来的。

（五）运行完善而有效的假设

群体内某些基本假设在实际的运行中处于良好的状态，并被证明是有效的，构成了组织生活的一个稳定因素。有了这样一种认识，企业文化也就有了第二种功能，即保证组织内外条件大体稳定，防御环境中不确定因素带来的威胁。就是说，一旦这些基本假设发挥了作用，群体在处理外部适应性与内部一体化问题时，无论如何运用不同的学习机制，只能解决浅层结构的问题，很难触及这些文化深层结构的内容。

（六）教授新成员

企业的文化既然有保证企业组织内外部条件稳定的职能，那么当新成员进入该组织时，老的成员则有责任向他们灌输本组织的文化，改变新成员原有的文化，使其消失或同化。当然，新成员一定会带来新思想，会使企业的文化发生变化。如何看待与处理这一问题，是带有战略性的。

（七）感觉、思考与理解

定义中的最后一点提醒我们，文化带有弥漫性和普遍性。群体的成员在一种文化中生活的时间越长，这种文化越悠久，基本假设就会更多地影响群体成员的感觉、思考和理解。这些范畴与群体成员的公开行为密切相关。文化是通过公开行为表现出来的，但文化理念却隐含于行为之中。如果仅仅通过描述群体的行为去定义文化，则很难正确地解释组织或群体中发生的行为。因此，研究群体成员个人的感觉、思考和理解的方式，了解他们在环境作用中表现的文化部分，有助于揭示出潜在的文化。

总之，这个定义强调组织存在于社会之中，企业文化的大部分内容来源于社会文化，只不过不同的企业组织有时会过分地夸大或扭曲社会文化中的某些因素。因此，仅仅把企业文化定义为组织成员的共同信念是不够的，要透过现象揭示出企业文化的核心，了解企业文化是怎样被学习、传递和改变的动态模型。

三、研究企业文化的原因

目前，企业的管理人员和战略管理理论学者们都十分强调要认真研究企业文化，其原因是：

1. 企业文化从宏观的角度描述了组织成员共享的价值观、思想意识等，为战略管理的实际工作者和理论工作者提供了一种新的分析企业行为的方法，有助于企业制定与实施战略。

2. 企业文化描述了组织的现实，有助于管理人员管理企业组织。企业管理人员可以凭借文化分析这种软科学的方法对企业的组织行为进行比较分析，保证企业的效率。

3. 运用文化研究组织是一种依次递进的战略方法，要求研究人员在组织内部，花费更多的时间，找出组织内部正在进行的事物。以往的研究多是运用调查表与统计数字总结的形式来研究组织的结构与过程，离组织的现实较远。对此，加拿大麦吉尔大学明茨博格教授曾指出，如果我们坚持以一种远距离的、粗略而局部的办法去研究组织的现实，我们将决不会了解它们。正如研究鸟的飞翔时，只能是一次研究一只鸟的动作，而不是仅在雷达荧光屏上对一群鸟进行扫描。

四、企业文化的分析方法

为了正确地收集资料，分析组织的文化，一般可以采用以下四种分析方法：

1. 分析组织内新成员被原有群体同化的过程与内容。通过访问新成员的上级或较早进入企业组织的同事，了解该群体文化的一些重要方面。但是，仅用这种方法不能发现文化中许多重要方面，因为新成员本身或其下属成员不能揭示出文化的内容。

2. 分析企业在历史上对重大的经营事件的反应。通过查阅文件、访问或调查组织现在与过去的主要成员，可以弄清企业文化的每个重要时期，了解到每一时期的主要事件与危机。在此基础上，管理人员可以进一步研究企业当时采取的行动、行动的宗旨和结果，揭示企业组织的基本假设。

3. 分析企业组织内“文化创造者”或“推行者”的信念、

价值观和行为准则。通过访问组织的创始人、现任领导人或文化创始人、推行人，进一步了解他们对企业文化的影响。

4．与组织成员共同分析出现的异常现象或特征，揭示出基本假设。管理人员在选择组织成员时，要考虑他们的文化代表性以及这些成员是否有兴趣揭示出他们的基本假设。

前三种方法探讨了一个企业组织对外部环境的适应能力和组织内部形成一致的价值观念的问题，即外部适应性与内部一体化的全部问题。最后一种方法是要借助企业组织内部的力量，深入地揭示该组织的文化特性。如果一个企业组织的总体文化尚未发展起来，或者一个组织内部存在着发达的分支文化，管理人员还需要进一步改进这些方法。

第二节　企业文化的构成要素

一个组织的文化是由若干要素构成，并在不同程度上受到每个要素的影响。其中，对企业文化影响较大的因素主要有共同价值观、行为规范、形象与形象性活动。

一、共同价值观

社会学家、心理学家、人类学家和经济学家等都从各自的研究领域对于什么是价值观有着不同的解释。简单地说，价值观就是人们对事物、目标总的看法和根本观点。价值观的主体可以是一个国家、一个民族、一个阶级、一个集团、一个人、一个企业，即价值观也存在于企业之中。

企业的共同价值观是指企业组织成员或群体成员分享着同一价值观念。这一概念是企业文化的重要基础，是企业文化的核心内容。美国学者巴纳德是最早提出共同价值观的学者之一。

1938年，他在《经理的职能》一书中就曾论述过非正式组织的管理和组织中一般性目的的确定问题，指出这些目的渗透到组织各个层次中的重要性。后来，有的学者在阐述企业特性时指出，当价值观念灌输到组织中时，组织就会存在独特的同一性。

美国学者彼德斯与沃特曼曾经指出："我们研究的所有优秀公司都很清楚它们主张什么，并认真地建立和形成了公司的价值准则。事实上，如果一个公司缺乏明确的价值准则或价值观念不正确，我们很怀疑它是否有能力获得经营上的成功。"他们对美国获得成功的公司进行了大量的研究后，发现这些公司基本上信奉这样一些价值观：（1）相信自己是"最佳"的经营者。（2）认识到战略实施中每个细节的重要性，以及做好遇到困难与意外的准备。（3）认识到人的重要性。（4）认识到优秀质量与服务的重要性。（5）认识到组织中大部分成员应该是革新者。（6）认识到非正式沟通的重要性。（7）明确认识到经济增长与利润的重要性。这些价值观念贯穿于整个组织之中，为组织成员所接受，指导他们很好地从事生产经营活动，创造性地进行工作，并自觉地推崇和尊重自己企业所拥有的共同价值观。

不同的价值观决定了企业的基本特征、行为方式和企业风格。如果一个通用电气公司的高级主管跳槽到施乐公司，未必就会有更好的发展，因为施乐公司的"疯狂工作、尽情玩乐"的价值观与通用电气公司倡导的"细致周到、深思熟虑、慎重从事"的价值观大相径庭。

麦克唐纳公司"美在汉堡包中"的价值观强调了企业产品的用途。国际商用机器公司（IBM）强调"IBM就是服务"、"注重客户服务，力争用户满意"，这种价值观注重以人为本的思想，体现了面向人、重视人的精髓。宝洁公司最基本的核心价值观是其创始人普罗克特在早年确立的"应当这样做，就这样做"（do what is right），顺应了社会环境以及处于这一环境中的人的需求变化。上海蓝旗服饰发展有限公司“在蓝旗，利润永远位于第二位”的价值观给人们留下了巨大的想象空间，说明了“蓝旗人”以消费者为中心的共同信念。海尔的核心价值观是：“着眼创新，注重品质，尊重个人，一切以顾客为中心”。在这一价值观基础上建立起来的海尔企业文化在盘活兼并企业中发挥了巨大的作用。

二、行为规范

一般意义上讲规范是指约定俗成或明文规定的标准。企业的行为规范是指企业群体所确立的行为标准。它们可以由组织正式规定，也可以是非正式形成。企业组织为了做到别具特色，需要规范自己的行为，影响组织的决策与行动。为此，有的人认为企业文化是“一种非正式规则的体系，指示人们在大部分时间内应如何行动”。还有的人认为文化是“组织成员共享的信念与期望的模式……从而有力地形成了组织中个人与群体行为的规范”。由此，可以看出行为规范的重要性。

行为规范是以企业全体人员整体行为的一致性和制度化作为表现形式的。它以个体的行为表现出整体的行为，即个体行为的规范化导致整体行为的一致化。例如，企业员工通过语言可以表述出企业文化所特有的内涵，北京长城饭店的员工经常挂在嘴边的一句话是：“我们应该感谢我们的老祖宗，因为我们的名字叫长城”。1984 年 12 月，张瑞敏刚进入海尔集团时，就制定了 13 条管理制度，奠定了海尔发展的基础。

价值观是比较抽象的概念，而行为规范则与行为方式直接相联系。行为规范可以反映价值观；不同的价值观又可以产生不同的行为规范。

企业文化作为社会文化的一部分，深受社会文化的影响与制约。西方的教会系统已经可以与皇权分庭抗礼，使西方的社会文化呈现出精神生活与现实生活相分离的状态。西方企业文化深受这种理性主义哲学思想的影响，具有注重理性、强调制度、重视契约、追求绩效的特点。东方企业文化随着东方古老文明的发展而发展，它没有基督教世界精神与现实分离的现象，承认现实世界，并把精神用于处理现实之中，体现出适应环境、吃苦耐劳、英勇勤奋的特点。例如，在日本的企业中，职员的等级观念以及对团队和长辈的绝对忠诚，使得日本的每一个企业都是一个命运共同体，日本企业中职员的含蓄、谦恭、小心翼翼、自我克制、团队精神等等，就表现得尤为突出。

三、形象与形象性活动

形象是指可以表达某种含义的媒介物的客体或事件。文化形象是表达有关基本文化与哲理的含义。在企业组织中，形象也用来表示组织的共同信念、价值与理想。企业形象是企业文化、企业行为、企业绩效等各个方面的综合反映。

如图 11－2 是日本几家汽车公司企业形象与销售额之间的关系：

企业形象的“形”是外在因素，“象”为企业形象的内在因素；“形”依赖于“象”而发挥作用，“象”又是企业客观物质运动形象和行为活动形态所造成的一种精神力量。企业形象按照层次可以分为表层形象和深层形象：表层形象是指厂容、厂貌、技术设备、产品质量等直观部分。如德国的“奔驰”、法国的“CD”香水、美国的“吉列”刀片、“派克”钢笔等已经成为国际优质产品的代名词。深层形象是指企业精神面貌、群体意识、价值观念、道德风尚、成员素质、企业竞争力等非直观部分。企业形象按照表现形式还可以分为实体形象、行为形象和软件形象：实体形象是企业的物质实体给社会大众造成的观感和印象；行为形象是企业的经济行为给社会大众带来的印象；

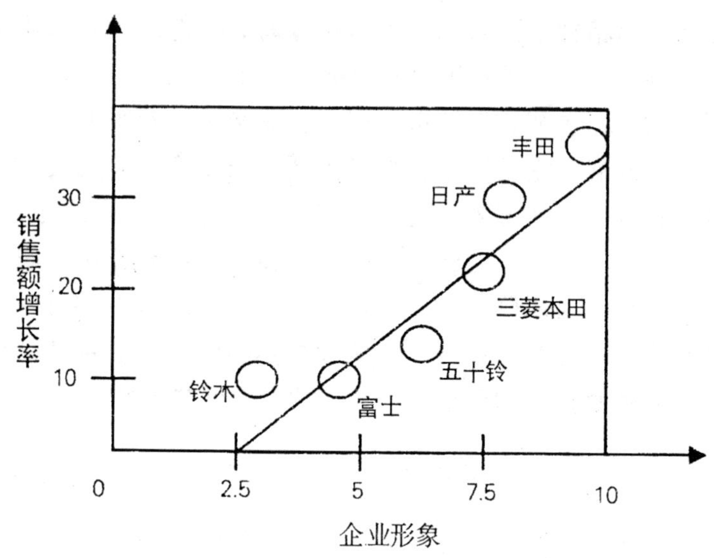

图 11-2　企业形象与销售额之间的关系

软件形象是企业的人员素质、精神状态、管理和技术水平所引起的社会大众对企业的看法和评价。

目前,企业组织常常运用改变组织体系或组织结构等方式来影响组织行为。但是，改变体系的方法容易使人们错误地估价经理人员完成目标的能力，改变结构的方法会形成更为复杂的组织结构，结果造成企业组织的行动僵硬，达不到预想的效果，甚至没有什么效果。与此相反，运用形象或形象性活动的方式去创造企业文化时，组织的管理人员就要考虑如何处理体系和结构的能力与建立组织的统一目标结合起来的问题，使之成为一个统一体，减少行动的盲目性。

在企业组织里，常被采用的形象与形象性活动有：

1. 组织的创始人与最初的企业使命。组织创造人个人的风格与经历可以形成极好的象征。

2. 现代化的角色。利用现代化的形象，改变企业组织原有的形象。

3. 形象性活动。企业组织的管理人员利用大量的时间从事某种可以影响文化的活动，改变或提高企业的形象。

4. 根据形象的要求，重新设计组织结构或部分组织结构。为了改变或加强企业组织成员共享的价值观，企业可以根据形象的需要，设立专门的销售服务或产品开发部门，或在特殊的市场上设置专门的机构，扩大影响。

第三节　战略与企业文化的关系

未来学家预测21世纪将是一个文化冲击的世纪。《第三次浪潮》的作者托夫勒曾经指出，当今世界经济的基础已经变成信息、知识、科技和文化。文化竞争已经成为当今经济竞争的核心。海尔集团总裁张瑞敏认为“经济竞争的最高形式是文化的竞争”。因而，企业发展的新的突破点在于形成企业的文化力，进而形成企业的核心竞争力。

企业文化与企业战略的关系主要表现在：

一、企业文化是企业战略的基石

企业文化为企业战略的制定、实施、控制提供正确的指导思想和健康的精神氛围。（见图 11－3）

美国著名的战略管理专家威廉·R·金以及戴维·I·克里兰指出：“多年来对各种商业组织和公共机构制定和实施长期规划过程的咨询经历中，得出了一项已为经验所证明的结论：一个组织的长期规划成功与否，同用于制定规划的具体技术关系不大，而更多的是取决于使规划的制定得以完成的整个文化传统。”可见，积极而健康的企业文化对于企业战略是非常重要的。

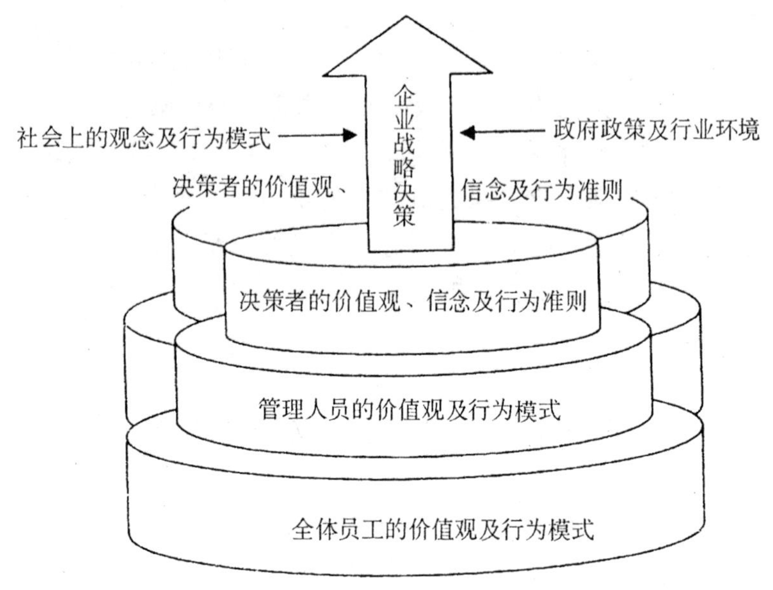

图 11-3　企业文化与战略决策氛围的关系

（一）文化为战略的制定提供成功的动力

企业文化对企业战略的制定有着重大的作用。在越来越激烈的市场竞争中，不良的、一成不变的企业文化对企业的发展的危害是致命的；企业战略应该建立在顺应现代市场经济发展和企业自身要求的企业文化基础之上。企业文化决定着企业战略、乃至企业的兴衰成败。海尔就是文化与战略良好结合的典范，张瑞敏曾经讲过："海尔过去的成功是观念和思维方式的成功。企业发展的灵魂是企业文化，而企业文化最核心的内容应该是价值观。"可以说，海尔的创造是企业文化的创造；海尔的扩张是企业文化的扩张。进入哈佛 MBA 教学案例的"红星收购案"就是对这一理念的最好诠释。1995 年 7 月，海尔集团制定了当时国内家电行业最大的兼并战略——并购青岛红星电器有限公司 。时任海尔核心企业冰箱股份有限公司主要负责人的柴永森临危授命，出任红星公司总经理。临行前，张瑞敏语重心长地对他说：集团不会给你有形资产，但你拥有“海尔文化”。柴永森领导下的红星公司很快就摘取了中国洗衣机行业所有的荣誉。

（二）文化是战略实施的关键

企业组织制定战略以后，就需要全体成员积极有效地贯彻实施。企业文化正是激发人们热情，统一群体成员意志的重要手段。例如，海尔每收购一个企业就带去一套海尔文化，80年代白手起家的、当时国内最大的双桶洗衣机生产企业——青岛红星电器厂由于管理混乱、经营不善，到1995年6月资产负债率高达143.65%，资不抵债1.33亿元。海尔兼并红星后（1995年7月），为了贯彻海尔集团的战略思想，将原红星员工的观念统一到海尔企业文化的目标上来，张瑞敏并没有立即对红星厂进行财务、资产和管理人员等方面的改组，而是派集团常务副总裁杨绵绵率领海尔企业文化、资产管理、规划发展、资金调度和咨询认证五大中心的负责人到红星厂向全体员工解释海尔“敬业报国，追求卓越”的企业精神，先行植入海尔企业文化和管理模式，迅速改变了红星厂的文化状况，唤起了广大中层管理干部的工作热情，振奋了员工精神，使他们自觉地与海尔集团真正地融为一体。在并购后的第三个月，公司就扭亏为盈，半年后的1995年12月份一个月盈利150多万元，市场占有率增长3.7%，创汇1230万美元，位居全国洗衣机行业榜首。

（三）文化是战略控制的“软性黏合剂”

战略控制可以通过规章制度、计划要求等“刚性连接件”实现，但不如共同的价值观、信念、行为规范等这些“软性黏合剂”更为有效。价值观、信念及行为规范可以形成人们的自觉行动，达到自我控制和自我协调。拥有共同价值观的企业员工会自动调整他们个人的目标和行为，使之符合企业的目标和行为。如果文化在企业中具有这种功能，那么，员工主动的自我控制、员工间的非正式监督与不涉及具体细节的组织准则结合在一起，员工会比在正式制度下更愿意服从，控制员工行为就会比只有正式控制制度更为有效。文化对员工的控制是基于他们对企业的依附，而不是依靠激励或监督。前苏联心理学家马努依连柯曾经对学前儿童进行过这样一个实验：学前儿童活泼好动，靠硬性规定要他们长时间站立不动是非常困难的，但是采用游戏的方式，让儿童扮演长时间保持站立不动姿势的角色时，他们保持的时间要比硬性规定的时间多出三到四倍。北京某大学的学生利用暑假到麦当劳勤工俭学，首先学习的是麦当劳的十六字准则："质量超群、服务优良、清洁卫生、货真价实"，所以，即使是做清洁工作，也总是处于一种运动状态，而不是等地面脏了才去擦，这已经成了一种自觉的行动，一旦停下来就会感到内疚、不安、自责，就会自动修正自己的行为。正因如此，拥有八千多家分店、十七八万员工的美国麦克唐纳公司保持住了在快餐业内的强大竞争力。

二、文化是维持战略优势的条件

企业文化可以维持战略优势，但是这种文化必须是特有的而且不容易被模仿。一个优秀的企业文化往往体现了这个企业的历史积累，其他企业是很难模仿的。如果一个企业的文化与其他企业的文化是相同或相似的话，那么，这种文化带给企业的战略优势很快就会消失，它就不可能再拥有这种战略优势。例如，美国的IBM公司管理的深入性和公司文化得到了广泛的称赞，一直是其他企业模仿的对象，而到了20世纪90年代末，由于其惯性文化的影响，使企业没有及时发现产品变化的方向，失去了行业领导地位，让竞争对手（如微软公司等）在市场份额和网络外部性的基础上夺取了优势地位。1993年开业的北京蓝岛大厦首创“文化购物节”这一促销方式，期间，最高日销售额达451万元，日均客流量达15万人次，去蓝岛购物成为京城一景，被誉为“京城无处不飞蓝”。但是好景不常在，没过多久，北京市几乎所有的大中型商场学走了这些内容，蓝岛大厦又该如何保持竞争优势呢？

三、文化与战略的适应和协调

随着经营的发展，企业组织规模扩大，企业会增加新的成员。这些新成员会给企业带来新的文化。此外，在企业中，一个新的战略也要求原有的文化配合与协调。企业文化作为一种意识形态，具有较强的历史延续性和变迁的迟缓性，企业组织中原有的文化还具有滞后性，文化观念的转变不像更新设备、转换产品那样容易，很难马上对新战略作出反应。因此，企业文化既可以成为实施战略的动力，也可能成为阻力。许多成功的企业都十分注重维护和完善企业文化体系中适应市场环境的内涵，即注重创新和尊重企业要素的理念，并设法利用企业的规章制度来保持和强化企业文化适应性的观念。也有一些企业在发展初期依靠某些方式或手段获得了在某个市场或某些市场的竞争优势，如施乐公司的特殊专利产品、通用汽车公司的垄断规模经济效应、美国西北航空公司的政府特许和西尔斯公司的品牌效应等，通过这些方式或手段的应用，使企业在相当长的时间内发展迅速，成绩斐然，利润丰厚。但是，随着公司规模的扩大，市场竞争日益激烈，原有的优势因素慢慢失去或减弱，长期处于缺乏竞争状态下的企业文化体系中忽视创新与适应性的弱点逐渐暴露出来。其结果是企业中力量雄厚但缺乏适应性的“病态”的企业文化应运而生。

《哈佛企管评论》2000年12月号指出：1999年全球企业并购的金额比1998年增长了三分之一，达到3.3万亿美元，但是并购企业成功的却少之又少。英国《经济学人》杂志报道说，企业并购比起美国好莱坞明星婚姻的失败率还要高。究其原因，最关键的问题就是文化的融合，即文化与战略的适应与协调问题。

作为合并典范的德国奔驰与美国克莱斯勒的合并，一度被世人称为“天堂里的婚姻”、“完美的互补”。戴姆勒—奔驰公司是德国实力最强的企业，克莱斯勒是美国三大汽车制造商中赢利能力最强、效率最高的公司，两位汽车界的巨头以 360 亿美元的高价进行“平等合并”，期望打造一个驰骋世界汽车市场、所向披靡的“巨无霸”，合并后的戴姆勒·克莱斯勒公司的每股股价突破一百美元。但是不久，戴姆勒·克莱斯勒就发现，美国与欧洲的文化差异是那么的难以协调：戴姆勒的生产模式比较传统，工艺流程控制严格，质量要求一丝不苟，由作风严谨、一板一眼的工程师统筹生产；克莱斯勒崇尚的是冒险精神，注重自由和创新，工程师和设计人员敏捷灵活，强调协作生产。当两家公司主管一起去纽约开会时，每个奔驰的主管各自坐着由司机驾驶的奔驰顶级 S—Class 轿车，而克莱斯勒的主管们则挤在一部旅行车上。美国《新闻周刊》以“并购混乱”（MergeMess）作为封面来报道戴姆勒·克莱斯勒并购两年多来的情况，2000 年第三季度，戴姆勒·克莱斯勒公司亏损 5.12 亿美元，戴姆勒公司近九年来第一次出现亏损，业内专家预计 2001 年的亏损额将增至 20 亿美元，戴姆勒·克莱斯勒公司的市场资本总值已经低于原戴姆勒—奔驰公司的水平。不同企业文化的冲突是这场“婚姻危机”的根本原因，两种截然不同的企业文化该如何融合呢？

在战略管理过程中，企业内部的新旧文化必须相互适应，相互协调，为战略获得成功提供保证。在中小型企业里，新旧两种文化要逐渐演变成一种文化。在大型联合企业里，企业在实行多样化经营或差别化战略时，可以根据生产经营的需要，在某个事业部或经营单位中，保留它们各自的原有文化。不过，在这种情况下，企业总部要做好全局性的文化协调工作。

第四节　战略与文化关系的管理

在战略管理中，企业处理战略与文化二者的关系时，还有一个重要的内容就是分析企业战略的稳定性与文化的适应性。这里的稳定性反映企业在实施一个新战略时，企业的结构、技能、共同的价值观、生产作业程序等各种组织要素所发生的变化程度；文化的适应性反映企业所发生的变化与企业目前的文化相一致的程度（见图 11－4）。

各种组织要素的变化	潜在的一致性：有	潜在的一致性：无
多	以企业使命为基础　1	4　重新制定战略
少	2　加强协同作用	3　根据文化进行管理

图 11－4　战略与文化关系的管理

在矩阵中，纵轴表示企业战略的稳定性，即各种组织要素变化的多少；横轴表示文化的适应性，即企业所发生的变化与企业目前的文化是否具有潜在的一致性，以及一致性的程度。

一、以企业使命为基础

在第 1 象限里，企业实施一个新战略时，重要的组织要素会发生很大的变化。这些变化大多与企业目前的文化具有潜在的一致性，这种企业多是那些以往效益好的企业，可以根据自己的实力，寻找可以利用的重大机会，或者试图改变自己的主要产品和市场，以适应新的要求。这种企业由于有企业固有文化的大力支持，实行新的战略没有太大的困难，一般处于非常有前途的地位。在这种情况下，企业处理战略与文化的关系的重点是：

1. 企业进行重大变革时，必须考虑与企业基本使命的关系。在企业中，企业使命是企业文化的正式基础。高层管理人员在管理的过程中，一定要注意变革与企业使命内在的不可分割的联系。中国加入 WTO 后，会使许多企业面临重大的战略变革，而这些变革将会受到国家或地区文化的支持。那么，在对外开放的同时，进一步对内开放，消除省际间的贸易壁垒，充分发展民营经济，就成为我国加入 WTO 后提高国民竞争力的重要条件。

2. 要发挥企业现有人员的作用，现有人员之间具有共同的价值观念和行为准则，可以保证企业在文化一致的条件下实施变革。

3. 在调整企业的奖励系统时，必须注意与企业组织目前的奖励行为保持一致。

4. 要考虑进行与企业组织目前的文化相适应的变革，不要破坏企业已有的行为准则。

二、加强协同作用

协同作用是一种合力的作用，可以产生“2 + 2 = 5”的效应。社会的发展已经使全球一体化进入了一个崭新的阶段，政府之间、组织之间、企业之间的合作与交流已成为一种普遍的现象。曾经有这样一个比喻：假如你有一个苹果，我也有一个苹果，俩人交换的结果是每人仍然只有一个苹果；但是假如你有一个设想，我也有一个设想，两者交换的结果就可能是各得两个设想了，这就是“2+2=5”富有哲理的等式。它表明协同的力量并不是个体力量简单累加之合。新型的管理观念将其看成是一种为了组织目标而共同努力的合作关系，只有这样，人类的潜能才会因合作而被最大限度地激发出来。在第2象限里，企业实施一个新战略时，组织要素发生的变化不大，又与企业目前的文化具有很大程度上的一致性。这类情况往往发生在企业采用稳定型战略（或维持不变战略）时。处在这种地位的企业主要应考虑两个问题：一是利用目前的有利条件，巩固和加强企业文化；二是利用文化相对稳定的这一时机，根据企业文化的需要，解决企业生产经营中的问题。

三、根据文化的要求进行管理

在第3象限里，企业实施一个新战略，虽然主要的组织要素变化不大，但与企业组织目前的文化没有一致性，或一致性的程度非常低。例如，企业准备推行某种新的激励方式，虽然这种方式与过去的激励方式相比，并没有根本性的变化，但是，某些利益相关者基于对自身利益的考虑，可能会反对实施新的方法。此时，企业需要研究这些变化是否可以给企业带来成功的机会。在这种情况下，企业可以根据经营业务的需要，在不影响企业总体文化的前提下，对某种经营业务实行不同的文化管理。同时，企业要对像企业结构这样与企业文化密切相关的因素进行变革时，也需要根据文化进行管理。

四、重新制定战略

在第4象限里，企业在处理战略与文化的关系时，遇到了极大的挑战。企业在实施一个新战略时，组织的要素会发生重大的变化，又多与企业现有的文化很不一致，或受到现有文化的抵制。对于企业来讲，这是个两难的问题。

在这种情况下，企业首先要考察是否有必要推行这个新战略。如果没有必要，企业则需要考虑重新制定战略。这就是说，企业在现实中能够实施的战略是与企业现有行为准则和实践相一致的战略。反之，在企业外部环境发生重大变化，企业的文化也需要相应的作出重大变化的情况下，企业应考虑到自身长远利益，不能为了迎合企业现有的文化，而将企业新的战略修订成与现有的文化标准相一致的战略，这是不符合企业发展需要的战略。为了处理这种重大的变革，企业需要从四个方面采取管理行动：

1. 企业的高层管理人员要痛下决心进行变革，并向全体员工讲明变革的意义。

2. 为了形成新的文化，企业要招聘或从内部提拔一批与新文化相符的人员。

3. 改变奖励结构，将奖励的重点放在具有新文化意识的事业部或个人身上，促进企业文化的转变。

4. 设法让管理人员和员工明确新文化所需要的行为，形成一定的规范，保证新战略的顺利实施。

中国远洋运输总公司是我国远洋运输产业的支柱企业，曾于1997年做了一次重大的战略变革，将原来的按地区进行划分的子公司改为按产品进行划分。这一重大变革的初衷是考虑远洋运输专业化经营的需要，但是，由于该公司的高层领导在处理战略重大变革和战略适应性时，有两个方面做得却不到位：一是对改革的不稳定性与企业文化的不适应性估计不足，因而采用简单的“一刀切”的做法；二是在实施战略过程中又缺乏必要的文化管理，以至于留下了许多的后遗症。

企业的战略管理者应该充分认识到，改变组织的基本要素，一般是一个渐进的过程。企业应抓住每一个可以促进变革或有利于形成新文化的机会，同时要不断地从心理上和态度上使员工理解新的战略，最终使新的战略使命与员工的价值观念达成一致。

第五节　企业文化的再造

企业文化的再造就是要求企业能够审时度势，根据一定的设计原理，设计出符合企业环境与经济形势的基本文化。

一、企业文化再造的原理

再造的原理可以从两个层次予以考虑：第一，要求企业的高层管理者将崇高的理想和组织成员沟通，激发他们工作的积极性，在组织内部形成一致的价值观，最终形成自己的企业文化。第二，要求企业的高层管理者理解企业日常生产经营活动的重要性，从小事做起，深入现场掌握第一手的材料，管理好文化。从实践的效果来看，管理人员的日常活动与组织价值观一致时，企业文化就会得到加强。

二、企业文化再造的动因

（一）内部动因

1. 资产重组

任何一个企业在运作过程中都有一个从小到大、从弱到强的过程。企业发展到一定规模时进行资产重组是一种必然的趋势。目前，很多企业都在由内部管理型战略向外部交易型战略转变，实行企业资产重组，成立企业集团，通过收购、兼并等途径，增加规模经济效益，以实现资本的低成本扩张。在这个过程中，更多的企业往往重视的是企业重组后的财务融合、人员搭配和安置、生产经验和技术装备的共享等问题，对企业文化的融合、观念的统一等则考虑甚少。

美国著名管理学家彼得·德鲁克认为：要想通过兼并来成功开展多种经营，需要有一个共同的团结核心。……没有这样的团结核心，通过兼并开展多种经营，决不会有好的结果，单是财务上的联结是远远不够的。即：必须具有一种共同的文化或至少有“文化上的姻缘”。由此可见，企业整合后进行企业文化的再建设是非常必要的，如何在最短的时间内融合、再造企业文化是企业能否迅速发展的关键问题之一。

2. 企业改组

企业的改组基本上包括两个方面的内容，一方面是企业制度的改组，当企业原有的制度体系已经不符合新的战略发展、市场发展的要求时，就要对原有的组织结构进行大幅度的调整，如成立董事会、实行新的领导制度和开拓新的管理思路等。这时，企业内在的一种自然的、向上的精神力量迫使企业必须有一种与其相适应的企业文化，制度文化作为企业文化的重要组成部分，当制度文化发生变更时，企业文化也必然要做相应的调整，当这种调整仍然不能满足发展的需要时，就需要对企业原有的文化进行重新建设，重新设计。另一方面是企业人事的改组，当企业面临着重大人事变动的时候，如主要领导人、经营管理者或决策层变动等，都会使企业的内部组织结构、人事制度等方面也随之发生重大的变动。2001 年 2 月 10 日，长虹集团公司董事长、党委书记、法人代表倪润峰再次出任公司总裁，2 月 16 日对公司上层进行了重大的人事调整，采用世界 500 强企业通用的管理模式设立总裁（CEO），集团公司总经理袁邦伟任战略执行总裁，股份公司总经理赵勇任信息执行总裁，副总经理王凤朝任运营执行总裁。倪润峰认为：这是根据现代企业制度的要求和企业经营发展战略的需要而进行的组织创新或体制创新，长虹过去的企业治理结构和内部分工是按照年度经营目标设计的，核心任务是完成当年的生产经营目标，只注重短期的现实目标，对保障长远目标力不从心。随着企业规模的扩大，将面临如何实现战略目标和发展规划的问题。长虹公司此次的组织调整将有利于企业在激烈的国际国内市场竞争中保持核心竞争力。可见，新的领导人的上任，新的领导班子的组建，总会有新的思想、新的观念、新的规章制度、新的经营模式、新的战略目标的出现，在这种“弃旧图新”之际，为了使企业能够在新领导之下形成新的机制，表现出新的生机与活力，统一认识、统一行动，对企业文化进行再造就显得十分必要。

3. 股票上市

在我国，目前经营状况良好的企业，都希望通过向股份制的方向发展从而寻找新的契机和新的利润增长点。企业进行股份制改造后都希望能够争取到上市的资格，这是股份制改造的目标。一般来讲，对上市公司的要求比较严格，要有雄厚的实力、完善的经营组织和管理机构，要符合上市公司管理条例的规定，经过一定的审批程序，获准后方可在证券交易所挂牌，发行和买卖公司的股票。企业从开始进行内部股份制的改造，到最后上市的过程正是企业脱胎换骨的蜕变，同时进行企业文化的再造，既可行，又有必要，可以为企业股票上市、赢得金融市场的更大回报打下坚实的基础。

4. 经营理念

随着企业机制、企业经营体制、企业人事制度以及企业外部环境等方面的变化，必定会带来企业经营理念的变革，如企业的市场营销观念从旧观念——以生产为中心向新观念——以市场为中心转变；企业的管理制度从以事为中心向以人为中心过渡等等。这些都要求企业要调整原有的经营理念，通过企业文化的再造，再创新机。

5. 危机事件

危机事件是指企业在自身运作中所发生的具有破坏性影响、造成企业形象受损的事件。危机事件的特点是具有突发性、不可预测性、严重危害性、舆论关注性和处理过程的艰难性等。危机事件对企业内部的影响主要表现为心理上的压抑和行为上的抵制，进而影响到企业整体的发展。在这种情况下，企业文化的再造可以使企业以全新的理念、全新的活动、全新的视觉识别系统树立企业的新形象，振奋精神、重整旗鼓，尽快地扭转不利的局面。

在我国的家电市场上，长虹是黑色家电的霸主，海尔是白色家电的巨头，从实力上讲，长虹略微胜出海尔几分，但当海尔驰骋海内外市场、经营如日中天的时候，长虹则业绩不佳，日益滑坡；长虹一次次发动或参与彩电市场的价格大战，大量收购国内彩管、企图垄断上游资源，济南部分商场曾经一度拒售长虹彩电……。这些做法和事件是否有悖于长虹一贯信奉的“产业报国”的企业精神？“太阳最红，长虹最亲”的信念中，太阳依旧最红，而长虹是否还亲？1999 年，长虹的利润总额由 1998 年的 23.28 亿元降至 6.21 亿元，长虹股票的每股收益由 2.9 元跌到 0.243 元；同时，长虹在业内的排名也由第一位跌至第五位；1998 年海尔的品牌价值仅为 192 亿元时，长虹已超过 200 亿元，1999 年海尔的品牌价值升至 265 亿元，超过长虹的 260 亿元，2000 年海尔的品牌价值继续上升至 330 亿元，而据北京名牌资产评估有限公司 2000 年岁末的《’2000 中国最有价值品牌研究报告》显示，截至 2000 年底，长虹的品牌价值仍为 260 亿元。这一切都是倪润峰“复出”的主要原因，人们将长虹再展辉煌、重树形象的希望寄托于倪润峰的内部调整、组织创新上。韦尔奇改造 GE 花了十年的时间，郭士纳对 IBM 的调整也用了四年，倪润峰在长虹的企业文化上将会有多大作为，长虹将如何进行企业文化的再造，人们正拭目以待。

（二）外部动因

1. 推出新产品

据联合国教科文组织隶属的“世界科学技术情报系统”的统计，60年代以来科学知识每年的增长率已从9.5%增长到10.6%，到80年代每年增长率达12.5%。创新已成为人类最宝贵的精神财富。对一个企业来说，创新是构成企业具有可持续发展的根本所在。“要么创新，要么死亡”，在新世纪，创新将成为全人类的主题，满足现状就意味着落后。在急剧变化的环境中，“变”是唯一不变的真理，固定不变的常规型管理方式终将被创新型管理所取代。产品的创新是企业创新的基础，主要表现为对新产品的创新和对原有产品的更新换代。产品创新与企业文化有着密不可分的关联性，新产品开发、推出的过程，也是企业调整、重塑文化的契机，可以使企业原有的文化内涵更加饱满和丰富；良好的企业文化又为企业新产品的开发、推出创造了积极的文化氛围，是新产品开发和推出的基点。

2. 市场定位战略

在经济发展领域中，由于现代科技的进步与普及，竞争企业间的产品在质量、性能、功效、价格等方面的差异性越来越小，除去品牌因素，很难在市场上准确地判别产品的优劣。企业将自己的产品推向市场时，首先要考虑给产品一个适宜的市场定位，这就要实施市场定位战略，企业文化非常有助于这种战略的实施。例如，人们一提到“海尔”以及一看到海尔标志的那两个小人，头脑中的第一反应是“海尔的服务最好”，这就是海尔多年来“文化先行”的成果，是海尔之所以成功的重要因素之一。

但是，有些企业在实施市场定位战略时，往往会产生这样的困惑：即自己规定的市场地位与实际市场的需要发生错位，从而使企业的发展受阻。具有典型意义的是北京地区的“阡村百货”和“海蓝云天”两大商场的兴衰历程。“阡村百货”南临北京的北三环，北接著名的亚运村，位处北京中高档消费社区，由于该企业经营决策者的战略意识层次较低，战略决策失误，当“星期天哪里去，阡村百货赶集去”这一口号唱遍北京之际，正是其开始衰败之时，在北京消费者的心目中，“阡村百货”的形象就是一个大“农贸市场”，市场定位的失误是“阡村百货”倒闭的根本原因。“海蓝云天”位于北京市东郊，这里是由最早的“纺织城”发展而起的居民社区，在这里归属纺织业的企业、科研院所有二十多家，周围的居民大多是50年代由东北、上海、青岛等地支援北京纺织业建设的纺织工人，平均收入水平较低，“海蓝云天”近一万多元的家具、高档昂贵的日用品、抽象别致的艺术品很难被他们所接受。“海蓝云天”的店名听起来典雅而又抒情，很具有文化品位，其市场定位的层次较高，但这一切都与周边的环境、文化显得格格不入，天不再蓝了，海成了死海，开业仅一年多就关张歇业了。

如果这两家企业的经营决策者能及早地反省战略失误的所在，重新设计企业文化，其结果也许是另一番天地。

3. 多元化经营战略

促使企业向多元化发展的原因主要有两个：一个是内部原因，企业的成长与变化，企业规模的扩大，使企业有能力进入新的领域、新的行业，形成企业发展的推动力；另一个是外部原因，社会需求的多样化和消费水平的提高，使企业向新的领域发展具有巨大的潜力和利润空间，形成市场需求的拉动力。二力的合力作用导致了企业向多元化方向的发展。

当企业向多元化方向发展时，企业的产品组合和经营结构也会随之发生变化。产品组合的调整，使原主导产品的地位、比重发生变化，针对市场的变化，要对主导产品进行调整或重新确立；

另外，新旧不同的主导产品会有各自不同的目标市场、销售渠道、促销方式等，即使在这些方面不发生变化，也会使其得以扩大和加强。所有这些变化，都要求企业在战略结构、对外传播、文化形象等方面予以重新考虑。为此，企业有必要通过全新的企业文化来树立全新的企业形象，通过企业文化的再造，向社会和消费者传递企业已经扩大经营范围和调整经营结构的信息。

4. 进军国际市场

一个企业在经营历史的发展过程中，一般都要经历从小区域市场向大区域市场发展、再从大区域市场向全国市场发展、最终进入国际市场这样一个过程。企业经营到达相当规模时，就会考虑向国际市场发展的问题。我国加入 WTO 之后，必然会使企业面临国际市场的更为激烈的竞争；对外开放进一步的深入，使我国许多企业不用走出国门就要参与激烈的国际市场竞争。美国的可口可乐公司和百事可乐公司在中国碳酸型饮料市场的占有率分别为 57.6% 和 21.3%，杭州“娃哈哈”集团公司用两年的时间进行市场调查，还特地从瑞士、法国和美国请来专家与国内的专家共同研制开发新的秘方，以“非常可乐”这一“中国人的可乐”挑战可口可乐和百事可乐。他们知道依据自己的实力很难取代可口可乐和百事可乐的地位，但他们希望能借此争取到国内碳酸型饮料市场的一片天地。“娃哈哈”集团公司的主要竞争对手虽然只有可口可乐公司和百事可乐公司两家，竞争的市场范围仅限于中国的碳酸型饮料市场，但其竞争的实质早已超出了国界，实属国际竞争的范畴。这说明中国市场已经成为国际大市场中的一个重要组成部分，不管企业在主观上是否愿意参与国际市场竞争，在客观上是否有能力参与国际市场竞争，都必须接受国际市场的挑战。

企业走向国际除了在产品生产、经营结构、战略方向、管理理念等方面要符合国际化经营需要，还要考虑到与之相关的国家、地区、民族的风俗习惯、文化特征、消费观念和消费行为等，使企业行为与各种表现形态适于国际市场的要求。因此，进行企业文化再造是企业走向国际市场的重要对策之一。

三、企业文化再造的方式

一般来说，企业文化的再造可以通过两种表现形式得以实现：

1. 对原有的文化不断充实、不断完善的渐变过程

这实际上是对原有文化的一种改良，是在企业文化和经营理念上的指导方针不发生变化的情况下进行的局部调整。长虹公司基于“坚持民族工业、捍卫本土市场”的经营理念和文化精髓，提出了“产业报国，以民族昌盛为己任”的口号，这一口号又逐渐发展成为一个理念系统，其中倪润峰的“定位哲学”尤为突出，即：企业家的定位、经营的定位、管理的定位和工作的定位，最后将这一理念系统升华为企业文化。倪润峰要求长虹的员工每天早上的晨会要集体背诵长虹精神，用这种方式反复地向员工灌输自己的理想，并将它们整合、融合后形成长虹的企业文化。

2. 革新、重建，以全新的面貌形成全新的企业文化和企业理念

这是一种革命，是在企业文化和经营理念总体指导方针的变化下而形成的新的形态，使企业更富有生机和活力。

四、企业文化再造的程序

进行企业文化的再造先要了解企业文化的发展规律。企业文化的发展过程是在一定的时空条件下企业文化的积累、传播、冲突与选择、整合与变迁的过程。这个过程是循环往复、周而复始的，在企业经营管理实践活动的推动下和外部环境的影响下，不断地由低级向高级方向发展。企业文化的发展规律无疑是客观的，是不以人的意志为转移的。但是，当人们认识了这一规律的实质以后，就可以自觉地利用它，通过采取一些必要的措施和手段，加速企业文化发展的进程。

（一）企业文化的发展规律

1. 企业文化积累

企业文化积累是企业文化特质的保存以及企业文化新特质不断增长的发展过程。企业文化不是某一时、某一点而一下产生的，它是企业在长期的生产经营活动中连续传递、积累的产物。企业文化同人类其他文化一样，在传递过程中总是存在着文化遗失现象。有的遗失属于自然选择，即不再适合需要而自然消亡；有的遗失则是由于种种人为因素所致。但是，一般情况下，企业文化发展过程中所积累下来的总比遗失的多，这是积累的大趋势。企业原有的文化特质经过积累不断沉淀下来，凝合为适合企业发展的企业文化传统，不断形成自身的特色，内容也越来越丰富。企业文化新特质的不断增加过程也是企业文化不断积累的过程。企业文化新特质包括企业发展过程中形成的新文化，也包括通过文化交流，吸收异质文化中适合企业自身发展需要的成分。企业文化新特质的创造是在原有特质积累的基础上进行的，这是一种更高层次的积累。这种积累往往同淘汰企业文化中的消极成分同时进行。

企业文化积累是企业文化发展的基础。企业文化发展离不开企业文化积累，随着企业文化在量上的积累，积累的形式日趋多样，使企业文化日趋成熟，企业文化体系也逐渐形成。企业文化积累的量和速度与企业发展成正比例关系：即企业发展越快，企业文化的积累量就越大，积累速度也就越快。

当人们没有意识到企业文化积累的重要性和没有自觉地进行企业文化积累时，企业文化积累是自然地、缓慢地进行的；反之，企业文化积累的速度是可以加快的。如果违背了企业文化积累的规律性，拔苗助长，其结果将是适得其反。企业文化积累是永无止境的，只要企业存在，就需要进行企业文化的积累。

2. 企业文化传播

企业文化传播是指企业文化特质从一个群体（或个体）扩散到另一个群体（或个体）的过程。企业文化特质广泛而持续地传播、扩散和流动，就能为企业全体成员共同认可并共同享有。企业文化特质的传播只有通过企业全体成员的交往才能实现。企业中的各种关系是动态的交往关系，在交往中以各种形式和媒介沟通信息，交流观念和情感体验，这一活动过程是双向传播、相互作用的。企业成员正是在文化传播中使群体的行为得到协调，产生共同的信念与目标。新成员所带来的与企业文化不相适应的异质文化，可以通过企业内的文化传播，与企业文化特质相融，真正成为企业的一员。

3. 企业文化冲突与选择

企业文化冲突是企业文化发展过程中不同特质的文化在相互接触、交流时所产生的撞击、对抗和竞争。企业文化冲突的产生主要是由于不同类型、不同模式、不同行业、不同区域、不同历史阶段的企业文化的不同特质所构成的基本价值观之间的过分悬殊造成的。有时，在同一文化类型内部也会由于群体意识、社会心态、价值观念的不同而发生冲突。企业文化冲突的结果有时是融合不同质的企业文化，改变原有的文化性质，使自身的企业文化得到丰富和发展；有时会变更企业文化特质，使原有的企业文化完全为他种企业文化所代替，产生新的文化。企业文化在传播过程中，冲突是不可避免的，正是由于企业文化冲突的存在，才推动了企业文化的进步。

在企业文化积累、传播的过程中，积累原有的文化、创造新的文化、吸收异质文化都需要进行选择。企业文化选择是企业文化运动的客观功能，它对同质文化中的历史成分和现实成分进行筛选，有选择地积累和存储适合企业需要的部分，摒弃不适合企业需要的部分。企业文化在发展中也对不同质的文化加以选择，这种选择不是简单的、机械的，而是经过文化判断、文化分析、文化评价等活动有选择地吸收。企业文化选择的过程实质上就是企业文化冲突的过程，是新旧文化之间、不同质文化之间冲突的结果，企业文化的选择往往通过冲突来实现。

虽然企业文化冲突和选择是客观的，但当人们认识了企业文化运动的规律以后，就可以通过分析企业文化冲突的起因、性质、程度，从主观上确立企业文化的选择标准，有目的地、自觉地选择同质文化中的优秀部分，异质文化中具有适应性的部分，通过各种手段倡导、强化这些企业文化，进而缓解冲突，达到某种程度的共识。

4. 企业文化整合与变迁

企业文化在发展中不仅具有排异性，也具有整合性。企业文化整合就是企业内部不同特质的文化通过相互接触、交流而相互吸收、渗透、融为一体的过程。当不同特质的企业文化共处时，通过冲突与选择的传播过程，就会在内容、形式等方面发生变化，并以原有的企业文化特质为基础，吸收异质文化，形成新的文化体系。企业文化整合的实质就是不同文化的重新组合。

企业文化变迁是指由企业文化特质改变所引起的企业文化整体结构的变化，它是企业文化运动的必然趋势。企业文化变迁是社会文化变迁在企业内的反应，是企业生存发展的必然要求。当原有的企业文化难以适应经济发展的需要时，就要求通过文化变迁创建新的企业文化。企业文化变迁的过程是复杂的，它不仅涉及表层文化的改变，深层文化也会发生变化，包括企业成员的基本价值观念、行为准则、行为方式以及企业内部各种利益关系等方面。企业文化变迁是客观的、有规律的，总是由无序状态过渡到有序状态，由量变到质变。

企业文化整合与变迁是企业文化发展必然经历的阶段，认识企业文化整合与变迁的形成、演变机制及其本质特征有利于促进企业文化的发展。我国加入 WTO 后，企业的内外环境都将会发生巨大的变化，企业文化会显现出较为明显的冲突，如果企业能够抓住这一契机，进行企业文化的再造，就能够得以继续生存和发展。

（二）企业文化再造的基本程序

企业文化的再造是一项非常艰巨而复杂的工程，一个优秀的企业文化的构建不像制定一项制度、提出一个口号那样简单，它需要企业有意识地、有目的地、有组织地进行长期的总结、提炼、倡导和强化。

企业文化再造一般包括调查研究、定格设计、实践巩固和完善提高四个环节。

1. 调查研究

企业在进行文化再造时，首先要进行调查研究，分析企业现有的文化状况和影响因素，为企业文化的定格做好准备。调查研究的主要内容有：

（1）企业的经营范围

不同的经营范围决定着企业文化的行业特点，明确企业的经营范围可以使企业文化的再造具有针对性和可行性。

（2）企业成员素质

企业成员是企业文化的载体，企业成员素质的状况直接影响到企业文化的建设和发展，正确把握企业成员的素质状况，就可以使企业文化的定格设计与其相适应，使企业成员对定格后的企业文化采取自觉的认同态度和体现。

（3）企业主要矛盾

企业面临的主要矛盾往往是企业文化再造的突破口，从这些主要矛盾入手，就可以引起企业全体成员的共鸣，增强企业文化的实用性。

（4）企业所处地区

企业所处的地区不同、市场不同，既影响着企业的经营战略思想，也会影响企业全体成员的价值观念。不同的地理环境、经济环境造就的企业文化有各自的特点和优势，这是进行企业文化再造时不能忽略的问题。

(5) 外部的人文环境

企业外部的人文环境主要是指企业所处环境中政治环境、经济环境和社会环境对企业文化再造的影响。企业是一个开放的社会经济技术系统，明确这些环境因素对企业的影响，就可以使企业文化的再造具有适应性。

(6) 企业优良传统

企业所具有的优良传统是企业在历史上形成的文化精髓，这些优良传统将体现出企业文化经再造后的特色。

(7) 现有文化状况

通过了解企业全体成员现有的基本价值取向、情感、期望和需要，明确企业占主导地位的基本价值观和行为准则，是企业文化再造最直接的思想文化资源。

(8) 现有文化的适应性

企业现有文化的适应程度决定着企业文化定格时对现有文化的取舍。

2. 定格设计

企业文化再造时的定格设计就是指：在分析、总结企业现有文化状况的基础上，充分考虑到企业的战略目标、经营范围、成员素质、主要矛盾、所处地区、人文环境、优良传统以及现有文化适应性等因素的影响，用确切的语言文字将企业的价值观表述出来，成为企业固定的理念。

企业文化定格设计应遵循以下原则：

(1) 从实际出发与积极创新相结合

企业文化的定格不能脱离实际，定格后的企业文化必须与企业环境和成员素质相适应，才能为企业全体成员所接受，才能真正地植根于群体意识之中。定格后的企业文化不能是对企业现有文化的简单总结，而是对现有文化的再创造，是一种理念的升华，只有这样才能保持企业文化的先进性，才能对企业的发展起到引导和促进作用。

(2) 创造个性与体现共性相结合

企业文化的定格应该具有鲜明的个性特征，反映企业独特的文化理念，使之具有较强针对性和指导性。但是，在一定的社会政治制度、经济条件和社会文化环境中，企业文化又具有许多共性的东西，在创造个性的同时，还应注重体现共性，注重从社会文化和其他文化中汲取借鉴有益的文化成分，赋予定格后的企业文化强烈的生命力。

(3) 领导组织与群众参加相结合

企业文化的定格大多先由企业的领导者进行组织，广泛发动群众，通过自上而下、自下而上的反复酝酿、讨论，最终得到企业全体成员的共同确认。企业文化的定格是企业内全体成员之间价值观念沟通的过程，不能只依靠少数领导者的“闭门造车”，应由企业文化所涉及到的全体成员共同构建。

3. 实践巩固

企业文化定格后，就要创造条件付诸实践并加以巩固，要把企业文化所确立的价值观全面地运用到企业的一切经营活动之中，并在实践中不断地进行强化训练，使新的企业文化得以巩固。

具体的做法是:

(1) 积极创建适应新文化的企业文化运行机制，完善企业经营机制和决策机制，加强科学管理，提高成员素质，使企业具有和谐温馨的“家庭环境”，把企业建设成为一个命运共同体。

(2) 加强舆论宣传，通过灌输教育、宣传刊物、文娱活动等方式，培育企业浓厚的文化舆论氛围，在潜移默化中传递新企业文化的信息。

（3）新的企业文化的倡导者要以身作则、身体力行，在新的企业文化的建设中做一名示范者和急先锋。

（4）将新的企业文化寓无形于有形之中，利用制度进行强化，把无形的企业价值观念渗透到企业的每一个战略目标、每一个战略决策、每一个经营活动、每一项规章制度之中，使企业全体成员每时每刻都能感受到企业文化的指导和控制作用。

（5）及时鼓励正确的行为。因为，一个人的正确行为在受到激励以后，这种行为就会再现，进而成为一种习惯稳定下来，并逐渐渗透到人们的深层观念之中；激励的同时也为他人树立了学习的榜样，产生模仿效应。这种强化和激励是巩固企业文化不可或缺的重要一环。

4．完善提高

企业文化定格并在实践中得到巩固以后，其有特色的核心内容一般不易改变，但随着企业内外环境的变化，企业文化也还是应该根据发展的需要进一步予以充实、完善和提高，及时剔除文化中沉淀的消极成分，从而更好地适应企业和社会发展的需要。

企业文化的完善提高既是一个企业文化再造过程的结束，又是另一个过程的开始，是一个承上启下的阶段。企业文化的发展过程与企业的发展是相适应的，是一个不断积累、传播、冲突、选择、整合、变迁的过程，企业文化的再造不是一两次循环就能完成的，它循环往复，永无止境。

本章小结

文化是企业战略实施的重要支柱，企业文化与企业战略有着极为紧密的关联性，要分析二者之间的内在关系，首先要了解什么是文化，什么是企业文化，企业文化都由哪些要素构成。本章对上述问题做了重点阐述。在探讨战略与文化的关系时，着重点有三个方面：即企业文化是企业战略的基石；文化是维持战略优势的条件；文化与战略的适应与协调问题。此外，关于战略稳定性与文化适应性关系的讨论也是研究文化与战略关系的重要方面。最后，本章从企业文化再造的原理、再造的动因、再造的方式和再造的基本程序这四个方面，对企业文化的再造问题进行了分析。

本章重点概念

文化　企业文化　共同价值观　行为规范　形象　企业文化积累　企业文化传播　企业文化冲突　企业文化整合　企业文化定格设计

复习思考题

1. 如何从更深的层次认识企业文化？
2. 论述企业文化的分析方法。
3. 描述企业文化的构成要素。
4. 阐述企业文化与战略的关系。
5. 为什么要进行企业文化的再造？
6. 如何进行企业文化的再造？

案例分析题

松下企业文化入乡随俗

与其他大多数外国公司一样，松下是在中国的改革开放以后才开始大举进攻中国市场的，在仅仅20年的时间里，松下在中国的经营取得了巨大的成功。松下在中国的经营过程中，充分发挥了其在管理和经营等方面的特长，而中方亦充分发挥了人力、物力和地利方面的优势。除此之外，松下的成功还有更秘密的法宝，这就是松下非常重视企业文化的建设，重视员工之间思想文化上的交流与沟通，相互学习、借鉴和融合，逐步形成了松下的“中国化”企业文化。

松下电器能有今天这样的成就，归根结底得益于松下幸之助确立的经营管理理念，即“恪尽实业家的职责，致力于社会生活的改善与提高，以期对世界文化的发展做出贡献”。松下集团以事业部制为经营母体，孕育出了自己的企业文化。这种企业文化可以概括为以下五个方面：

一、全力专注于某一项事业的“无退路经营”

各个事业部的经营范围是明确的，无论是事业部部长或一般员工，都以自己所承担的事业为天职，努力使自己最精通这一事业，成为同行业中首屈一指的人才；通过自身的努力，不断地改进经营活动，以取得无可争议的成果。

二、自主责任经营

当松下电器还是一个中小企业时，创业者松下幸之助就为公司制定了“社内规定”。松下集团一直保持着这样的规定：“无论松下电器将来发展到什么样的规模，每个员工都不能忘记自己是作为一个商人致力于公司业务的。”公司员工不是政治家、公务员，而是实业家，因此要尽自己的本分，将自己所承担的工作视为天职，勇于开拓进取，努力使自己成为本行业的专家。在松下集团中，这种提法被称为是强化员工的主人翁精神。

三、集思广益的经营

经营并不是由经营领导者来推行，而是由全体员工的积极参与和筹划来实行的，因此也可以称为全员经营。松下集团积极运用员工提案制对促进经营的改变发挥着重大作用。仅1994年共收到提案约240万件，平均每人每年约为26件。正如松下劳工关系处处长阿苏津曾说过的那样：“我们的员工在家里、在火车上，甚至在厕所里都在思索提案。”

四、顾客至上的原则

正因为顾客购买松下所制造的产品或提供的服务，并由此得到满足，松下公司才可能繁荣、发展起来。因此，松下要求自己不要忘了做能让顾客满意的工作。在松下集团中，对于公司的新员工，不管他们是大学毕业还是高中毕业，也不管他们从事什么工作，都要在车间或销售店里进行三个月的实习，以加强对顾客至上的原则的切身了解。

可以说，松下集体的企业文化在本土的经营过程中取得了巨大的成功。松下这种刚柔相济、宽严互补的“精神价值观”成为其出奇制胜的秘密法宝。但是，松下集团也清醒地意识到。成功是有地域性限制的，其成功是建立在日本本土社会文化风俗的基础之上的。要想成功地在海外经营，就必须针对当地传统文化的特点，对其进行研究并对企业的管理文化做出适当的调整以适应当地的实际情况。正是因为松下非常重视这一点，并不断地努力改进和完善海外企业的内部文化，所以松下在海外经营的企业也非常重视企业的内部文化建设，所以松下在海外经营的企业也非常成功。

基于海外经营的特点，松下集团在遵循其根本经营理念的同时，提出了在海外发展事业的基本思想：从事受所在国欢迎的事业；依照所在国的有关方针促进事业的发展，同时力争使所在国政府充分理解公司的想法；积极推进对海外技术的转让；使在海外生产的产品在质量、性能和成本方面拥有国际竞争力；建立能赢利的经营体制，自已解决事业扩大所需要的资金；努力培养当地员工。总之，松下所从事的投资必须是受所在国欢迎的，依靠所在国的人们来实现松下的经营理念。

在中国，松下电器集团也一贯坚持切合中国实际的经营目标。松下集团希望通过积极培养和录用当地管理人员，促进产品开发和设计的当地化，同时兼顾为中国做贡献，促进国际协调以及国际间的人才交流，努力使松下的经营理念和企业文化在中国得以实现。前松下电器中国有限公司的总经理把这种做法称为“松下经营的中国化”，并将能否彻底实现中国化，看成是松下能否在中国经营成功的关键。

松下公司在中国经营的过程中，将其颇具特色的松下企业文化带到了在中国的合资企业中，与中国的文化逐渐融会，并且在两种文化相互撞击和摩擦的过程中，初步形成具有中国特色的松下企业文化。许多松下在我国的投资企业都能够强烈地感觉到这种企业文化的氛围，成为跨国公司在海外投资企业文化建设的典范，其中又以北京松下最为突出。

北京松下成立于1987年，由北京东方电子（集团）股份有限公司和北京显像管总厂等四家国有企业与日本松下集团和集团下属的一个企业，以全额注资的方式（中日双方各占50%）共同创建，董事会由中方任董事长，日方任副董事长，总经理由日方派出，副总经理由中方派出。面对在不同社会和文化背景下发展起来的企业，进行合资合作能否成功？很多人当时对此都存有怀疑。中日双方在经过深入细致地磋商和研究之后认为，合作要想取得成功，关键的因素在“人和”。但松下本土的企业文化所解决的只是日本本国的“人和”问题，而此时面临的是不同思想、文化、法律和制度背景下两个不同民族之间的合作与协调问题，企业文化建设的地位比以往更为重要。因此，合资成败的关键，在于能否建立具有中国特色的企业文化。松下在企业文化建设方面有着丰富的成功经验，经过充分的论证以后，松下得出的结论是：完全照搬本土模式明显不可取；双方具备合作的坚实基础和客观条件，搞好企业文化建设是完全有可能的。北京松下以后的实践也证明了这一点。

共同的利益是合资企业价值观的基础，这使得中日双方能够“同舟共济”。在坚持“同舟共济”这一企业价值观的前提下，北京松下制定了具体的公司纲领、目标和企业精神。公司在成立初期，就把松下的经营理念“恪尽实业家的职责，致力于社会生活的改善与提高，以期对世界文化的发展做出贡献”确定为公司的纲领。在合作的过程中，中日双方的员工难免要发生摩擦和争执，甚至面红耳赤、相互攻击，但最终在“同舟共济”这一公司纲领的指导思想下统一起来了。为了体现公司纲领的价值，北京松下又提出了公司的目标，即北京松下要精诚一致，向彩色显像管照明事业的国际者挑战。在此基础上，还形成了规范全体员工行为的企业精神，即“工业报国之精神，实事求是之精神，改革发展之精神，友好合作之精神，自觉守纪之精神，服务奉献之精神”。这些价值观和行为准则在北京松下的发展过程中起到了难以估价的作用，使得中日双方的员工能够始终坚持“同舟共济”的原则，避免进入合作的误区。

北京松下认为，中日双方的权利和责任都是百分之百的，没有所谓的“权限”和“责任”的势力范围；双方的员工都要做到开诚布公地透明式经营，避免相互猜疑和勾心斗角现象的发生。1992年，日方经理感到北京松下生产显像管的零部件都要从国外进口，成本难以降低，但减少进口就会使松下公司的一些企业降低产量，经过再三考虑，他率先提出彩管零部件在中国国产化的建议。这一建议得到了所有中方高层领导和员工的欢迎，大大地推动了彩管国产化的进程

北京松下还要求管理人员和普通员工在经营的过程中要坚持义利并举、依法经营的原则，并尽力服务奉献，回报社会。他们既讲利更重义，避免员工的单纯趋利倾向。1995年初，日本发生阪神大地震，北京松下的员工自发地向松下集团的其他兄弟公司捐赠50万元人民币，在松下集团中引起巨大的反响。松下集团社长在同年访华时，捐赠100万美元设立“松下电器育英基金”，资助生活困难的大学生，受到了社会的广泛称赞。此外，北京松下还将上缴税金后的部分利润，以一定的比例留作地区贡献基金，向北京市提供用于基础设施建设的资金，促进当地社区的建设。

培养员工的市场意识是北京松下企业文化建设的又一个重要组成部分。北京松下的员工有98%是中方人员，由于受传统经济观念的影响，他们的市场意识比较淡薄。为了增强员工的市场竞

争意识，北京松下在全体员工中加强了市场意识的培训。经过培训后，员工的头脑中逐渐形成了一套市场经济的“船论”。他们把公司比喻为航行在市场经济大海里的船，随时都有遭遇风暴的可能，每个员工都是水手，因而只有团结一致、相互协作，发挥大家的才能，才能够使公司这艘大船乘风破浪，顺利前进。1996 年下半年，国内彩管大幅度降价，平均每支降价 20%，有的品种降幅达 40%，全年利润的 2/3 是上半年创造的，按照下半年的趋势，即使超负荷运转利润也将降低 50%，甚至亏损。在此情形下，北京松下号召全体员工找问题，查原因，调整产品结构，并实施了一系列重大措施，扭转了市场价格变动给企业带造成的被动局面。全体员工的意识中已经形成了市场竞争的概念，使得北京松下掌握了市场的主动权，在竞争中充满了生机和活力。

培养员工的主人翁精神和主动参与管理的意识也是北京松下企业文化建设的重要组成部分。北京松下在企业文化建设中把育人作为企业的根本任务，努力在员工中树立“自己是本岗位最高的责任者和专家”的意识。“做一流的国际同行业人”已经成为每个员工奋斗的目标。员工们一上班就以自己是本岗位的最高责任者要求自己，全身心地投入到工作之中，严格要求。“下道工序是我的用户”、“不给别人添麻烦”、“一切工作质量优先”等观念已经成为大家的座右铭。员工们用下列三条标准来衡量自己工作的好坏：一是心情是否舒畅；二是干起来是否轻松；三是是否领悟到这项工作的全部要领和技巧。员工积极性的提高不仅保证了企业生产经营任务的完成，还促进了公司技术的革新和改造。经济效益不断提高。

复习思考题

1. 请描述松下公司企业文化的主要特点。
2. 松下的“中国化”企业文化的内涵是什么？
3. 松下的企业文化与松下“中国化”企业文化有哪些异同？

请予归纳。

4. 松下企业文化入乡随俗对其在中国的发展战略有何影响?请尽可能详细说明。

参考书目

〔1〕《企业战略管理》，徐二明著，北京：中国经济出版社，1998。

〔2〕《战略管理：概念和案例》（第十版），〔美〕汤姆森斯迪克兰德，北京：北京大学出版社科文（香港）有限公司，2000。

〔3〕《中国著名企业战略管理案例》，金占明、马力，北京：清华大学出版社，2000。

〔4〕《公司治理结构改革研究：一个理论综述》，郑明亮、王凤彬，《管理世界》2002.3。

〔5〕《现代公司与企业改革》，吴敬琏著，天津人民出版社，1994。

〔6〕《法人治理结构：分权与制衡》，贾和亭等著，福建人民出版社，1995。

〔7〕《所有制、治理结构与委托—代理关系》，张维迎，《经济研究》1996.9。

〔8〕《企业理论与中国企业改革》，张维迎著，北京大学出版社，1999。

〔9〕《国有公司产权结构与治理结构》，何玉长著，上海财经大学出版社，1997。

〔10〕《公司治理论》，李健著，经济科学出版社，1999。

〔11〕《应扬弃“股东至上主义”的逻辑》，杨瑞龙，《中国经济时报》1999.9.10。

〔12〕《公司治理结构及新、老三会关系》，卢昌崇，《经济研究》1994.11。

〔13〕《企业文化理论与实践》，王成荣著，北京：中国社会科学出版社，1991。
〔14〕《企业 CIS 战略的策划与实践》，汪秀英，北京：首都经济贸易大学出版社，2000。